CHIESA ED EBRAISMO OGGI

Percorsi fatti, questioni aperte

a cura di
Norbert J. Hofmann
Joseph Sievers
Maurizio Mottolese

EDITRICE PONTIFICIA UNIVERSITÀ GREGORIANA
ROMA 2005

IMPRIMI POTEST
Romae, die 4 iulii 2005

R.P. Francisco J. Egaña, S.J.
Vice Rector Universitatis

IMPRIMATUR
Dal Vicariato di Roma, 6 luglio 2005

Mons. Mauro Parmeggiani
Prelato Segretario Generale

© 2005 – E.P.U.G. – ROMA

ISBN 88-7839-046-1
Editrice Pontificia Università Gregoriana
Piazza della Pilotta, 35 - 00187 Roma, Italia

Indice

Prefazione, del Card. Walter Kasper — p. XI

Introduzione — 1

I. Riflessioni sul rapporto fra ebrei e cristiani

Card. Walter Kasper,
Percorsi fatti e questioni aperte nei rapporti ebraico-cristiani — 7

Rav Riccardo Di Segni,
Progressi e difficoltà del dialogo dal punto di vista ebraico — 19

Rav Giuseppe Laras,
Prospettive ebraiche sul Cristianesimo — 31

Card. Carlo Maria Martini,
Riflessioni sul dialogo ebraico-cristiano — 37

II. Necessità della memoria

Anna Foa,
Il difficile apprendistato della diversità — 51

Massimo Giuliani,
La *Shoah* come ombra sul dialogo
ebraico-cristiano e come stimolo ad esso — 65

III. Verso una teologia cristiana dell'Ebraismo

Bruno Forte,
Israele e la Chiesa, i due esploratori della Terra Promessa.
Per una teologia cristiana dell'Ebraismo — 87

Erich Zenger,
L'alleanza mai revocata.
Inizi di una teologia cristiana dell'Ebraismo   111

Peter Hünermann,
La relazione ebraico-cristiana: una scoperta conciliare
e le conseguenze metodologiche nella teologia dogmatica   135

IV. Il dialogo ebraico-cristiano dalle origini a oggi

Alberto Melloni,
Nostra Aetate e la scoperta del sacramento dell'alterità   153

Card. Jorge Maria Mejía,
La fondazione della Commissione per i
rapporti religiosi con l'Ebraismo, e il suo lavoro   181

Pierfrancesco Fumagalli,
La Commissione per i rapporti religiosi con l'Ebraismo e
il Comitato internazionale di collegamento cattolico-ebraico   191

Norbert J. Hofmann,
Un segno di grande speranza. L'avvio del
dialogo fra Santa Sede e Gran Rabbinato d'Israele   201

V. La nuova relazione fra il Vaticano e Israele

Card. Achille Silvestrini,
Il Vaticano e Israele   225

Oded Ben-Hur,
Lo Stato d'Israele e la Santa Sede   233

Appendici

- Documenti del Comitato internazionale
  di collegamento cattolico-ebraico
  (ILC: *International Catholic-Jewish Liaison Committee*) :

Memorandum di intesa (Città del Vaticano, 1970)	241
Dichiarazione congiunta sulla famiglia (Gerusalemme, 1994)	243
Dichiarazione congiunta sull'ambiente (Città del Vaticano, 1998)	246
Dichiarazione congiunta sulla tutela della libertà religiosa e dei luoghi santi (New York, 2001)	250
Raccomandazioni sull'educazione nei seminari e negli istituti di teologia cattolici ed ebraici (New York, 2001)	255
Dichiarazione congiunta su *Tzedeq* e *tzedaqah* – Giustizia e carità (Buenos Aires, 2004)	257

- Accordo Fondamentale fra la
  Santa Sede e lo Stato d'Israele
  (Gerusalemme, 1993)   261

Autori

Oded Ben-Hur,
Ambasciatore d'Israele presso la S. Sede

Rav Riccardo Di Segni,
Rabbino Capo di Roma

Anna Foa,
Professore di storia moderna presso
l'Università di Roma "La Sapienza"

Bruno Forte,
Arcivescovo di Chieti-Vasto, già professore
ordinario di teologia dogmatica presso la
Pontificia Facoltà Teologica dell'Italia Meridionale

Pierfrancesco Fumagalli,
già Segretario della Commissione della
S. Sede per i rapporti religiosi con l'Ebraismo

Massimo Giuliani,
Professore di studi ebraici presso la Facoltà
di Lettere e Filosofia dell'Università di Trento

Norbert J. Hofmann, sdb,
Segretario della Commissione della
S. Sede per i rapporti religiosi con l'Ebraismo

Peter Hünermann,
Professore emerito presso la Facoltà di
Teologia cattolica dell'Università di Tubinga

Card. Walter Kasper,
Presidente della Commissione della
S. Sede per i rapporti religiosi con l'Ebraismo

Rav Giuseppe Laras,
già Rabbino Capo di Milano;
Professore presso l'Università Statale di Milano

Card. Carlo Maria Martini,
Arcivescovo emerito di Milano

Card. Jorge Maria Mejía,
già Segretario della Commissione della
S. Sede per i rapporti religiosi con l'Ebraismo

Alberto Melloni,
Fondazione per le scienze religiose Giovanni XXIII, Bologna;
Professore presso l'Università di Modena e Reggio Emilia

Card. Achille Silvestrini,
Prefetto emerito della Congregazione per le Chiese Orientali

Erich Zenger,
Professore emerito presso la Facoltà di
Teologia cattolica dell'Università di Münster

Prefazione

Il 2005 è un anno molto importante per il dialogo tra ebrei e cattolici. Quarant'anni fa, il 28 ottobre 1965, il Concilio Vaticano II promulgava il documento *Nostra Aetate*, dedicato al rapporto della Chiesa cattolica con le altre religioni e in particolare, nel quarto paragrafo, alla relazione singolare con l'Ebraismo (già prima del Concilio, in realtà, Papa Giovanni XXIII aveva incaricato il Cardinale Agostino Bea di redigere un *Tractatus de Judaeis*). La dichiarazione conciliare aprì una lunga e promettente strada per il dialogo della Chiesa cattolica con gli ebrei – i nostri "fratelli maggiori" nella fede di Abramo, come sono stati chiamati da Papa Giovanni Paolo II.

Nostra Aetate n. 4 definiva il mandato in modo chiaro e preciso: "Essendo perciò tanto grande il patrimonio spirituale comune a cristiani e ad ebrei, questo sacro Concilio vuole promuovere e raccomandare tra loro la mutua conoscenza e stima, che si ottengono soprattutto con gli studi biblici e teologici e con un fraterno dialogo".

A distanza di quarant'anni si può senz'altro affermare che questo dialogo ha avuto importanti sviluppi e che la stima reciproca tra ebrei e cristiani si è molto rafforzata, grazie ad incontri a livello internazionale e locale, accademico e privato. Abbiamo percorso un lungo cammino, ma c'è ancora molto da fare. Dobbiamo proseguire i nostri sforzi per migliorare i legami tra ebrei e cristiani e per scoprire sempre di più il patrimonio spirituale e teologico che ci unisce.

Sono grato che la Pontificia Università Gregoriana abbia iniziato già nel 1978 un progetto che corrisponde alle grandi linee tracciate da *Nostra Aetate* n. 4. La fondazione del Centro "Cardinal Bea" per gli Studi Giudaici contribuisce in modo speciale allo studio dell'Ebraismo e dei rapporti ebraico-cristiani. Il dialogo si sviluppa in due direzioni: il dialogo *ad extra*, con gli ebrei di tutto il mondo, e quello *ad intra*, per promuovere all'interno della nostra Chiesa la conoscenza dei documenti che riguardano l'Ebraismo e dei risultati raggiunti dal dialogo.

Per rafforzare il dialogo *ad intra* il Centro "Cardinal Bea" ha organizzato un ciclo di incontri dal titolo *La Chiesa Cattolica e l'Ebraismo dal Vaticano II ad oggi*. Sono stato onorato di contribuire a questo ciclo con una conferenza su *Percorsi fatti e questioni aperte nei rapporti ebraico-cristiani* (19 ottobre 2004). Ora le diverse conferenze sono state raccolte in questo volume: si tratta di contributi importanti per la conoscenza del dialogo ebraico-cristiano e di quella teologia cristiana dell'Ebraismo che continua a svilupparsi in molti circoli accademici.

Card. Walter Kasper

Presidente della Commissione
per i rapporti religiosi
con l'Ebraismo

Introduzione

A quarant'anni dalla dichiarazione conciliare *Nostra Aetate* e a trent'anni dalla fondazione della Commissione per i rapporti religiosi con l'Ebraismo, è arrivato il momento di fare un bilancio, seppur provvisorio, dei rapporti attuali fra la Chiesa cattolica e l'Ebraismo, dei cambiamenti avvenuti e delle prospettive che si aprono. Naturalmente, un bilancio di questo genere richiede un'ampia e articolata distinzione degli ambiti da valutare.

Si tratta, in primo luogo, di comprendere gli sviluppi del rapporto fra ebrei e cristiani sul piano storico, dopo l'orrore abissale della *Shoah* e i primi appelli a una svolta urgente da avviare. Su questo piano si dovranno prendere in considerazione gli indiscutibili progressi recenti del dialogo ebraico-cristiano in generale – e non solo di quello ebraico-cattolico. Questo dialogo è stato portato avanti nelle più alte sfere istituzionali delle due religioni (e in questo contesto, si deve considerare sia il grande impulso dato da Giovanni Paolo II a una relazione particolare fra i cristiani e il popolo ebraico, sia il nuovo capitolo delle relazioni politiche e diplomatiche fra lo Stato d'Israele e la Santa Sede). Ma altrettanto significativo è stato lo sforzo di comprensione reciproca e la costruzione di relazioni amichevoli 'dal basso' che è avvenuto all'interno delle comunità religiose e nella società civile di molti paesi. D'altra parte, non bisogna dimenticare o sottacere le difficoltà, le resistenze e gli ostacoli alla comprensione e al dialogo che permangono in forme diverse e a vari livelli, anche nei contesti religiosi e sociali più moderni.

Su un altro piano, occorre cominciare a valutare i cambiamenti avvenuti nella riflessione teologica. È indubbio che la svolta avviata dal Concilio Vaticano II e da *Nostra Aetate* ha prodotto risultati di grande portata: il riconoscimento delle radici ebraiche del Cristianesimo e degli ebrei come fratelli nella fede è diventato la chiave di volta per un riavvicinamento profondo tra la Chiesa cattolica e l'Ebraismo e per un ripensamento esegetico e dottrinale della fede cristiana. D'altro lato, il nuovo contesto storico-culturale ha spinto anche il mondo ebraico a re-interrogarsi su Gesù e sul Cristianesimo, dal proprio punto di vista. La situazione è assai aperta e variegata: il fiorire di studi e dibattiti su questi temi dimostra la vitalità e l'urgenza delle questioni poste, anche se non mancano anche in questo contesto forme di diffidenza e di resistenza.

Proprio allo scopo di tentare un primo bilancio dei cambiamenti avvenuti nel rapporto fra Ebraismo e Cristianesimo, e far luce sui problemi e i nodi irrisolti, è stato promosso presso la Pontificia Università Gregoriana un ciclo di conferenze pubbliche, che vedono ora la pubblicazione. L'organizzazione delle conferenze si deve al Centro "Cardinal Bea" per gli Studi Giudaici, un centro che fin dal 1978 cerca di favorire lo studio della tradizione ebraica e del rapporto ebraico-cristiano, contribuendo alla formazione degli studenti delle varie facoltà dell'Università Gregoriana, promuovendo scambi accademici e progetti di ricerca su quei temi, stimolando il dialogo fra ebrei e cristiani. Le lezioni si sono svolte in un contesto romano (un fatto di per sé significativo), ma hanno avuto un respiro internazionale, sia per la presenza di studiosi e personalità provenienti dall'estero, sia per l'ampiezza delle prospettive presentate.

Nel riordinare le lezioni si è scelto un criterio tematico, che permette di confrontare tra loro approcci diversi a questioni comuni. Le conferenze della sezione I, tenute da esponenti di rilievo del mondo cattolico ed ebraico, sono dedicate a un bilancio complessivo dei rapporti fra Ebraismo e Chiesa cattolica dopo *Nostra Aetate*, e mettono in luce gli elementi di speranza, gli ostacoli da superare e le direzioni possibili del cammino. Nella sezione II si sottolinea la necessità di riesaminare il passato doloroso dei pregiudizi e delle discriminazioni, per dar vita a un dialogo sincero e fecondo. I contributi della terza sezione illuminano, da punti di vista differenti, le prospettive di una teologia cristiana dell'Ebraismo: esse mostrano che una comprensione nuova e più profonda del rapporto fra le due religioni ha implicazioni essenziali per il pensiero cristiano, sia sul piano della teologia biblica e dell'esegesi, sia sul piano della dogmatica e della pastorale. Nella sezione IV si ripercorrono le tappe più significative del dialogo ebraico-cristiano dell'ultimo mezzo secolo, dalla stesura della *Nostra Aetate* ai lavori della Commissione per i rapporti religiosi con l'Ebraismo all'avvio del confronto diretto fra studiosi ed esponenti autorevoli delle due religioni. La sezione V si occupa delle relazioni, da poco istituite ufficialmente, fra il Vaticano e lo Stato d'Israele, analizzandone la storia e lo stato attuale. Infine, si è ritenuto opportuno allegare in appendice una documentazione diretta degli sviluppi del rapporto fra Chiesa cattolica ed Ebraismo negli ultimi anni: vengono tradotte in italiano per la prima volta le Dichiarazioni congiunte presentate alla fine delle sessioni del Comitato internazionale di collegamento cattolico-ebraico (su temi di interesse teologico e sociale), e si acclude l'Accordo Fondamentale fra la Santa Sede e lo Stato d'Israele, firmato a Gerusalemme nel 1993.

Allo svolgimento delle conferenze e alla loro pubblicazione hanno contribuito diverse istituzioni, e molte persone concrete. Un ringraziamento particolare va all'*American Jewish Committee* che ha sostenuto il progetto in tutte le sue tappe con grande generosità; all'Università Gregoriana, che ha fornito il supporto logistico per il ciclo di lezioni e per l'edizione dei testi; al Centro di Documentazione SIDIC – Roma, che ha collaborato in maniera sostanziale all'iniziativa. Siamo grati, inoltre, a tutti gli illustri relatori, i quali hanno mostrato di aderire al progetto con la massima disponibilità e con spirito di dialogo sincero.

Norbert J. Hofmann, Joseph Sievers, Maurizio Mottolese

I. Riflessioni sul rapporto fra ebrei e cristiani

Card. Walter Kasper

Percorsi fatti e questioni aperte nei rapporti ebraico-cristiani

Sono passati trent'anni dalla creazione della Pontificia Commissione per i rapporti religiosi con l'Ebraismo e quarant'anni dalla promulgazione di *Nostra Aetate*. Credo di non esagerare affermando che i processi legati a questi avvenimenti possono essere considerati tra i più sorprendenti sviluppi del XX secolo. Essi hanno cambiato radicalmente la situazione delle relazioni ebraico-cristiane formatesi in duemila anni di storia e ciò ha avuto un impatto positivo per il mondo intero.

L'urgenza di stabilire migliori relazioni ebraico-cristiane è ancora più grande in questi mesi segnati dal tragico e sanguinoso conflitto tra israeliani e palestinesi nel Medio Oriente, un conflitto che non può lasciarci indifferenti, a causa delle innumerevoli vittime innocenti da entrambe le parti. Anche se in questo contesto non siamo chiamati a trattare degli aspetti politici di questo conflitto, tali aspetti non possono essere messi da parte completamente, perché evocano problemi etici fondamentali e sono intimamente legati a quella dimensione religiosa che è il solo mandato della Commissione della Santa Sede per i rapporti religiosi con l'Ebraismo. Alcuni sono del parere che questo conflitto preannunci la fine del dialogo o quantomeno conduca a una *impasse*. Io non condivido questa visione pessimistica. Al contrario, la tragedia dello scontro evidenzia precisamente la necessità del dialogo fra le tre religioni abramitiche: Ebraismo, Cristianesimo e Islam. Il conflitto del Medio Oriente dimostra ciò che è già stato affermato più volte: non può esserci pace nel mondo senza pace fra le grandi religioni.

Questa affermazione ci aiuta a capire l'urgenza del lavoro della Commissione Pontificia e le sfide che le si presentano. Spero di non sembrare arrogante se dico che perfino in questo conflitto la nostra Commissione è e vuole essere un piccolo e modesto segno di speranza, una piccola luce che brilla nell'oscurità.

L'inizio di un nuovo inizio

Prima di parlare degli sforzi attuali, vorrei ricordare le origini della nostra Commissione. È scontato, ma vale comunque la pena ribadirlo, che solo coloro che conoscono la storia possono comprendere il presente e "gestire" il futuro. E vale anche la pena ricordare che la Commissione è stata una sfida fin dalla sua istituzione. Fu iniziata indirettamente da Papa Giovanni XXIII che era stato eletto per essere un papa di transizione, un papa *ad interim* per così dire, ma divenne l'architetto della transizione nella Chiesa e indirettamente nel mondo, poiché con il suo pontificato la Chiesa stessa visse una situazione *ad interim*, una situazione di transizione.

Uno dei cambiamenti fondamentali a cui Papa Giovanni XXIII diede vita fu l'inizio di una nuova era nelle relazioni fra cristiani ed ebrei. "*I am Joseph your brother* – Sono Giuseppe vostro fratello" – disse agli ebrei che incontrò poco dopo la sua elezione. Il Venerdì Santo del 1959 abolì dalla liturgia la formulazione che parlava di "perfidi ebrei". Nasceva una nuova impostazione, alla quale non si era abituati dopo tanti secoli in cui le relazioni tra ebrei e cristiani erano state tutt'altro che fraterne e amichevoli.

Dopo un lungo periodo contrassegnato dal "linguaggio del disprezzo" (Jules Isaac), i primi contatti erano avvenuti – paradossalmente – nei campi di concentramento nazisti, dove ebrei e cristiani insieme dovettero confrontarsi con un sistema totalitario barbarico e neo-pagano e spesso scoprirono insieme la comune eredità e i comuni valori. Ci furono, inoltre, precursori coraggiosi che prepararono e spianarono la strada del dialogo. Ebrei come Leo Baeck, Franz Rosenzweig, Martin Buber, Jules Isaac, Shalom Ben-Chorim, Joseph Klausner, David Flusser e tanti altri, e cattolici come Jacques Maritain in Francia e Gertrud Luckner in Germania. Lo stesso Papa Giovanni XXIII, quando era Nunzio a Istanbul durante la Seconda Guerra Mondiale, intervenne personalmente per salvare innumerevoli ebrei. Questo suo comportamento ha reso credibile la volontà di intraprendere una nuova fase di relazioni.

Sostenere un tale nuovo inizio, ad ogni modo, può essere una sfida anche per un papa. Secondo la dottrina cattolica i papi hanno la pienezza della giurisdizione all'interno della Chiesa cattolica; ma sarebbe ingenuo pensare che lo stesso papa non sia condizionato da coloro che gli sono attorno. Papa Giovanni XXIII fu fortunato nel trovare un valido collaboratore nella persona del Cardinale Agostino Bea. Di nazionalità tedesca, studioso del Vecchio Testamento, altamente stimato e allo stesso tempo un uomo che conosceva la Curia e che sapeva come trattare con essa, il Cardinale Bea era dotato di saggezza, prudenza, coraggio, sensibilità umana, ed era una mente lucida e attenta. Il Papa lo nominò Presidente dell'allora Segretariato per la Promozione dell'Unità dei Cristiani (1960). Ma fu solo nel 1974 che la Pontificia Commissione per i rapporti religiosi con l'Ebraismo fu istituita all'interno di quello che ora si chiama Pontificio Consiglio per la Promozione dell'Unità dei Cristiani.

Il lavoro dell'allora Segretariato e più tardi della Commissione fu una sfida fin dall'inizio. Le sfide aumentarono quando Papa Giovanni XXIII, dopo una memorabile visita di Jules Isaac nel giugno 1960, decise che il Concilio Vaticano II, che egli aveva convocato con grande sorpresa della Curia e di tutta la Chiesa, avrebbe pubblicato una Dichiarazione sugli ebrei e incaricò il Cardinale Bea di prepararla.

La strada che si apriva sarebbe diventata una strada in salita. Dopo che il documento fu approvato dal Concilio, il Cardinale Bea disse a un amico: "Se prima d'iniziare avessi saputo tutte le difficoltà [che ho dovuto superare], non so se avrei avuto il coraggio di prendere questa strada". Ci fu forte opposizione sia dall'esterno che dall'interno. Dall'interno emersero i vecchi e ben noti modelli di antigiudaismo tradizionale, dall'esterno ci furono aspre proteste soprattutto da parte dei paesi musulmani che minacciavano seriamente i cristiani che vivevano in quei luoghi come piccole minoranze. Per salvare il salvabile venne deciso di inserire la suddetta Dichiarazione come un paragrafo della *Dichiarazione sulle relazioni della Chiesa con le religioni non cristiane*, che più tardi divenne nota come *Nostra Aetate*.

Questo fu tuttavia un compromesso, poiché il Giudaismo non è una religione tra le religioni non cristiane: come afferma chiaramente il paragrafo 4 della Dichiarazione, il Cristianesimo ha un rapporto particolare e unico con il Giudaismo. Non possiamo definire il Cristianesimo e la sua identità senza fare riferimento al Giudaismo, e ciò non si può dire nel caso dell'Islam, del Buddismo o di ogni altra religione. Il Giudaismo appartiene alla radice stessa del Cristianesimo. Ma arrivare a questa convinzione, formularla e trovare una maggioranza che la sostenesse in seno al Concilio non fu un'impresa facile. Il noto Arcivescovo francese Lefèbvre non fu l'unico che si oppose; ce ne furono tanti altri, provenienti soprattutto dai paesi a maggioranza musulmana. Alla fine si giunse a due importanti, e rinomate, decisioni del Concilio. Da una parte, il rifiuto di tutti i tipi di antisemitismo; dall'altra, il ricordo delle radici ebraiche del Cristianesimo, e del comune patrimonio quali figli di Abramo nella fede.

L'attuale papa, Giovanni Paolo II, ha accolto queste intuizioni con forza e ha approfondito entrambi questi aspetti. Per lui l'antisemitismo è una crudele violazione dei diritti umani, va contro la dignità della persona, che non è legata alla discendenza, alla cultura, alla religione o al sesso, ed è in netta contraddizione con ciò che è espresso nella prima pagina della Bibbia stessa: che Dio ha creato l'essere umano a sua immagine e somiglianza, così che ogni persona possiede una dignità immensa che richiede un rispetto assoluto dal suo prossimo. L'antisemitismo è un peccato.

D'altra parte, nel corso del suo lungo pontificato, Giovanni Paolo II ha ripetuto più volte e in varie circostanze che il popolo ebraico è il popolo scelto e amato da Dio, il popolo dell'alleanza con Dio, che non si è mai interrotta ed è ancora viva, proprio per la fedeltà di Dio. Quando il Papa visitò il Tempio Maggiore di Roma definì gli ebrei "i nostri fratelli maggiori" nella fede di Abramo. La prima domenica di Quaresima dell'anno 2000 e in una commovente immagine presso il Muro del Pianto a Gerusalemme, il Papa pregò chiedendo perdono per tutti i peccati che i cristiani avevano commesso contro gli ebrei e definì la *Shoah* "il Calvario del XX secolo".

Entrambi i pontificati di Giovanni XXIII e di Giovanni Paolo II hanno dunque iniziato – come speriamo – un periodo storico di amicizia fra ebrei e cattolici in questo nuovo secolo e in questo nuovo millennio. I due pontefici si sono impegnati a dimostrare che la conversione, la riconciliazione e un nuovo inizo sono possibili.

Sviluppi successivi

Il riferimento ad alcune importanti dichiarazioni del Papa attuale sta a significare che la sfida non è finita con la chiusura del Concilio nel 1965. Gli ostacoli, i conflitti e i problemi sono continuati. Ma sono stati fatti anche enormi progressi. I decenni che seguono qualsiasi Concilio sono caratterizzati da un vivo dibattito e a volte da un profondo conflitto riguardante la giusta interpretazione e la corretta realizzazione del Concilio. Questo processo non è stato diverso in relazione al paragrafo 4 della Dichiarazione *Nostra Aetate*. Redigere una buona dichiarazione conciliare è una cosa; farla conoscere e far sì che sia recepita nella globalità della Chiesa universale è un'altra cosa.

La Commissione per i rapporti religiosi con l'Ebraismo – guidata, dopo il Cardinale Bea, dal Cardinale Willebrands e dal Cardinale Cassidy – si è impegnata incondizionatamente in questo senso. La Dichiarazione del Concilio era solo l'inizio di un nuovo inizio: era necessario costruire sulle fondamenta che il Concilio aveva posto e tradurre il messaggio conciliare non solo nelle lingue, ma anche nelle situazioni e nei contesti più diversi. Quando il Concilio terminò, 40 anni fa, le attuali giovani generazioni non erano ancora nate; per loro, esso rappresenta storia remota. Dobbiamo quindi trasmettere e ritrasmettere il messaggio del Concilio alle nuove generazioni. Superare l'antisemitismo e promuovere relazioni positive e amichevoli fra le due comunità di fede non può avvenire in una sola volta, è un impegno educativo permanente. Segni allarmanti di un nuovo antisemitismo manifestatisi negli ultimi mesi hanno mostrato tragicamente che c'è ancora tanto da fare e si devono intraprendere nuovi sforzi perché la visione conciliare sia conosciuta da tutti.

Sono stati pubblicati una serie di documenti utili: *Orientamenti e suggerimenti per l'applicazione della Dichiarazione conciliare Nostra Aetate n. 4* (1974), *Note sul corretto modo di presentare gli ebrei nella predicazione e nella catechesi della Chiesa cattolica romana* (1985), *Noi ricordiamo: una riflessione sulla Shoah* (1998). I documenti sono importanti, ma non sono tutto. Essi possono diventare lettera morta. Al contrario, il dialogo si sviluppa con incontri personali, faccia a faccia. Oltre ai numerosi incontri individuali, abbiamo iniziato anche contatti con istituzioni ebraiche. Questi contatti sono regolari e positivi, per lo più amichevoli, a volte – e come potrebbe essere diversamente? – anche conflittuali. Vorrei qui accennare, per esempio, alle relazioni costanti e fruttuose stabilite nell'*International Catholic-Jewish Liaison Committee* e, al suo interno, nell'*International Jewish Committee on Interreligious Consultations* (IJCIC).

È tuttavia un'illusione, e in ogni caso assolutamente impossibile, che tutto si svolga a un livello universale ed elevato. La Chiesa cattolica esiste – come affermò il Concilio – "dentro e fuori delle Chiese locali", che hanno la loro propria responsabilità. Così, nel periodo post-conciliare, molte Conferenze episcopali hanno istituito delle commissioni per il dialogo con l'Ebraismo a livello locale e hanno pubblicato a loro volta importanti dichiarazioni. Due grossi volumi raccolgono la collezione di tutti questi testi.

La Commissione Pontificia segue, ispira, stimola e a volte promuove tali attività a livello nazionale e locale. Mentre negli ultimi decenni il dialogo è stato perseguito specialmente nel contesto dell'Ebraismo nordamericano, ora cerchiamo di promuovere tale dialogo soprattutto in Europa. Anche in America Latina il dialogo ebraico-cristiano presenta sviluppi significativi. Nel 2001 ha avuto luogo a Montevideo (Uruguay) il convegno dell'*International Council of Christians and Jews*. L'ultimo incontro internazionale dell'*International Catholic-Jewish Liaison Committee* a Buenos Aires, nel luglio del 2004, ha evidenziato che le nostre reciproche relazioni non sarebbero state possibili senza un forte supporto a livello locale.

Tra le varie sfide da affrontare, vorrei menzionarne soltanto due.

Prima di tutto occorre sottolineare l'instaurazione di relazioni diplomatiche tra la Santa Sede e lo Stato d'Israele (1993), preparate e rese possibili da un *Accordo fondamentale*. Negli anni tali relazioni sono rimaste abbastanza salde e hanno resistito alle difficili pressioni e alle profonde tensioni provocate dal conflitto israelo-palestinese, che coinvolge anche i cristiani della Terra Santa. Si tratta di una sfida continua e possiamo solo sperare in una imminente soluzione, giusta e pacifica, che possa essere nell'interesse di tutte le parti. Siamo convinti che le armi non possano risolvere il conflitto; esse nutrono solo l'odio da ambo le parti e producono un circolo perverso di violenza. Non c'è alternativa al dialogo, a un processo che rispetti gli interessi legittimi di entrambe le parti e miri alla riconciliazione e a una pace sostenibile. Nonostante il contesto di quella drammatica situazione, abbiamo avuto la gioia di iniziare un dialogo ufficiale ebraico-cristiano in Israele, un dialogo che coinvolge membri provenienti da Israele, nominati dal Gran Rabbinato, e rappresentanti del Vaticano.

Ancor più difficile è stato affrontare la seconda sfida: la riflessione sulla *Shoah*. La *Shoah* è stata un'indicibile tragedia, un'atrocità di proporzioni senza precedenti, un genocidio avvenuto in Europa che solleva molti interrogativi e alla fine lascia senza parole. Per gli ebrei la memoria della *Shoah*, e dell'uccisione di milioni di ebrei, è diventata un punto di riferimento e un elemento costitutivo dell'identità. Per i cristiani è divenuta oggetto di un profondo pentimento e, attraverso la riflessione teologica, rappresenta un punto di partenza per la conversione e l'instaurazione di nuove relazioni con il popolo ebraico.

La nostra Commissione ha raccolto questa sfida. In seguito alla pubblicazione di importanti dichiarazioni da parte di alcune Conferenze episcopali, e dopo lunghe discussioni e controversie, la Commissione ha pubblicato il suo documento forse più importante: *Noi ricordiamo* (1998). Il testo è stato accolto con rispetto, ma ha anche incontrato una dura critica da parte del mondo ebraico. Non è questo il contesto per ripetere tutte le argomentazioni pro e contro. Vorrei solo citare ciò che disse il mio predecessore, il Cardinale Cassidy: "Questa è la prima, non l'ultima parola". Ma chi avrebbe il coraggio di dire l'ultima parola? Alla fine dobbiamo rimanere tutti in silenzio per rispetto alle vittime e per l'insondabile mistero del Dio nascosto. Solo Dio può dire e dirà l'ultima parola alla fine dei tempi.

Questo non ci esonera comunque dal fare ciò che in effetti possiamo fare. Ci sentiamo senz'altro obbligati a compiere tutto ciò che è possibile per prevenire una tale atrocità nel futuro; in particolare, dobbiamo comprendere, per quanto sia possibile, le circostanze storiche che hanno portato alla *Shoah*, non per accusare e rimproverare o difendere e scusare, ma per saper utilizzare quell'insegnamento per il futuro.

Impegni e sfide per gli anni a venire

Vorrei concludere con alcune osservazioni sulle sfide e sugli impegni per il futuro. Come ho detto sopra, la costituzione della nostra Commissione è stata solo l'inizio di un nuovo inizio. Ancor oggi, dopo trent'anni da quel memorabile avvio, siamo ancora all'inizio. Permangono problemi difficili e sorgono altre sfide.

In primo luogo, tra i gravi problemi che ancora persistono, vanno menzionati i problemi storici, quelli che riguardano una storia comune spesso difficile da ricostruire. Resta da compiere molto lavoro di ricerca, non solo in relazione alla *Shoah*. Per esempio riguardo all'impatto ebraico nella storia, nella liturgia, nello studio della Bibbia cristiana, e poi nella letteratura, nella filosofia e nell'arte; o anche riguardo alla meno nota influenza cristiana sull'Ebraismo: questo si costituì nella sua forma rabbinica postbiblica, dopo la distruzione del Tempio, in opposizione alla Cristianità, ma anche in relazione al Cristianesimo.

In secondo luogo, restano ancora aperti problemi teologici fondamentali. Ad esempio, siamo ancora lontani da una teologia cristiana del Giudaismo. Il problema se l'alleanza sia una o siano due mette in gioco la relazione teologica fra il Giudaismo e il Cristianesimo. Certo, ebrei e cristiani, con tutto quello che hanno in comune, sono e rimangono su posizioni diverse nelle concezioni fondamentali che sono costitutive delle loro rispettive identità. Non dovremmo quindi accostarci al dialogo ebraico-cristiano con aspettative ingenue di una comprensione armoniosa. Il dialogo ebraico-cristiano rimarrà un dialogo difficile. Proprio quando non ignoriamo semplicemente la nostra diversità, ma piuttosto la "comprendiamo", allora possiamo imparare gli uni dagli altri. Non possiamo nasconderci la considerevole ignoranza che permane da entrambe le parti, quell'ignoranza che è una delle radici del pregiudizio reciproco. Per questa ragione stiamo attualmente considerando la possibilità di includere alcune conoscenze basilari del Giudaismo nella formazione dei futuri sacerdoti; allo stesso modo, la formazione dei futuri rabbini dovrebbe includere alcune conoscenze basilari del Cristianesimo.

Come terzo e ultimo punto, che per me è il più importante in questo momento e in questo contesto, vorrei accennare alla cooperazione pratica. Penso che la collaborazione sociale e caritativa, quale è stata intrapresa a Buenos Aires, sia il progresso più significativo degli ultimi anni. Insieme stiamo riuscendo ad aiutare i bambini che soffrono a causa della terribile crisi economica in Argentina. Speriamo che in futuro tali attività possano svilupparsi anche in altre parti del mondo. La tradizione rabbinica ha espresso ciò che si vorrebbe attuare in questa frase: "Colui che ha salvato un essere umano ha salvato il mondo".

Ebrei e cristiani – nemici da tanto tempo o al massimo indifferenti l'uno all'altro – dovrebbero sforzarsi di diventare alleati. Hanno un enorme patrimonio comune da salvaguardare: la concezione della persona umana, della sua dignità e responsabilità davanti a Dio, la comprensione del mondo come creazione, i concetti di giustizia e di pace, il valore della famiglia, la speranza della salvezza definitiva e della sua realizzazione. In questa prospettiva, il nostro dialogo in futuro non dovrebbe solo trattare di questioni religiose di principio; e neppure dovrebbe essere dedicato solo alla comprensione del passato. Quel patrimonio comune dovrebbe essere adoperato con vantaggio in risposta alle sfide contemporanee: facendo perno sulla santità della vita, la protezione della famiglia, la ricerca della giustizia e della pace, l'integrità della creazione, ecc. Dopo la tragedia della *Shoah*, sia ebrei che cristiani sono chiamati ad intervenire responsabilmente nel prevenire una nuova simile catastrofe umana.

Così Giovanni Paolo II si è espresso al Congresso europeo ebraico-cristiano (Parigi, 28-29 gennaio 2002): "Il nostro impegno è passare alle nuove generazioni i tesori e i valori che abbiamo in comune, così che l'uomo non possa mai più disprezzare il proprio fratello, e i conflitti o le guerre non possano mai più scatenarsi nel nome di un'ideologia che disprezza una cultura o una religione. Al contrario, le diverse tradizioni religiose sono chiamate a mettere il loro patrimonio al servizio di tutti nella speranza di costruire insieme la comune casa europea, uniti nella giustizia, nella pace, nell'equità e nella solidarietà".

Ebrei e cristiani insieme possono mantenere questa speranza. Perché anche sulla base dalle amare e penose lezioni della storia, essi testimoniano che – nonostante la diversità e nonostante la colpa storica – la conversione, la riconciliazione, la pace e l'amicizia sono possibili. Possa quindi il nostro secolo diventare un secolo di fratellanza – spalla a spalla, gli uni accanto agli altri.

Rav Riccardo Di Segni

Progressi e difficoltà del dialogo dal punto di vista ebraico

1. I recenti e costanti fra i membri della Commissione della Santa Sede per i rapporti religiosi con l'Ebraismo e quelli della Commissione di Rabbini Capi israeliani per il dialogo ebraico-cristiano mostrano chiaramente i progressi compiuti nel dialogo fra Chiesa ed Ebraismo. Non solo per la presenza di una rappresentanza ufficiale di un organismo dello Stato d'Israele; ma anche e soprattutto per il coinvolgimento di una parte del mondo rabbinico ortodosso ad un livello che sarebbe stato impensabile ancora pochi anni fa.

Dal punto di vista ebraico, questo è probabilmente uno dei segni più importanti, se non il più importante, della mutata percezione rabbinica dei termini del problema. Il percorso dei rapporti è stato segnato in questi anni da numerose cerimonie, atti pubblici, dichiarazioni, convegni, incontri, pubblicazioni, ma rimaneva sempre sospeso un nucleo essenziale del problema: la risposta dell'Ebraismo ortodosso. Questo problema è ancora lontano dalla sua soluzione; ma la partecipazione di alcuni rabbini capi israeliani indica una disponibilità all'ascolto e l'apertura di un credito di fiducia. Accanto ai grandi gesti ufficiali non bisogna trascurare quelli che sembrano piccoli passi: forse proprio in questi, non accompagnati dal clamore dei media, si nascondono i germi di quello che dovrà essere il corretto rapporto ebraico-cristiano nei tempi medi e lunghi.

La prima questione aperta, in relazione al nostro tema, è proprio la definizione di chi siano gli interlocutori e i rappresentanti; nella Chiesa Cattolica è chiaro, nel resto del mondo cristiano ancora no; per la parte ebraica la varietà delle tendenze rende ancora più complesso il discorso.

2. Se qualcuno ritiene ingiustificata o ingenerosa la riluttanza di molti ambienti rabbinici ad alcune forme di apertura, e si meraviglia della lentezza delle loro reazioni, non si rende conto della caratteristica fondamentale che distingue il rapporto ebraico-cristiano. Non è un rapporto tra uguali, non è un rapporto simmetrico, come non è simmetrico il rapporto tra figlio e padre, tra chi è grande numericamente e chi è piccolo, tra chi per secoli ha dominato e chi è stato appena tollerato. Ma soprattutto l'asimmetria è legata all'essenza stessa delle due fedi: per il cristiano è impossibile una fede che non sia radicata in quella originaria di Israele, ma nella quale si manifesta l'incarnazione; per l'ebreo proprio quell'incarnazione è negazione della fede originaria. Per il cristiano l'incontro con l'Ebraismo è la riscoperta delle radici della sua fede; per l'ebreo l'incontro con il Cristianesimo è la scoperta di una diversità inserita nelle sue radici. Teologicamente, il cristiano non può fare a meno di Israele; l'ebreo, se non vuole negare la propria fede, deve fare a meno del Cristianesimo.

È proprio a causa di questa fondamentale asimmetria teologica e di tutte le conseguenze che ha determinato nel corso della storia, che il rapporto ebraico-cristiano, come si è sviluppato dai tempi del Concilio Vaticano II, è stato (salvo poche eccezioni) un grande processo promosso in prima persona dalle Chiese cristiane, che ha visto le varie componenti dell'Ebraismo ora scettiche, ora riluttanti, ora collaboranti con entusiasmo; ma quasi sempre nel ruolo dell'invitato. L'ebreo Jules Isaac che bussava alle porte del Vaticano non era un rabbino che cercava di conoscere le altrui verità o di imporre agli altri le proprie: era uno storico, personalmente vittima di un'enorme ingiustizia, che chiedeva la fine della predicazione dell'odio. Anche questa era una manifestazione della radicale asimmetria: non un semplice incontro fra rappresentanti di due mondi in conflitto, ma l'incontro del perseguitato con l'istituzione che ancora si manifestava storicamente come ispiratrice dell'ostilità. Strettamente parlando, Jules Isaac non chiedeva il dialogo come dopo si è sviluppato (anche se certo lo anticipava), ma invocava la fine dell'insegnamento dell'odio. A questa richiesta la Chiesa cattolica, e con lei molte altre Chiese, ha risposto con un impegno decisivo e crescente alla rimozione dell'insegnamento dell'odio e con un invito al confronto e alla riconciliazione. Ma l'ha fatto spesso e inevitabilmente con il suo linguaggio, con la sua mentalità, con la sua cultura, con la sua visione del mondo, con le sue esigenze.

Tutto questo appare in modo differente nell'ottica, anzi nelle numerose ottiche, dell'Ebraismo. Per cui il dialogo ebraico-cristiano, svolta epocale della fine del millennio, deve ancora attraversare in forma sperimentale tutte le complessità della differenza e dell'asimmetria. È necessario comprendere che ogni atto del confronto – dalla definizione delle agende e degli obiettivi fino agli aspetti cerimoniali dei grandi gesti (di non poca importanza in una civiltà mediatica) – deve essere basato su regole condivise. Bisogna chiarire bene prima a che cosa si vuole arrivare e come si intende procedere. Altrimenti, anziché risolvere i problemi, si generano ulteriori incomprensioni, resistenze ed esclusioni. L'esempio delle due commissioni al lavoro va nella direzione giusta, mostrando i buoni frutti che possono nascere dalla disponibilità all'ascolto e dai chiarimenti preliminari dei limiti e degli obiettivi.

3. I risultati conseguiti non possono nascondere le difficoltà esistenti. Tenterò di spiegarne qualcuna, da un'ottica ebraica. La prima è la sensazione di incertezza nei confronti della teologia cristiana dell'Ebraismo, e delle reali volontà nei confronti degli ebrei. Gli sviluppi recenti della teologia cristiana hanno portato ad aperture di tutti i tipi, con un'enorme rivalutazione della sacralità delle proprie origini ebraiche, da cui deriva, nei nostri confronti, un atteggiamento completamente rivisto di rispetto e amore; e questo è un dato decisivo, che va oltre il generico rispetto per le

differenze religiose di cui la Chiesa si fa espressione negli ultimi decenni. Tuttavia, la prospettiva, per noi che osserviamo dall'esterno, è ancora indefinita e certo molto articolata.

C'è una frase nella *Nostra Aetate* che non viene quasi mai citata, ma rivela il nodo del problema: "E se è vero che la Chiesa è il nuovo popolo di Dio..." dice il documento. È in qualche modo una ripresa dell'antico tema del *verus Israel*, che nella sua formulazione conciliare lascia aperto il problema: se "nuovo" popolo di Dio significa che il vecchio non lo è più, o se "vecchio" e "nuovo" hanno entrambi un ruolo nella salvezza. Il Cardinale Bea, coraggioso difensore del documento conciliare, al quale è dedicato questo centro, non aveva dubbi su questo punto: spiegava che "naturalmente è vero che il popolo ebraico non è più il popolo di Dio nel senso di istituzione di salvezza per l'umanità".[1] Da allora il pensiero della Chiesa si è articolato ed evoluto. Alcuni affermano che ormai c'è chiarezza, o abbastanza chiarezza, o perlomeno una dialettica viva tra le diverse posizioni che quindi consente il confronto; altri invece sottolineano la prevalenza di posizioni rigoristiche nella Chiesa, e ne deducono una sostanziale inaffidabilità per un dialogo sincero; altri ancora ritengono che non si possa chiedere alla Chiesa di modificare la sua essenza e che il dialogo debba prescindere da tutte queste questioni.

Un famoso rabbino dei nostri tempi, discendente da illustri dinastie di maestri del Hassidismo, e uno dei primi personalmente attivi nel dialogo ebraico-cristiano, cioè Avraham Yehoshua Heschel, sosteneva che "la fede della Chiesa in Gesù rende il Giudaismo incompleto; ma se si nega questa fede, il Cristianesimo è falso. Non c'è dialogo su questo punto". Secondo questa linea, il

---

[1] "Il popolo ebraico nel piano divino della salvezza", *Civiltà Cattolica* 1965, IV, pp. 209-229, ristampato in L. Sestieri - G. Cereti (a cura di), *Le Chiese cristiane e l'ebraismo, 1947-1982*, Casale Monferrato, Marietti, 1983, p. 95. Sembra seguirne la dottrina il Cardinale Ratzinger quando afferma che "nell'Antico Testamento [il popolo di Dio] era il popolo d'Israele, da Cristo in avanti il nuovo popolo è quello dei suoi seguaci" (*Il Tempo*, 27-2-2004).

dialogo non deve toccare i principi della fede. E non deve toccare neppure i principi dell'autocoscienza religiosa, il modo in cui la comunità di fede definisce il suo rapporto con Dio, a meno che questa autocoscienza non comporti pulsioni aggressive verso gli altri.

Il problema che gli osservatori ebrei si pongono rispetto ai percorsi della teologia cristiana non è tanto quello dei principi, su cui non si deve discutere, quanto quello delle potenzialità aggressive che possono nascondersi sotto quei principi. Come è possibile predicare il dialogo nel rispetto dell'identità, non solo la propria ma anche e soprattutto quella dell'interlocutore, quando allo stesso tempo si lanciano segnali allarmanti e contrastanti? Più chiaramente e direttamente: l'ebreo che si converte al Cristianesimo è un modello di dialogo o la sua negazione?

L'imponente investimento dottrinale che c'è stato, ad esempio, intorno al processo di beatificazione e poi di santificazione di Edith Stein ci mostra una Chiesa che ancora propone come modello di virtù eroiche l'ebrea o l'ebreo convertito, e ne santifica l'immagine, arrivando addirittura alla definizione, per noi profondamente inquietante, di "novella Ester". Per citare un altro esempio recentissimo, una prestigiosa casa editrice cattolica ha pubblicato l'autobiografia di un discusso rabbino romano, passato al Cristianesimo nel 1945 e tenuto a battesimo da un piccolo gruppo di illustri prelati legati a questa università, tra i quali Agostino Bea; la pubblicazione di quest'opera si è accompagnata a una vivace promozione pubblicitaria nell'editoria cristiana con recensioni elogiative nella stampa specializzata e in quella generica. C'è stata persino, da parte di un importante giornalista, una proposta di beatificazione. Il dato che segnalo è che a 40 anni dalla *Nostra Aetate* e a 30 anni dall'istituzione della Commissione non mi è parso di vedere – e sarei lieto se qualcuno mi potesse contraddire – un solo articolo di un cattolico dove si dicesse che i tempi sono cambiati e che un rabbino che si converte al Cristianesimo non è più un obiettivo e un ideale per la Chiesa cattolica.

4. Un altro punto critico del dialogo è quello della contraddizione fra i tanti risultati ottenuti e la fragilità delle conquiste. Una delle prime necessità era cambiare radicalmente la didattica dell'ostilità antiebraica, rimuovendo tra l'altro l'accusa di deicidio. Non si può non prendere atto dell'impegno dispiegato dalla Chiesa per una diversa presentazione del popolo ebraico e per la creazione di un nuovo clima. Sono quotidianamente testimone, come molti altri ebrei, di questo clima mutato, di un rispetto non di facciata, di un atteggiamento di stima, ammirazione e affetto nei confronti degli ebrei che è sicuramente derivato da un nuovo modello di educazione religiosa. È un processo che richiede tempo e pazienza, per cui si è lontani dall'ideale; ma talvolta si dubita se questo ideale sia realmente un obiettivo.

Non sono riuscito a cancellare il ricordo di quanto è successo pochi mesi fa, quando si sono scatenate le passioni intorno alla "passione", quella rappresentata in un film. Non sto qui a riprendere la discussione sul film. Quello su cui bisogna meditare è la reazione della Chiesa e del Vaticano nel momento della polemica. Mentre il Cardinale Kasper, evitando di commentare il film, dichiarava in un'intervista[2] che l'occasione era opportuna per riaffermare gli insegnamenti recenti della Chiesa, ben altre erano le voci che si diffondevano anche in ambienti ufficiali. L'amara impressione che il mondo ebraico ha ricavato da tutto questo è che davanti a esigenze legate a forti esperienze mistiche ed enormi interessi pastorali, ma anche di altro tipo, il problema dei rapporti corretti con gli ebrei potesse essere messo in ultima fila o che bastasse a salvarlo un richiamo generico ai documenti ufficiali che venivano contraddetti dai fatti. Riprendendo le parole del Cardinale Kasper, l'occasione dovrebbe essere utile non solo per riaffermare gli insegnamenti della Chiesa, ma per riflettere sul senso che hanno realmente in momenti di crisi.

---

[2] *CNN International*, 24-2-2004.

5. Passando da quello che si spera sia stato un incidente isolato alla riflessione su problemi di fondo, credo che non si possa più evitare di affrontare alcune implicazioni radicali del confronto. Anche se non abbiamo superato alcune necessità primordiali come quella della lotta all'antisemitismo, il clima del confronto è ben diverso, è più maturo e pone davanti a scelte difficili.

C'è il problema del limite, del senso dell'assoluto e del relativo, di ciò che possiamo chiedere all'altro senza offenderlo o compromettere la sua integrità, ma senza essere costretti a cedere sui principi. La teologia e la norma, quella che noi chiamiamo *halakah*, hanno le loro regole interne di formazione ed evoluzione e solo tangenzialmente sono investite dalla realtà contingente, per quanto importante essa sia. Quindi il dialogo non dovrebbe o potrebbe influire direttamente sul loro sviluppo. E poi c'è il problema della verità. Ognuno di noi possiede una parte di verità o tutta quanta? È una domanda decisiva. Perché se ognuno di noi possiede solo una parte di verità, allora unendoci insieme ne possederemmo di più.[3] Non so se questa scelta sarebbe auspicabile per il Cristianesimo. Per l'Ebraismo rappresenterebbe un'unica cosa: la sua fine. Di nuovo l'asimmetria del nostro incontro e del nostro dialogo. In ogni caso devono esserci limiti, nelle nostre pretese e nelle nostre possibilità di concessioni; e devono esserci spazi di libertà per pensare alle nostre fedi in un modo che non sia né arrogante né aggressivo, ma che rimanga comunque forte e senza compromessi. Il dialogo può seguire le regole della cortesia diplomatica, ma non è una trattativa diplomatica basata su reciproche concessioni.

Un rischio sempre all'orizzonte è quello di proporre l'immagine semplificata di una religione universale, o di una sorta di ONU delle religioni in cui tutte le fedi sono uguali. Ho in mente i risultati di un recente sondaggio (Istituto Piepoli, 19-9-2004) sulla religiosità dei romani, in cui il 48% degli intervistati riteneva che "le religioni più o meno si equivalgono tutte". Non è solo ignoran-

---

[3] Come suggerisce provocatoriamente Rav Jonathan Rosenblum (*Jerusalem Post*, 1-1-2004).

za; sono le conseguenze di un appiattimento oggi molto comune che confonde il rispetto per la dignità di ognuno e per le differenze di pensiero con il valore intrinseco da dare alle proprie convinzioni. Questa è una realtà che dovrebbe preoccupare tutti gli interlocutori religiosi, perché mette alla luce un relativismo più volte denunciato e condannato. Ma più di tutti preoccupa la nostra parte, perché un indebolimento generale del senso religioso è a sfavore della parte numericamente più debole. Nel corso della storia, come alla fine del '400 in Spagna, abbiamo pagato per questo un duro prezzo.

Un altro rischio è che, in un rapporto di superiorità numerica, uno pensi di poter parlare per tutti, considerando le differenze minoritarie come curiose piccole varianti. Ma il dialogo fra le religioni non ha le regole della rappresentanza democratica. Nella politica e nell'etica possiamo e dobbiamo fare insieme battaglie per valori comuni, ma non dobbiamo confonderci quando i pensieri sono differenti. Non abbiamo ad esempio condiviso l'insistente richiesta cattolica di un richiamo alle radici giudaico-cristiane nella Costituzione europea, perché non è con un trattino tra giudaico e cristiano che si risolve il problema di ciò che abbiamo in comune e di ciò che possiamo dare agli altri; e anche perché, memori della nostra storia, non potevamo dimenticare che di quelle radici cristiane gli ebrei avevano spesso conosciuto i frutti amari. Sarebbe stato molto più utile un confronto preliminare tra i due mondi su questo tema. Credo che se combattiamo insieme per qualche cosa convinti di avere ciascuno un suo ruolo, e senza essere soltanto trascinati dall'altro, la nostra forza verso il mondo diventa enorme.

Nel campo dell'etica, e della bioetica in particolare, non tutto può ridursi in una visione comune. Le differenze che tra noi esistono, ad esempio sul problema delle cellule staminali, non ci consentono se non in qualche caso di creare fronti comuni; ma qui proprio il dialogo dovrebbe servire a una causa essenziale che invece non è mai in agenda: creare la strada per una legge civile che sia rispettosa delle differenze piuttosto che espressione di maggioranze forti.

6. Veniamo alle conclusioni. Se guardiamo il programma di questo ciclo di conferenze, dove si parla ripetutamente di teologia cristiana dell'Ebraismo, rileviamo un'altra asimmetria. Non si parla mai di teologia ebraica del Cristianesimo. Ma questa teologia c'è? Certo che c'è. E ci sono state evoluzioni nella riflessione su questo punto in questi ultimi anni? Certo, come in passato, ma non parallele a quelle del Cristianesimo. Molto più lente, e molto più dialettiche. Israele è come il patriarca Ya'aqov nel suo momento di reincontro con il fratello maggiore Esaw: a questi, che lo invita a viaggiare insieme, risponde che ha bisogno di tempo, del suo tempo, dei suoi ritmi (*Gen.* 33,14). Il dialogo, che non deve essere teologico, pone inevitabilmente a Israele il problema teologico della definizione dell'altro. Questo è un problema che dovrà essere risolto all'interno e con dinamiche interne, fuori dal dialogo, ma è anche un problema al quale, con i suoi tempi naturali, Israele non potrà sottrarsi.

Va notato che, nell'Ebraismo, la teologia (termine assente dal suo vocabolario classico) non può essere disgiunta dalla *halakah*, la regola, ben più importante e decisiva. Nei secoli passati, la durezza dei rapporti nei nostri confronti ha in qualche modo reso facili certe scelte di opposizione. Le regole che abbiamo ereditato sono nate in luoghi e periodi differenti: esse nascono da visioni contrastanti sul ruolo del Cristianesimo, sulla natura della sua fede, sui rischi dell'incontro, sui limiti e sulle giustificazioni delle concessioni possibili. È necessario che oggi, anche su questi temi, sia la *halakah* a riprendere il suo ruolo primario di guida al comportamento, riaprendo la discussione e proponendo le risposte. Ma la *halakah* ha le sue regole, e i risultati non sono programmabili politicamente.

7. Sul piano della dottrina possiamo concederci un po' più di libertà. E certamente nei testi della tradizione troviamo piste da percorrere (anche se con cautela) per nuove riflessioni dottrinali. Ne propongo due, ricche di implicazioni simboliche.

Ecco la prima. Così il profeta Isaia riferisce il lamento di Sion: "Sion dice: il Signore mi ha abbandonato, il Signore mi ha dimenticato" (*Is.* 49,14). La risposta al lamento è una consolazione: non c'è abbandono né oblio, perché Dio è per Israele come una madre, anzi più di una madre che non abbandona il suo piccolo. Un Maestro del Talmud si chiedeva perché ci fossero due termini nel lamento: "abbandono" e "oblio"; e spiegava: è come un uomo che ha abbandonato la prima moglie per un'altra, e si è dimenticato della prima (*TB Berakot* 32b). Strana spiegazione che un po' contraddice il seguito, dove i rapporti simbolici sono quelli tra madre e figlio, e non quelli tra coniugi. Ma resta un'immagine interessante (che magari non sarà gradita alle donne di oggi): come un uomo può avere più mogli, stabilendo con ognuna un rapporto affettivo speciale, così Dio può unirsi a vari popoli, dopo essere stato unito a Israele come sua prima compagna. Non c'è limite all'amore divino; ma resta da definire se a ogni nuova unione la precedente compagna sia ripudiata e negletta per sempre o se resti sempre amata. Il testo profetico deporrebbe per la seconda ipotesi; ma in fondo questa riflessione rabbinica non esclude la possibilità di affetti non esclusivi per Dio. E con un po' d'ironia potremmo anche immaginare che, come spesso succede nelle famiglie poligamiche, dopo l'iniziale contrasto tra le rivali, le mogli si alleino per dominare o resistere al marito. Sarebbe un'imprevedibile e paradossale evoluzione storica.

Veniamo alla seconda pista. Si racconta in *Genesi* (27,45) che quando Esaw minacciò di uccidere il fratello Ya'aqov non appena il padre Yitzhaq fosse morto, la madre Rivkah ordinò a Ya'aqov di fuggire, dicendo: "perché dovrei rimanere priva di voi due in un solo giorno?". I due potrebbero essere Yitzhaq e Ya'aqov, ovvero, secondo i rabbini, Ya'aqov ed Esaw, forse condannato per la sua colpa. Rashi, riprendendo l'idea dal Talmud (*TB Sota* 13a), dice che in quel momento Rivkah era stata dotata di spirito profetico e aveva intuito, come il midrash deduce dal racconto biblico, che effettivamente, dopo molti anni, i due fratelli gemelli sarebbero morti (o sarebbero stati sepolti) nello stesso giorno.

Le parole di Rashi alludono a qualcosa di importante: che tra i due fratelli non ci sarà uno che scomparirà prima dell'altro, magari inghiottito dall'altro. Siamo destinati a stare nel bene e nel male per sempre insieme e, finché uno di noi vivrà, vivrà anche l'altro. Teniamo presente questa prospettiva, e cerchiamo di trasformare il destino della nostra forzata coesistenza in uno stimolo di confronto positivo e non distruttivo, di crescita benefica per noi e per tutta l'umanità.

In questo momento epocale, in cui quelli che abbiamo considerato in un certo senso i discendenti di Esaw stanno rinfoderando la spada sguainata contro Israele, mentre i discendenti di Yishma'el la stanno brandendo dopo secoli di relativa calma, è il senso delle nostre origini umane e delle nostre responsabilità a dover prevalere. Riprendendo le parole della preghiera di Isaia: "Ora, o Signore, tu sei il nostro Padre; noi siamo la materia e tu sei il nostro creatore; e tutti noi siamo opera delle Tue mani" (*Is.* 64,7).

Rav Giuseppe Laras

Prospettive ebraiche sul Cristianesimo

Vorrei premettere un'osservazione generale che vuole essere anche un augurio. Il dialogo ebraico-cristiano – nonostante i limiti, i difetti, le illusioni, le critiche e gli attacchi che continua ad alimentare – è una realtà dinamica. Non siamo fermi, e vorrei ricordare applicandolo a noi un verso del *Deuteronomio* (5,3): "Noi insieme oggi qui tutti quanti vivi", armati più di buona volontà e speranza che di sapienza e certezze.

Il confronto attuale fra Cristianesimo ed Ebraismo non è quello dei secoli passati: ieri c'erano le dispute teologiche, e gli ebrei erano unilateralmente convocati in pubbliche assemblee per giustificare la loro fedeltà alla fede dei padri; oggi, ebrei e cristiani nello spirito del dialogo si incontrano con ben altre premesse e con altri sentimenti. Pur tuttavia è difficile negare che da parte del mondo ebraico, rabbinico e non rabbinico, permanga una certa resistenza, una difficoltà ad entrare in relazione con il Cristianesimo nel quadro delle iniziative di dialogo: e questo per una serie di motivi, alcuni chiari ed evidenti, altri solo avvertiti ma non per questo meno condizionanti.

In parte vi è ancora il timore o il sospetto che da parte cristiana si miri ad attirare gli ebrei al Cristianesimo attraverso il dialogo, o che comunque da quelle frequentazioni gli ebrei religiosamente meno motivati, e quindi più fragili, possano essere indotti ad abbandonare la loro religione per abbracciare il Cristianesimo. Ma a me pare che, in modo preliminare e sostanziale, il motivo vero alla base di questa resistenza non sia legato a paure o suggestioni, ma sia connesso a considerazioni di tipo dottrinale: a differenza del Cristianesimo nei riguardi dell'Ebraismo, l'Ebraismo non ha bisogno del Cristianesimo per capirsi, per autocomprendersi.

Oggi si usa parlare di una "relazione asimmetrica" che lega ebrei e cristiani sul piano del dialogo: in altre parole, se per il Cristianesimo incontrare Israele equivale a riscoprire le proprie radici, per sentirsi meglio definito, compreso e se vogliamo giustificato, lo stesso non varrebbe per l'Ebraismo nei confronti del Cristianesimo. Qui, al contrario, l'incontro con il Cristianesimo può diventare fonte di tensione e di contraddizione nel momento in cui emerga (e come può non emergere?) la figura di Gesù, che divinamente o messianicamente concepita è in contrasto con la concezione monoteistica o messianica di Israele.

Bisogna aggiungere che nella dottrina religiosa del Cristianesimo, fatta di aperture e sviluppi ma anche di resistenze e incertezze, permangono nei confronti del popolo di Israele non lievi difficoltà a definirne e ad indicarne il ruolo. Mi riferisco, a titolo esemplificativo, all'interpretazione che la Chiesa dà del ritorno di Israele dopo duemila anni di *galut* (esilio) nella terra d'Israele: evento provvidenziale, all'interno di una visione teologica, ovvero evento storico e contingente, all'interno di una visione politica?

Potrei continuare a riflettere su questo terreno aggiungendo altre considerazioni, ma intenzionalmente non lo farò, perché non è questo il tema su cui intendo soffermarmi in questa sede. Vorrei infatti pormi su un piano diverso: non più su quello che valuta criticamente la teologia cristiana dell'Ebraismo, ma su quello che – dall'interno dell'Ebraismo – cerca di esporre e valutare le linee-guida o le coordinate di una teologia ebraica del Cristianesimo. Questa – ancorché essenziale – è non univoca, contraddittoria, in fase di elaborazione. Si tratta, infatti, di un lavoro difficile e delicato, che ha come momento preliminare la ricerca della definizione dei cristiani data dagli ebrei nel passato: mi riferisco in particolare al periodo talmudico e al periodo medievale.

Il punto su cui convergeva e approdava la discussione, e quindi anche il nodo principale da sciogliere, era se i cristiani dovessero o meno essere considerati alla stregua degli idolatri. Nella testimonianza del Talmud emerge una distinzione fra i *goyim* (tra cui i cristiani) che abitano nella terra di Israele e i *goyim* che abitano fuori della terra di Israele. Perché i primi non fossero considerati idolatri, occorreva accertarsi che davvero non praticassero l'idolatria; riguardo ai secondi bastava la presunzione che non fossero idolatri. Vi è un passo, diventato paradigmatico, del trattato talmudico di *Hullìn* (13b) che suona così: "Gli idolatri fuori di Israele non sono idolatri, perché essi in realtà praticano in modo abitudinario le ritualità dei loro padri".

Ho tradotto in italiano corrente un'espressione tecnica che significa questo: nell'eseguire certe pratiche essi non mostrano una chiara volontà di celebrare dei riti idolatrici. Perché questa differenza di valutazione verso, rispettivamente, coloro che sono in terra di Israele e coloro che ne sono fuori? Probabilmente, i cristiani della Terra Santa di cui parla il Talmud sono i primi cristiani, i giudeo-cristiani, la chiesa di Gerusalemme, la chiesa di Giacomo, coloro che avevano conosciuto e praticato la religione ebraica e poi l'avevano abbandonata. Questi, dunque, sapevano quello che facevano, sapevano di violare il precetto del *yihud ha-Shem* (unità di Dio), secondo cui Dio (*ha-Shem*) è Uno (*ehad*), un precetto che riguarda coloro che sono nati ebrei e non coloro che sono fuori del popolo di Israele. Secondo alcuni, vi è una distinzione sottile: i "Noachidi" (i discendenti di Noè: cioè gli uomini tutti, che obbediscono a leggi morali universali) hanno il divieto dell'idolatria, ma non l'obbligo del monoteismo. E dunque il *shittuf* (cioè l'associazione di altre figure divine al Dio unico, come nel caso di Gesù) può essere da loro praticato senza infrangere il divieto dell'idolatria, tenuto conto che essi non sono obbligati a professare il monoteismo.

Con il passare del tempo, soprattutto nell'Europa del Medioevo, la situazione muterà radicalmente. Intanto, l'idolatria vera e propria andrà scomparendo e, con essa, la necessità di combatterla. Cristiani ed islamici saranno i dominatori dell'Europa (gli islamici sino alla caduta di Granada nel 1492). Gli ebrei faranno i conti con loro nella duplice veste di governanti e di uomini di religione. Qual è l'approccio ebraico nei confronti dei cristiani e del Cristianesimo nel periodo medievale? Questo approccio risulta mutato o resta invariato rispetto al periodo talmudico? Si deve distinguere, in linea generale, fra rabbini residenti in aree ad influenza islamica (sefarditi) e rabbini residenti nei paesi cristiani (ashkenaziti).

Lo schieramento sefardita è autorevolmente rappresentato da Maimonide, il quale, rispetto alla posizione diversificata presente nel Talmud, assumerà un atteggiamento più radicale e univoco, eliminando la distinzione fra abitanti in terra di Israele e abitanti fuori da Israele, conferendo ai cristiani *tout-court* la qualifica di "idolatri". Accanto a questa visione negativa della teologia cristiana, Maimonide esprime tuttavia un giudizio più moderato e possibilista sul ruolo del Cristianesimo e dell'Islam in prospettiva messianica.

Si veda questo passo dal trattato sui Re, nel *Mishneh Torah*, che nella maggior parte delle edizioni venne censurato: "Comprendere i pensieri del Creatore del mondo non è nella possibilità dell'uomo, poiché le nostre vie non sono le Sue vie e i nostri pensieri non sono i Suoi pensieri (*Is.* 55,8); tuttavia, tutte le parole di Gesù di Nazareth e dell'Ismaelita [Maometto] che sorse dopo di lui sono finalizzate a spianare la strada al Re-Messia e a preparare il mondo intero a servire Dio insieme, come è scritto: 'poiché Io allora trasformerò la lingua dei popoli in una lingua pura, in modo che invochino tutti il Nome del Signore e lo servano in un solo blocco [tutti insieme, concordemente]' (*Sof.* 3,9)".

Inserendosi nella linea di pensiero inaugurata da Yehudah ha-Lewy nel *Kuzari*, Maimonide fa fare qui al Cristianesimo e all'Islam, per così dire, un "salto di qualità": inserisce le due religioni all'interno di un piano provvidenziale che le vede protagoniste necessarie di un percorso preparatorio dell'umanità intera in vista dell'avvento messianico.

Nel mondo cosiddetto ashkenazita, dove emergono personalità come Rashi, i Tosafisti e altre autorità rabbiniche molto importanti dell'ambiente franco-tedesco, si sottolinea e si ribadisce che i cristiani (nei cui paesi gli ebrei vivevano) non sono idolatri. Possiamo, dunque, cogliere una distinzione netta fra la valutazione dei cristiani che dà il mondo sefardita rappresentato da Maimonide e la valutazione che ne danno, in generale, le massime autorità del mondo ashkenazita europeo. Secondo queste ultime, i cristiani non sono idolatri, oppure non conoscono le pratiche idolatriche, oppure – riprendendo quella nota sentenza di Rabbi Yohanan prima citata (dal trattato *Hullin* del Talmud) – "non fanno che ripetere le usanze praticate dai loro padri", senza alcuna intenzionalità di compiere con ciò una pratica idolatrica. In questo contesto così delicato, va segnalata una strana circostanza. Il decisore e giurista Yosef Karo, in un testo halakico (cioè, giuridico) molto importante (il *Tur* di Ya'aqov ben Asher), afferma esplicitamente che "i cristiani nel tempo presente [siamo nel XVI secolo] credono nel Creatore del mondo e pertanto non sono da considerarsi idolatri", mentre nell'altra sua opera di codificazione (lo *Shulhan Aruk*) non menziona affatto come norma halakica generale questo suo convincimento.

All'interno di questo panorama variegato, un caso a parte è rappresentato dalla posizione assunta da un celebre maestro provenzale del XIV secolo, Rabbi Menahem ben Shelomoh ha-Meiri (1249-1315). Egli ritiene che il Cristianesimo non abbia nulla a che fare con l'idolatria e che i divieti elencati nel Talmud a proposito degli idolatri non riguardino i cristiani. Scrive infatti: "anche se la loro fede è diversa dalla nostra, essi non rientrano nella categoria degli idolatri"; e ancora: "essi credono nell'esistenza di Dio Benedetto, nella sua unicità e nella sua onnipotenza, anche se in alcuni punti commettono errori nell'ottica della nostra fede"; e ancora: "nel nostro tempo, nella maggior parte dei casi, anche se talvolta essi giurano nel nome di taluni personaggi importanti defunti [i santi], essi tuttavia non li considerano divinità [e quindi non c'è idolatria]". La posizione del Meiri è sicuramente notevole e autorevole, anche se queste sue conclusioni, che escluderebbero del tutto che il Cristianesimo possa essere coinvolto in un discorso idolatrico, appaiono piuttosto isolate.

In un simile contesto tormentato, di posizioni e pensieri contraddittori, orientati ora verso un giudizio moderato ora verso un giudizio critico nei confronti della religione cristiana, l'opinione ambivalente di Maimonide – negativa sul piano teologico, ma apertamente positiva nella prospettiva messianica – sembra essere il pronunciamento più chiaro e più netto sul coinvolgimento del Cristianesimo in un ruolo provvidenziale di tipo messianico-universale. E quest'opinione continua a rappresentare una pietra miliare nel cammino che Cristianesimo ed Ebraismo percorrono insieme, ancorché lungo piani paralleli e distinti. Forse anche la categoria dei "Noachidi", in parte inadeguata e debole, può ancora essere usata per pensare il Cristianesimo in termini ebraici e per conciliare concettualmente, e non solo, le due religioni.

Non dimentichiamo che nel secolo appena trascorso, nel cuore di un'Europa che alcuni ritenevano civilissima, è esplosa la *Shoah* con il suo carico di sofferenza e di morte; e che l'idea del dialogo è scaturita proprio a seguito della *Shoah*. Il dialogo, come dicevo, va avanti e deve essere sostenuto, perché è un'occasione unica per pensare e parlare insieme: l'unica strada aperta che entrambi insieme possiamo percorrere per essere presenti, insieme, quando Dio vorrà. "Le cose nascoste appartengono al Signore nostro Dio" (*Dt.* 29,28). Per quanto ci riguarda, non dobbiamo avere fretta; non dobbiamo avere troppe certezze (personalmente, ho più domande da fare che risposte da offrire); non dobbiamo essere tentati di "risvegliare l'amore" (*Cant.* 2,7) prima del tempo. Dobbiamo essere ottimisti, fiduciosi e convinti per trasporto di fede che, quando giungerà il momento, Dio saprà aprire i nostri occhi e i nostri cuori, mostrandoci la verità. Dunque, dobbiamo essere "vivi" e camminare insieme in direzione di quella meta con sentimenti di amore, di rispetto e di umiltà.

Card. Carlo Maria Martini

Riflessioni sul dialogo ebraico-cristiano

Nella sua conferenza, Mons. Bruno Forte richiama gli elementi fondamentali di una teologia cristiana dell'Ebraismo che legga positivamente il rapporto fra Ebraismo e Cristianesimo, senza lasciarsi tentare da estremismi esclusivisti (secondo cui il Cristianesimo non avrebbe niente in comune con l'Ebraismo e farebbe meglio a lasciar cadere il rapporto con il Primo Testamento) o inclusivisti (secondo cui il Cristianesimo implicherebbe la sostituzione del piano di Dio a favore del popolo di Israele con un altro piano di salvezza che prescinde da Israele).[1]

La ricchezza dei dati della conferenza di Mons. Forte mostra che il problema è oltremodo complesso. Probabilmente siamo solo all'inizio di un ripensamento teologico, che è stato propiziato dal Concilio Vaticano II. Questo ripensamento si compie solo lentamente, e richiede tempo soprattutto la sua integrazione da parte delle comunità. Nella riunione tenuta a Grottaferrata dal 17 al 19 ottobre 2004 tra rappresentanti della Santa Sede e rappresentanti del Rabbinato d'Israele si è verificato che "non c'è ancora una coscienza diffusa nelle nostre rispettive comunità dei cambiamenti epocali avvenuti nella relazione tra cattolici ed ebrei". Come ha riconosciuto di recente il rabbino Rosen, i progressi del dialogo sono poco conosciuti nella base del mondo ebraico; e questo vale in parte anche per il mondo cristiano. Perciò si è ritenuto opportuno dichiarare ancora un volta che "noi non siamo nemici, ma partner non equivoci nell'articolazione dei valori morali essenziali per la sopravvivenza e il benessere della società umana".

---

[1] [La conferenza è pubblicata più avanti in questo volume, *n.d.r.*]

Pensando alla lentezza di questo cammino di ripensamento, viene in mente la storia dolorosa del passato, quella che Giovanni Paolo II ha richiamato con senso di pentimento nella Quaresima dell'Anno Santo: secoli di incomprensioni, di ostracismi, di reciproci malintesi e di calunnie. È una storia alla quale non si può pensare senza un profondo senso di dolore e umiliazione, a mano a mano che ci si rende conto di quanto non pochi cristiani abbiano agito, in questo campo, contrariamente al Vangelo e abbiano perciò offuscato la verità e l'amore che dovrebbe sempre irradiare dalla Chiesa di Cristo. Oggi le cose stanno cambiando, ma occorre tempo ed energia, anche perché nuovi fatti storici nel tempo presente danno l'occasione al baco antisemita di riprodursi con teorie e giudizi negativi.

In questo quadro vorrei tentare di rispondere alla domanda: come può una Chiesa locale, tenendo conto dei pregiudizi ancora esistenti, aiutare la gente a superarli e creare un clima di convivialità, di rispetto e di stima, che sia terreno di coltura per un sano approfondimento teologico?

Non si tratta, infatti, soltanto di discutere fra specialisti del rapporto tra ebrei e cristiani, ma piuttosto di trovare dei punti di riferimento per un cammino di Chiesa, e per un dialogo tra popolo cristiano e popolo ebraico, che faccia da sfondo agli sforzi dei teologi e degli esegeti. La posta in gioco non è semplicemente la maggiore o minore vitalità di un dialogo ad alto livello. Si tratta, da parte cristiana, di risuscitare nei fedeli la coscienza del loro legame con i figli di Abramo, con le conseguenze che ne derivano per la dottrina, la disciplina, la liturgia, la vita spirituale della Chiesa e per la sua missione nel mondo d'oggi. È necessario che la Chiesa si autocomprenda nella sua natura e missione in relazione al popolo ebraico. E ciò richiede innanzitutto l'attenzione a ciò che il popolo ebraico pensa e dice di se stesso.

Nell'indicare alcuni elementi che possono aiutare nello sviluppo di questa comprensione, non posso non fare riferimento alla mia più che ventennale esperienza di arcivescovo di Milano, durante la quale si sono avute numerose occasioni di incontro con membri della comunità ebraica. Ciò è stato anche merito del rabbino capo Prof. Laras, che ricordo con molta cordialità e gratitudine. Grazie a tali iniziative si è creato gradualmente un clima sempre più fraterno e aperto, con attenzione reciproca e sincero desiderio di mutua stima e conoscenza.

1. La mia esperienza mi dice appunto che è possibile intraprendere un cammino di amicizia e di riconciliazione, e che per questo sono necessarie almeno quattro premesse.

Primo: i cristiani devono conoscere non soltanto il Nuovo Testamento, ma anche i testi del Primo Testamento e debbono saperli interpretare alla luce del Vangelo, così da vedere la continuità tra le cose raccontate, promesse e previste nella Bibbia ebraica e gli eventi della Chiesa cristiana. È chiaro che questa lettura è tipicamente cristiana. Tuttavia essa aiuta a valorizzare il contenuto delle pagine del Primo Testamento e a stabilire una continuità, ponendo le basi per un approfondimento del dialogo.

Secondo: occorre una conoscenza dell'Ebraismo post-biblico, che fino a ieri mancava quasi del tutto nella Chiesa cattolica. È necessario per questo – l'ho affermato più volte in questi anni – non solo conoscere i libri e le tradizioni che dopo la distruzione del Tempio hanno continuato a far vivere una speranza ebraica, ma anche allargare i propri orizzonti all'intera storia, alle consuetudini, ai talenti artistici, scientifici, letterari, musicali del popolo ebraico. Occorre, in sintesi, stimare e amare questo popolo. Non basta un semplice anti-antisemitismo. Bisogna dare motivazioni a un'amicizia che sempre più legga nel cuore dell'altro i pensieri comuni e trovi uno spazio per le differenze, senza che esse producano conflitto o emarginazione. A tale scopo saranno necessarie molte iniziative culturali. Anzitutto, nella formazione dei futuri sacerdoti, occorrerà insistere sulla conoscenza dell'Ebraismo biblico e post-biblico. Negli ultimi anni si è fatto un certo progresso in questo campo, ma ancora molto resta da fare, anche perché sono pochi coloro che finora hanno ricevuto questa nuova formazione.

Terzo: è necessario mettersi insieme per realizzare iniziative concrete di carità, di servizio, di giustizia e di pace. L'etica cristiana e l'etica ebraica sono in gran parte identiche e tendono agli stessi obiettivi. Proprio per questo è possibile che ebrei e cristiani lavorino insieme in molti campi e si creino così quelle condizioni di mutua fiducia che sono la strada maestra per un dialogo interreligioso, interculturale e anche politico.

Quarto: là dove vi sono dei conflitti, come attualmente tra israeliani e palestinesi, bisogna stare in mezzo e operare perché cessino tutte le violenze e ciascuno impari a comprendere anche il dolore dell'altro. Per questo ho scelto di vivere gran parte del mio tempo a Gerusalemme e mi sono proposto come priorità la preghiera di intercessione (nel senso etimologico della parola: intercedere, camminare in mezzo, senza dare patenti di ragione o di torto a destra o a sinistra, camminare in mezzo in preghiera). Una preghiera di intercessione perché i popoli del Medio Oriente, e in particolare ebrei e palestinesi, trovino le strade della mutua fiducia e del dialogo. Quando mi si dice che questa preghiera non è esaudita, perché non si vede ancora la pace, io rispondo: non è vero. Ci sono a Gerusalemme molte iniziative di dialogo, di incontro, di ascolto. Gerusalemme non è solo città del conflitto, come appare dai mass media, ma anche città dell'amore e della preghiera.

Mi ha molto colpito, per esempio, l'incontro con un'associazione di famiglie palestinesi ed ebraiche, ciascuna delle quali ha avuto un parente ucciso nella guerra o a causa del terrorismo. Queste famiglie si trovano regolarmente insieme per comprendere le une il dolore delle altre e per proporre iniziative di dialogo, di riconciliazione e di pace. Mi pare che tutto sia nato dalla madre di una bambina ebrea che anelava alla pace e che già all'età di quattordici anni partecipava a manifestazioni per la pace. A sedici anni, la bambina venne uccisa da un terrorista. La madre, sconvolta, sentì che non doveva chiudersi in se stessa, nella disperazione e nel desiderio di vendetta. Essa si mise a cercare e a visitare le famiglie di coloro che avevano avuto una simile tragedia in casa, ebrei e arabi. Si sono così costituiti gruppi di incontro, che godono di grande credibilità presso le altre famiglie perché portano con sofferenza e dignità un dolore grande e ne fanno motivo per un superamento dei conflitti. Questo gruppo è riuscito a far parlare tra loro un gran numero di ebrei e arabi, offrendo la possibilità di mettersi in contatto telefonico. Sono state così promosse migliaia e migliaia di telefonate tra membri dei due popoli. Ho portato questo esempio per dire che la creatività per superare il muro dell'odio è senza limiti, e riesce a compiere cose mirabili.

2. Perché un cammino del genere sia possibile, occorre procedere per tappe.

La prima tappa è quella della preghiera. Siamo consapevoli che, nel dramma della storia, l'uomo non è solo. Dimensioni insospettate di fede, di amore e di speranza si aprono sia per l'ebreo che per il cristiano. Per l'ebreo ogni momento o condizione di vita è una possibilità di adorare il nome dell'Altissimo, di rendere testimonianza al suo Nome Santo. A questo contribuiscono in particolare le feste che ritornano nei diversi periodi dell'anno, a partire dalla Pasqua. È perciò necessario che i cristiani comprendano questo costante atteggiamento ebraico di adorazione del Nome di Dio. Per vivificare le nostre eucaristie, per celebrare la nostra liturgia con tutti i suoi preziosi valori, noi cristiani dovremmo abituarci sempre più a capire le preghiere e la spiritualità degli ebrei.

La seconda tappa è la conversione dei cuori, in ebraico *teshuvah*. Per l'ebreo, ogni giorno è fatto per la *teshuvah* del singolo e della comunità. Anche per noi, ogni giorno dovrebbe essere il momento per cominciare a chiedere, a Dio e ai nostri fratelli, di accettare il nostro dolore per il male che abbiamo fatto e per il bene che ci siamo dimenticati di compiere. Curviamoci sul fratello ebreo, sulla storia delle sue sofferenze, del suo martirio, delle persecuzioni che ha subito. Rimuoviamo le interpretazioni tendenziose di passi contenuti nel Nuovo Testamento e in altri scritti. Dissipiamo le incomprensioni che ancora ci rendono diffidenti riguardo alla buona volontà reciproca. In realtà noi tutti desideriamo ardentemente la stessa cosa: essere autentici, essere fedeli alla verità conosciuta.

La terza tappa è quella dello studio e conseguentemente del dialogo. Per cercare la verità, l'umanità costruisce scuole, centri scientifici e universitari. L'Ebraismo ha elaborato in passato la riflessione talmudica con tutte le successive trattazioni. Oggi ha moltiplicato gli istituti di ricerca e di dialogo, che sono fiorenti sia a Gerusalemme sia in molte altre parti del mondo. La Chiesa non può ignorare i risultati di questa elaborazione, così come sono presentati nei testi religiosi, giuridici, filosofici della letteratura ebraica post-biblica. Il Pontificio Istituto Biblico di Roma ha ormai da anni un rapporto organico con l'Università Ebraica di Gerusalemme, per dare ai nostri studenti, futuri professori di Scrittura, la possibilità di frequentare almeno per un semestre un'istituzione prestigiosa di studi ebraici. Finora circa mille studenti, oggi docenti nei seminari di tutto il mondo, hanno tratto profitto da questo soggiorno. Sono convinto che la profonda penetrazione all'interno dell'Ebraismo e delle sue correnti sia vitale per la Chiesa, non soltanto per superare un'ignoranza vecchia di secoli e per avviare un dialogo fruttuoso, ma pure per approfondire l'interpretazione di sé come Chiesa.

In particolare, vorrei sottolineare l'importanza che avrebbe, per la teologia della prassi cristiana, lo studio dei problemi che derivarono dall'interruzione del contributo che la teologia e la prassi dei giudeo-cristiani stava dando alla primitiva comunità cristiana. Infatti, il primo grande scisma, quello fra ebrei e cristiani, privò la Chiesa dell'aiuto che le sarebbe venuto dalla tradizione ebraica. Mi limito a citare tre conseguenze di questo mancato apporto. In primo luogo, la difficoltà (tuttora evidente) della prassi cristiana a focalizzare il corretto atteggiamento dei singoli e delle comunità nei confronti del potere tecnico, economico e politico di questo mondo. In secondo luogo, la difficoltà della prassi cristiana a trovare il giusto atteggiamento nei confronti del corpo, del sesso, della famiglia. Infine, la difficoltà della spiritualità cristiana a individuare il legame autentico tra la speranza escatologica messianica e le speranze e le aspettative degli individui e delle comunità, in relazione alla giustizia, ai diritti umani e così via. Le discussioni senza fine sulle applicazioni pratiche e sugli atteggiamenti in questi settori (basti pensare alle leggi sulla fecondazione artificiale e sull'uso degli embrioni per la ricerca) hanno le loro radici in quella ferita non guarita del primo scisma. Possiamo allora comprendere perché, nella *Lettera ai Romani*, San Paolo affermava che la ricomposizione dell'unità fra la tradizione ebraica e quella cristiana sarà "una risurrezione dai morti" (*Rm.* 11,15).

La quarta tappa è un dialogo universale e aperto a tutti. Ebraismo e Chiese cristiane non possono fermarsi a un dialogo che esclude altri interlocutori. Questo rapporto, per sua natura, deve essere anzitutto aperto all'Islam, per le comuni radici cristiane (storiche, culturali, religiose) e per la comune discendenza da Abramo. Qui non possiamo aspettarci risultati a breve termine o vantaggi strategici preferenziali: al contrario, bisogna cominciare a proporre valori comuni, per scoprire obiettivi e strumenti di dialogo, sapendo di rendere così un servizio all'intera umanità.

In questo dialogo ha un'importanza fondamentale la città di Gerusalemme. In una sua lettera apostolica su questo tema, Giovanni Paolo II ha dichiarato: "noi dobbiamo invocare la desiderata sicurezza, la giusta pace per il popolo ebraico, mentre d'altra parte il popolo palestinese ha il diritto naturale, secondo giustizia [...], di poter vivere in pace e in serenità con gli altri popoli della regione".

Il Santo Padre ha sottolineato che "la città santa di Gerusalemme, così cara a ebrei, cristiani e musulmani si eleva come un simbolo di incontro, di unione e di pace per l'intera famiglia umana" e ha invocato che "con buona volontà e larghezza di vedute sia trovato un modo giusto ed efficace affinché differenti interessi e aspirazioni possano essere messi insieme in una forma armoniosa e ferma".

I rabbini e i membri della Commissione della Santa Sede nel loro recente raduno di ottobre hanno dichiarato tra l'altro, riferendosi a qualche episodio recente, che "Gerusalemme ha un carattere sacro per tutti i figli di Abramo. Esortiamo tutte le autorità competenti al rispetto di questo carattere e alla prevenzione di esplicite azioni che offendano la sensibilità delle comunità religiose che risiedono a Gerusalemme e che hanno a cuore questa città. Esortiamo le autorità religiose a protestare pubblicamente quando si compiono azioni mancanti di rispetto verso persone religiose, simboli religiosi e luoghi santi [...]. Esortiamo tali autorità ad educare le proprie comunità a un comportamento rispettoso e dignitoso verso persone e beni di altre fedi".

L'Ebraismo offre in tale contesto molti esempi di apertura al dialogo, non solo con l'Islam ma pure con altre religioni, così come con la scienza e la filosofia. Tra i cristiani, a proposito di questo dialogo, ricordiamo i nomi di Louis Massignon e di Charles de Foucauld, e, più di recente, di Giorgio La Pira, di Monsignor Rossano, del Cardinale Willebrands e del Cardinale Bea.

La quinta tappa è quella delle iniziative a livello di studio e di formazione scolastica. L'approccio alla religiosità e alla cultura ebraica può essere coltivato su tanti piani diversi. Sul piano dell'indagine scientifica, promuovendo incontri e ricerche, e coordinando ciò che già esiste; nelle scuole, usando le possibilità previste dalle leggi scolastiche e rivedendo i libri di testo. Si possono poi programmare corsi di aggiornamento per il clero e i catechisti e istituire corsi nei seminari e nelle diocesi.

Se le tappe precedenti verranno percorse progressivamente, sarà più facile affrontare anche l'ultima tappa, quella della creazione di punti di incontro e luoghi di collaborazione sociale, politica e culturale. Possiamo così sperare che, nel promuovere e nel difendere la vita e la libertà di tutti gli uomini, ebrei e cristiani si troveranno più spesso di un tempo gli uni accanto agli altri, per il comune impulso religioso e per le stesse ragioni etiche e ideali. La dichiarazione dei vescovi e dei rabbini sopra citata ricorda che l'insegnamento biblico richiede che il traguardo della giustizia (*tzedek u-mishpat*) venga perseguito attraverso le vie della beneficenza e della compassione (*hesed we-rahamim*): ciò domanda lo sforzo di andare oltre la lettera della Legge (*lifnim mi-shurat ha-din*) per il bene della società nel suo insieme. Perciò il Comitato chiede che sia data speciale attenzione alle sfide della povertà, della malattia e dell'emarginazione; di combattere la distribuzione non equa delle risorse e una globalizzazione senza solidarietà umana; di operare per la risoluzione pacifica dei conflitti, sottolineando le nostre responsabilità di fronte allo spettro del terrorismo in tutte le sue manifestazioni.

3. Che cosa ci aspetta come risultato di questo percorso? Proporre alcuni obiettivi comuni a lunga scadenza potrebbe apparire presuntuoso se non facessimo affidamento sullo Spirito di Dio, che fin dall'inizio ha aleggiato sulle acque primordiali. È Lui che invochiamo in ogni tempo: "Manda il tuo Spirito, Signore, e rinnova la faccia della terra" (*Sal.* 104,30).

Un primo obiettivo comune sarà di essere testimoni in tutto il mondo dell'amore del Padre, del fatto che tutti gli uomini sono ugualmente oggetto dell'amore di Dio. In questa testimonianza reciproca siamo dunque uniti, come da una meta che tutti ci attira.

Se noi cristiani crediamo di essere in continuità e in comunione con i patriarchi, i profeti, con gli esuli di Babilonia e con i martiri maccabei, è necessario che questa comunione si realizzi in tutti i modi possibili anche nei riguardi degli ebrei che a Yavne hanno codificato la Mishnah e a Babilonia il Talmud, che furono perseguitati dai crociati e processati per l'omicidio rituale. Andando oltre tutti questi eventi ed errori del passato dobbiamo tendere al tempo in cui saremo un unico popolo, che il Signore benedirà dicendo: "Benedetto sia l'Egitto mio popolo, la Siria opera delle mie mani, Israele mia eredità".

Un secondo obiettivo comune per ebrei e cristiani viene dal fatto che entrambi sono chiamati a svolgere un servizio nei riguardi di tutta l'umanità, un servizio allo stesso progetto di alleanza. Questo servizio costituisce un ministero in qualche modo sacerdotale, una missione che può unirci senza confonderci, fino a quando verrà il Messia, che noi tutti invochiamo con le parole: *Marana-tha*.

Se vogliamo tentare di descrivere questo ministero sacerdotale di Israele e della Chiesa, possiamo usare la categoria del "fare santo il Suo nome", cioè di rendere presente la santità di Dio in noi stessi, nelle famiglie, nella società, nella creazione. L'Ebraismo ha sviluppato un'attenta riflessione sui precetti che santificano ogni momento della vita e sull'intenzione del cuore che ne costituisce l'anima vivificante.

Tra i molti campi di confronto, possiamo sottolineare la difesa e protezione della vita umana in ogni suo momento, dalla nascita alla morte; l'impegno di volontariato sociale; le diverse forme di non violenza; l'aiuto alle popolazioni in stato di grave necessità; l'assistenza ai malati e ai drogati; l'educazione dei giovani; la promozione artistica, culturale e scientifica. In tutti questi sforzi siamo guidati dal desiderio fondamentale di promuovere la pace nella giustizia. Una pace – ha ricordato Giovanni Paolo II ai rappresentanti della federazione israelitica svizzera a Friburgo – fondata sulla giustizia, sul rispetto dei diritti di ciascuno, sull'eliminazione delle cause di inimicizia, cominciando da quelle che sono nascoste nel cuore dell'uomo.

Se la Chiesa cristiana si sente chiamata ad essere coscienza critica, specialmente in Europa, non può non trovare al suo fianco, in questa missione, la forza della dottrina religiosa ed etica dell'Ebraismo. Se la Chiesa desidera essere ovunque promotrice del dialogo della pace, luogo di incontro universale dei popoli, nel nome di Cristo in cui tutte le cose verranno ricapitolate, allora è proprio nei confronti dell'Ebraismo che questo dialogo e questa pace devono essere innanzitutto promossi. Quanto più intensamente e profondamente ebrei e cristiani, nel rispetto della diversità dei contenuti specifici delle fedi, attueranno questa collaborazione fraterna, tanto più la loro presenza avrà un significato per l'Europa del terzo millennio e per il compito che l'Europa ha di fronte al resto del mondo.

II. Necessità della memoria

Anna Foa

Il difficile apprendistato della diversità

La storia dei rapporti tra ebrei e cristiani nei lunghi secoli che precedono la *Nostra Aetate* è una storia che inizia con la nascita del Cristianesimo e che copre un periodo vicino ai duemila anni. Nell'impossibilità di tracciarne anche soltanto le grandi linee, mi limiterò a mettere in rilievo alcuni dei suoi aspetti per concentrarmi poi soprattutto su quello che succede a partire dal Settecento, cioè dal momento in cui inizia ad emergere un processo di secolarizzazione della società e il rapporto tra gli ebrei e la Chiesa entra in una crisi profonda, destinata a non essere sanata fino al Concilio Vaticano II e alla svolta decisiva della *Nostra Aetate*.

C'è un'immagine che può essere considerata emblematica del rapporto tra ebrei e cristiani in questi secoli: quella della Chiesa e della Sinagoga, che adorna molte cattedrali medioevali. Da una parte, la Sinagoga in veste di donna accasciata, con la benda sugli occhi a indicare la sua cecità di fronte al Messia che non vuole riconoscere; dall'altra parte, sullo stesso portale, la Chiesa, una figura trionfante che si leva alta a mostrare la vittoria sulla Sinagoga. È un modulo che rappresenta compiutamente l'idea cristiana della sostituzione: la Chiesa sostituisce la Sinagoga, il Cristianesimo è il nuovo Israele. Se la Chiesa è trionfante è perché la Sinagoga ha perduto le sue forze, è cieca, è caduta.

È questo un tema fondamentale dell'elaborazione teologica cristiana di questi primi secoli, definito compiutamente già a partire dal III secolo, che rappresenta da una parte la liquidazione teologica dell'Ebraismo, visto come sconfitto e sostituito nell'elezione divina dal Cristianesimo, ma che dall'altra consente un reinserimento dell'Ebraismo nell'economia della salvezza: gli ebrei devono essere presenti dentro la società cristiana, benché in uno stato di subordinazione, di dipendenza. In quanto simboli dell'errore, saranno i testimoni privilegiati della verità del Cristianesimo: il posto rappresentato iconograficamente dalla Sinagoga accecata e accasciata.[1]

Naturalmente, a questa giustificazione della presenza ebraica altre se ne affiancano, anche di natura teologica, come l'idea escatologica che la conversione finale degli ebrei fosse necessaria a determinare l'Apocalisse finale. Ma la formula rappresentata in questa immagine è quella più rappresentativa del rapporto, perché indica, oltre alla subordinazione, anche l'equilibrio. Le due immagini sono infatti come collocate sui due piatti di una bilancia, anche se il piatto della Sinagoga è più basso rispetto all'altro, a segnalare la sottomissione. Nel Duecento, nella bolla *Etsi Iudeos,* tale sottomissione sarà indicata con la formula latina di *perpetua servitus*, in cui servitù è intesa non in senso letterale ma morale, religioso: la subordinazione dell'errore alla verità. E attraverso i secoli questo equilibrio si manterrà saldo.[2]

Alle sue origini, vi è però una scelta. Non si tratta di un dato scontato, dal momento che non c'è niente di necessario ed ineluttabile nel fatto che la Chiesa abbia scelto di mantenere gli ebrei nel suo seno. Innanzitutto, si è trattato della scelta della Chiesa occidentale, romana, assai più che di quella orientale, dove la presenza degli ebrei è stata molto più contrastata, dove le sinagoghe sono state distrutte, le violenze si sono scatenate più numerose. Con Gregorio Magno, alla fine del VI secolo, la Chiesa occidentale ha optato in modo definitivo per la presenza ebraica, fondando sulle teorie paolina ed agostiniana le sue formulazioni teologiche sugli

---

[1] Su questo tema trattato in una bibliografia molto ampia, mi limito a segnalare il recentissimo volume di P. Stefani, *Antigiudaismo. Storia di un'idea*, Roma-Bari, Laterza, 2004.
[2] Cfr. K.R. Stow, *Alienated Minority. The Jews of Medieval Latin Europe*, Cambridge-London, Harvard University Press, 1992; A. Foa, *Ebrei in Europa dalla peste nera all'emancipazione*, Roma-Bari, Laterza, 2003.

ebrei. Non era affatto scontato che gli ebrei ci dovessero essere, come non ci saranno gli eretici, come non ci saranno i musulmani: non erano previste diversità, oltre a quella ebraica, in seno ad un mondo basato sull'uniformità religiosa.

Fondato com'era su tutta una serie di motivi teologici, oltre che sulle formulazioni del diritto romano, destinate successivamente a confluire nel diritto canonico, il permanere della presenza ebraica resta dunque una scelta. Compiendola, la Chiesa ha però messo in moto un processo di apprendistato della diversità, si è trovata a confrontarsi con una diversità: accecata, accasciata, subordinata, in perpetua servitù, comunque una diversità con cui le società cristiane, per quanto monolitiche, non potevano fare a meno di misurarsi ovunque fossero presenti ebrei.

Certo, era difficile far accettare le complesse ragioni di questa presenza a quanti non avessero familiarità con le astrusità teologiche, alla gente comune che vedeva bruciare gli eretici (cristiani che la pensavano diversamente dalla Chiesa su qualche aspetto di fede) e vivere gli infedeli, o che vedeva partire i crociati, alla fine dell'XI secolo, per liberare dagli infedeli la Terra Santa, senza prima disfarsi degli infedeli che vivevano in seno alla loro stessa società. Di qui, molte contraddizioni, molti conflitti, molte persecuzioni spontanee, scatenate dal basso. Ma in qualche modo, questo processo di apprendistato della diversità fu messo in moto. Io sono fermamente convinta che l'Occidente cristiano avrebbe avuto una storia diversa se non avesse fatto questa scelta, se non avesse contenuto una diversità al suo interno, pur con tutti gli episodi tragici, le persecuzioni, le violenze che questa scelta hanno accompagnato.

Il fatto di vivere nella diaspora, in Occidente, ha senz'altro cambiato la storia degli ebrei, ma ha anche cambiato profondamente la storia della cultura occidentale. Ha introdotto una sorta di dialogo. Certo, il ventaglio di possibilità era molto ampio e il dialogo, cioè il rapporto tra i due mondi, ne rappresentava un segmento infinitesimale, che più che teorizzato apparteneva alla sfera della vita quotidiana, sociale, di quanto sfuggiva al controllo. Ma era pur sempre possibile, e ha fatto parte di questa storia.

In questo complesso equilibrio, molti erano i fattori che tendevano a cambiare le regole del gioco. Il principale fu senz'altro la spinta alla conversione, l'esercizio di una pressione sulle minoranze ebraiche volta a far loro accettare la religione cristiana. Questa pressione proselitistica sugli ebrei non comincia subito, anche se in teoria la volontà di convertire è un aspetto essenziale del Cristianesimo. Di fatto, per tutto il primo millennio del Medioevo fino a dopo l'inizio delle Crociate, non c'è reale pressione da parte del mondo cristiano. I due mondi restano impermeabili, e le conversioni sono soprattutto un elemento problematico, di disturbo. Nei secoli dell'alto Medioevo, i neofiti sono in genere individui che si convertono per una scelta religiosa e che non traggono vantaggi economici o sociali da questa scelta. Anzi, si trovano ad essere degli sradicati, qualcuno di cui nessuno si fida perché sono passati da un mondo ad un altro. Soltanto dopo le Crociate la situazione cambia. Le conversioni, da fenomeni limitati e individuali, toccano ora grandi numeri di persone, e sono ottenute con la forza.

Tutto comincia durante i massacri di ebrei nella zona renana della Germania da parte di gruppi marginali di crociati, che sono accompagnati da conversioni sulla punta della spada. C'è chi rifiuta di convertirsi, e santifica il nome nel *qiddush ha-Shem*, c'è chi accetta il battesimo e si salva la vita. Uno solo era il precedente storico, e risaliva al VII secolo, quando i re visigoti avevano ordinato la conversione di tutti gli ebrei spagnoli al Cattolicesimo. In questo episodio, di cui sappiamo molto poco, a prendere una decisione tanto contraria alla dottrina cristiana della spontaneità del sacramento battesimale, da poco ribadita da Gregorio Magno, era stato il potere politico, nella persona del re visigoto Sisebuto e dei suoi successori, passati dall'Arianesimo al Cattolicesimo, e quindi animati dallo zelo dei neofiti. Ma la Chiesa spagnola nel 694 sancisce, nel Sinodo di Toledo, la validità di tali conversioni, anche se mantiene la proibizione di convertire gli ebrei con la forza.

In sostanza, non si poteva obbligare nessuno a scegliere il battesimo, ma una volta battezzato nessuno poteva tornare indietro senza diventare un apostata. Introdotto nei canoni, questo principio porrà un grosso problema alla cristianità: come confrontarsi con quelli che obblighi con la spada alla gola a convertirsi? Ti potrai fidare di loro nel momento in cui li obblighi, sotto pena di essere processati per apostasia, a tener fede ad un battesimo somministrato con la forza? Quale fiducia potrai avere nella loro fedeltà religiosa?

È questo un problema che da allora in poi attraversa tutta la storia dei rapporti tra ebrei e cristiani, e che nasce dal conflitto tra il principio della spontaneità della conversione e quello che considera valido il battesimo indipendentemente dal modo in cui sia stato somministrato. La contraddizione sarà perpetuata dalle formulazioni del diritto canonico, anche se verrà parzialmente risolta con la distinzione tra forza assoluta, che non imprime il carattere del sacramento e rende quindi nullo il battesimo, e forza relativa. Ma i casi di forza assoluta sono talmente limitati che è molto difficile riuscire a dimostrarne l'esistenza. Il battesimo, sancirà il diritto canonico, si considera somministrato con la forza assoluta, e quindi non valido, solo nel caso in cui colui che lo riceve sia legato mani e piedi e continui a protestare ad alta voce di non volersi battezzare. In tutti gli altri casi, anche quello in cui si è minacciati di morte, la forza esercitata è relativa, consente un'opzione, e quindi il battesimo è valido.

Quando ancora tale distinzione non era stata inventata, alla fine dell'XI secolo, quanti erano stati convertiti sulla punta della spada dalle bande dei crociati si affrettarono, passata la burrasca, a tornare all'Ebraismo. Da parte loro, i vescovi tedeschi non fecero opposizione, consapevoli dei rischi che avrebbe provocato l'esistenza di un gran numero di convertiti a forza.

Il problema si sarebbe ripresentato, e stavolta la scelta della Chiesa sarebbe stata diversa. Così, nel 1267 lo ripropone una Bolla di Clemente IV, la *Turbato Corde*, con cui i convertiti, e quegli ebrei che li aiutassero a tornare all'Ebraismo, erano posti sotto la giurisdizione inquisitoriale. Siamo ormai in un contesto storico in cui le eresie dilaniano la Cristianità occidentale e i tribunali dell'Inquisizione funzionano già da alcuni decenni per vegliare sull'ortodossia dei cristiani. Esclusa per definizione da ogni giurisdizione sugli ebrei, che sono considerati dalla Chiesa seguaci di una *religio licita* e non eretici, l'Inquisizione si affanna a trovare modi per estendere anche al mondo ebraico il suo controllo. La Bolla del 1267 apre molti spazi in questo senso all'Inquisizione, ma al tempo stesso acuisce fortemente il problema delle conversioni forzate.

La storia che inizia è una storia tragica: i convertiti che "giudaizzano" vengono scovati dai tribunali, torturati perché ammettano la loro apostasia, bruciati sul rogo. I giudaizzanti sono dichiarati eretici, nasce l'eresia giudaizzante. Così, mentre fino ad allora gli episodi più tragici dei rapporti tra mondo cristiano ed ebrei, come le persecuzioni e i massacri delle Crociate, avevano trovato l'opposizione della Chiesa e delle gerarchie ecclesiastiche, si innesta ora una spirale di violenza e persecuzione che rappresenterà uno degli elementi principali di precarietà della vita ebraica per secoli e di cui la Chiesa, e soltanto la Chiesa, è direttamente responsabile.

Nello stesso periodo, nasceva la questione del "segno distintivo", inventato dal mondo islamico per distinguere gli infedeli, ebrei e cristiani, e fatto proprio dalla Chiesa nel 1215, anche se rimasto a lungo inapplicato. La funzione del segno distintivo era inizialmente quella di distinguere gli ebrei dai cristiani, di evitare promiscuità di varia natura, e in particolare sessuali, tra cristiani ed ebrei. Successivamente, esso assumerà, nella percezione dei cristiani e ancor più in quella degli ebrei, il senso di un'umiliazione. Il segno nasce in un contesto generale in cui la distinzione tra ebrei e cristiani va scomparendo, poiché nell'apparenza fisica e nel modo di vestire non esiste specificità o differenza di rilievo. E questo particolarmente in Italia, assai meno nel resto d'Europa e ancor meno in Germania, dove la distinzione dell'abbigliamento resta forte.

Guardiamo le miniature: in quelle di area tedesca, gli ebrei sono distinti dal cappello, dalle vesti. Le miniature italiane, in particolare quelle di età rinascimentale, mostrano invece ebrei che indossano abiti e ornamenti simili a quelli dei cristiani, danzano, suonano strumenti musicali.[3] In questo mondo privo di possibilità di distinguere gli ebrei dai cristiani, i frati, e in particolare i francescani, fanno un'aspra battaglia per imporre alle città riluttanti l'osservanza del segno distintivo.[4] I segni sono ovunque diversi: la rotella gialla (non dimentichiamoci che il giallo è il segno dell'infamia), il cappello giallo o rosso, certi tipi di mantello, perfino, per le donne, gli orecchini a cerchio che, come diceva il predicatore francescano Giacomo della Marca, sono per le donne "il segno della circoncisione".[5] Da parte loro, gli ebrei fanno un'opposizione lunga e costante al porto del segno, cercando in tutti i modi di evaderlo.

Un altro elemento che, a partire dal Duecento, diventa terreno di scontro sono i libri ebraici, in particolare il Talmud. L'offensiva parte dai frati domenicani spagnoli e dai sovrani francesi, e viene fatta propria non senza esitazioni dalla Chiesa romana soltanto nel Cinquecento. Nel 1553, il Talmud è pubblicamente bruciato sul rogo a Roma. Successivamente, nonostante alcuni tentativi, in particolare sotto il pontificato di Sisto V, di limitarsi a censurare il Talmud, i papi finiscono per proibirlo totalmente. A differenza degli ebrei tedeschi, che possono continuare a leggere i loro libri, gli ebrei dello Stato della Chiesa dovranno fare a meno del Talmud per circa tre secoli. Una simile limitazione è qualcosa che non può non avere avuto ripercussioni molto forti sulla vita

---

[3] R. Bonfil, *Gli ebrei in Italia nell'epoca del Rinascimento*, Firenze, Sansoni, 1991.
[4] A. Toaff, *Il vino e la carne. Una comunità ebraica nel Medioevo*, Bologna, Il Mulino, 1989.
[5] B. Blumenkranz, *Il cappello a punta. L'ebreo medievale nello specchio dell'arte cristiana*, Roma-Bari, Laterza, 2003.

intellettuale e sulla trasmissione del sapere, come anche sulla vita quotidiana degli ebrei italiani. Ed anche di questo divieto la Chiesa è direttamente responsabile, almeno a partire dal 1553.

Non si possono invece far risalire alla diretta responsabilità della Chiesa, anche se sono spesso sostenute dal clero locale, le accuse di omicidio rituale e di profanazione dell'ostia che colpiscono le comunità tra basso Medioevo e prima età moderna. Così, gli ebrei sono accusati, nella maggior parte dei casi collettivamente, in quanto comunità, di uccidere ritualmente un bambino nel periodo della Pasqua per perpetuare l'uccisione di Cristo o anche per usarne il sangue nella preparazione del pane azzimo. Analoga è l'accusa di profanazione dell'ostia consacrata, quale possiamo rileggere nelle splendide immagini della pala di Paolo Uccello ad Urbino, commissionata dai francescani e ispirata ad un caso avvenuto a Parigi due secoli prima. Nel primo pannello, vediamo una donna che riscatta il suo mantello da un prestatore ebreo, dandogli in cambio un'ostia consacrata sottratta durante la comunione. Nei pannelli successivi, assistiamo alla frittura dell'ostia da parte della famiglia degli ebrei e al loro arresto. Il caso finisce con il rogo di tutta la famiglia, bambini compresi, mentre la donna si salverà se non la vita almeno l'anima, pentendosi in punto di morte. Favola edificante, in cui lo schema è analogo a quello dell'accusa di omicidio rituale. In altre leggende, l'ostia profanata mostra il volto di un Cristo bambino.

L'accusa all'ebreo è di voler distruggere, attraverso queste profanazioni, il Cristianesimo stesso. Bisogna però sottolineare che da queste accuse, in particolare da quella di omicidio rituale, la Chiesa medioevale prende nettamente le distanze. Così, le bolle papali del Duecento discolpano con forza gli ebrei. Non sarà così alla fine dell'Ottocento, quando la Chiesa riprenderà e farà sue le antiche accuse "medioevali". Roma conobbe queste vicende una sola volta, nel 1554, quando un bambino fu trovato crocifisso nel Camposanto Teutonico, accanto al Vaticano, e la folla attribuì l'omicidio agli ebrei. Ma la Chiesa si affrettò a buttare acqua sul fuoco e a trovare i veri colpevoli dell'omicidio, che nulla aveva di rituale.[6]

Alla metà del Cinquecento, solo poche regioni d'Europa hanno ancora comunità ebraiche nel loro territorio. L'Inghilterra aveva espulso gli ebrei già alla fine del Duecento, la Francia nella prima metà del Trecento, la Spagna nel 1492 e i domini spagnoli in Italia fra il 1492 e i primi decenni del Cinquecento. Nel Cinquecento, gli ebrei vivono solo in una parte dell'Italia e in Germania. Nel corso del secolo, saranno ancora espulsi da molta parte della Germania, in particolare dalle città luterane, e in Italia dal milanese. E ovunque, in Italia, essi sono sempre più costretti a vivere rinchiusi da mura e portoni, nei ghetti.

Il primo ghetto è, come è noto, quello di Venezia, creato nel 1516. Il più famoso è il ghetto dei Roma, creato da Paolo IV nel 1555 con la bolla *Cum nimis absurdum*.[7] È quello durato più a lungo e quello più significativo, perché elaborato dalla Chiesa obbedendo ad un complesso progetto teologico e perché su di esso si modelleranno gli altri ghetti che nel corso del Cinque-Seicento chiuderanno gli spazi degli ebrei quasi ovunque in Italia.

Per la Chiesa, il ghetto obbedisce a ragioni che esulano dalla sola separazione degli ebrei dai cristiani. Spinte alla conversione, prediche forzate tutti i sabati da parte di predicatori che entrano nel ghetto, attività dell'Inquisizione che vigila sull'osservanza delle norme di separazione: tutto questo fa del ghetto una sorta di prigione all'aperto, che serve soprattutto a controllare gli ebrei in attesa di convertirli tutti e di chiudere per sempre la questione ebraica. Inutile dire che il progetto fallisce. Certo, molte sono le conversioni di ebrei nell'età dei ghetti, ma non abbastanza da incrinare davvero l'identità comunitaria, tanto più in una situazio-

---

[6] A. Foa, *Eretici. Storie di streghe, ebrei e convertiti*, Bologna, Il Mulino, 2004.
[7] Sempre fondamentale resta A. Milano, *Il ghetto di Roma. Illustrazioni storiche*, Roma, Carucci, 1964. Si veda anche K.R. Stow, *Theater of Acculturation: The Roman Ghetto in the Sixteenth Century*, Seattle, University of Washington Press, 2001.

ne di chiusura, in cui la reazione comunitaria alla pressione esterna tende naturalmente più a consolidare che ad incrinare la coesione. Alla fine, anche nel ghetto finiscono per riproporsi gli antichi equilibri, anche se in maniera molto più pesante di prima per gli ebrei. Il ghetto è infatti organizzato in maniera punitiva, a cominciare dagli spazi ristrettissimi, che non consentono alcun lusso neanche ai più agiati. Gli ebrei banchieri possono, ad esempio, avere il denaro per comprare pitture o arazzi, ma non possono avere pareti su cui appenderli.[8] È una società spinta sempre più ad investire nel prestito, fino a che nel 1682 la Chiesa non chiuderà i banchi ebraici facendo precipitare il ghetto di Roma in una miseria ancora più estesa.

Intanto, però, il mondo sta cambiando e con esso anche i rapporti con gli ebrei. La presenza ebraica in Europa, ridotta ai minimi termini nel corso del Cinquecento, cresce e si amplia nel corso del Sei-Settecento. L'Europa orientale si popola di ebrei, per lo più di origine tedesca. Altri ebrei si stabiliscono in Olanda, altri ancora "ritornano" in Inghilterra e in Francia. Sono, almeno inizialmente, ebrei portoghesi, cioè i discendenti di quegli ebrei che erano stati convertiti a forza nella penisola iberica tra Quattro e Cinquecento. Sono quindi "marrani", passati attraverso più generazioni di vita cristiana, e ora in cerca di un luogo in cui ritrovare senza pericoli l'identità ebraica conculcata nel passato. L'esperienza della conversione forzata, lungi dal generare nuovi cristiani, è così all'origine di un rifiorire e di un rinnovarsi del mondo ebraico.[9]

---

[8] Su questi aspetti, cfr. L. Allegra, *Identità in bilico. Il ghetto ebraico di Torino nel Settecento*, Torino, Zamorani, 1996.
[9] La bibliografia su questo punto è sterminata. Si veda, tra gli altri, Y.H. Yerushalmi, *Dalla corte al ghetto. La vita, le opere, le peregrinazioni del marrano Cardoso nell'Europa del Seicento*, Milano, Garzanti, 1991; Y. Kaplan, *From Christianity to Judaism. The Story of Orobio de Castro*, New York, Oxford University Press, 1989; H. Méchoulan, *Gli Ebrei ad Amsterdam all'epoca di Spinoza*, Genova, ECIG, 1998; N. Wachtel, *La fede del ricordo. Ritratti e itinerari di marrani in America (XVI-XX secolo)*, Torino, Einaudi, 2003.

In Italia, mano a mano che la Chiesa, di fronte all'emergere della nuova cultura e della secolarizzazione, si arrocca in una difesa ad oltranza contro la modernità, l'equilibrio tra ebrei e mondo cristiano diventa sempre più statico, sempre più oppressivo. A Roma, il ghetto resta chiuso in una sorta di immobilità, sottratto allo scambio con l'esterno, un esterno che da parte sua si va fossilizzando e va sempre più perdendo il rapporto con le correnti più vive e dinamiche della società europea. Per usare la frase famosa con cui Benedetto Croce ha definito la dominazione spagnola in Italia, potremmo parlare, a proposito del ghetto di Roma nel Settecento, di una decadenza che si somma ad un'altra decadenza. La chiusura con cui la Chiesa si oppone all'odiata modernità la rende molto sospettosa dell'Ebraismo, che le sembra affine a quella secolarizzazione che mette in crisi la sua egemonia nella società. Man mano che il mondo esterno si laicizza, il rapporto della Chiesa con gli ebrei peggiora.

A metà del secolo un papa che pure viene considerato l'esponente dell'ala più avanzata della Chiesa, Benedetto XIV Lambertini, sanziona la stretta della Chiesa sul mondo ebraico e rimette in discussione sia il tradizionale netto rifiuto dell'accusa di omicidio rituale da parte della Chiesa, sia le cautele con cui in passato Roma aveva gestito i casi di battesimi *invitis parentibus*. In particolare quest'ultima posizione, che sottraeva alla potestà dei genitori i bambini ebrei battezzati per consentire loro un'adeguata educazione cristiana, apriva la strada ad episodi sempre più frequenti di battesimi di minori, sottrazione di bambini alle famiglie, veri e propri rapimenti a scopo conversionistico.[10]

Il famoso caso Mortara, che costò al papato la perdita del favore dell'opinione pubblica europea e favorì la caduta del dominio temporale dei papi, fu preceduto e accompagnato da numerosi altri casi analoghi. Edgardo Mortara, un bambino ebreo di sei anni,

---

[10] Cfr., in particolare, M. Caffiero, *Battesimi forzati. Storie di ebrei, cristiani e convertiti nella Roma dei papi*, Roma, Viella, 2004.

fu sottratto alla famiglia a Bologna nel 1858 perché una domestica licenziata aveva denunciato di averlo battezzato di nascosto. Portato a Roma, allevato in Vaticano sotto la protezione di Pio IX nonostante le proteste dell'opinione pubblica europea, divenne sacerdote e morì nel 1940 in un convento in Belgio, tre mesi prima che i nazisti invadessero il Belgio. Vale forse la pena di domandarsi come i nazisti avrebbero trattato il sacerdote ebreo Mortara, se per una sorta di tragica ironia della storia egli non fosse morto subito prima che il discrimine tra un ebreo e un non ebreo divenisse il sangue, e non più il battesimo.

Torniamo alla metà del Settecento, un periodo nel corso del quale la situazione degli ebrei a Roma si deteriorò fortemente. Nuove norme del 1774 resero sempre più difficile la loro vita nel ghetto, l'esercizio di mestieri, i rapporti con l'esterno. Alla fine del secolo, il papato vedeva ormai negli ebrei i fautori della modernità, i seguaci dell'illuminismo e della rivoluzione. A torto, perché pochi sono gli ebrei che dentro il ghetto possono attingere al pensiero illuminista, pochi quelli che appoggiano attivamente i francesi e i giacobini durante la Repubblica del 1798. Solo il papato immagina una sorta di alleanza fra modernizzazione, illuminismo ed Ebraismo: un'alleanza che non ha, almeno nel contesto romano, nessuna ragione di essere, e che lo stesso mondo ebraico, estraneo nell'insieme alle nuove idee, fatica a comprendere appieno.

Dall'invasione napoleonica e dalla prigionia del pontefice in poi, la frattura appare incolmabile. La Restaurazione la aggrava ancora di più, carica com'è di volontà punitive su ebrei e liberali, e impegnata a ricostruire le discriminazioni abbattute dalla Rivoluzione. E se gli ebrei romani, chiusi di nuovo dentro il ghetto, fanno ancora fatica a far loro il progetto di emancipazione, il resto degli ebrei italiani vi si impegna pienamente e lo fa nell'unico modo possibile, appoggiando cioè il processo di costruzione dello Stato italiano e partecipando attivamente al Risorgimento.

A partire dal momento in cui la monarchia dei Savoia, prima in Italia, emancipa nel 1848 pienamente e definitivamente gli ebrei, e con loro i protestanti, la Chiesa inizia una violenta campagna contro questa emancipazione, che ai suoi occhi appare come la negazione del rapporto secolare che aveva intrattenuto con gli ebrei, la negazione della subordinazione dell'ebreo come condizione stessa della sua presenza. Insomma, la negazione della sinagoga cieca ed accasciata. Per la Chiesa dell'Ottocento, l'uguaglianza degli ebrei è una bestemmia, come il liberalismo, come la libertà di pensiero, come la modernità contro cui si scaglia e che non può accettare.

Nel 1870, alla caduta del potere temporale, l'emancipazione degli ebrei italiani giunge a compimento. L'ebreo diventa cittadino come gli altri, con gli stessi diritti e gli stessi doveri. La frattura radicale tra la Chiesa e lo Stato italiano inizierà a sanarsi dopo trent'anni, a partire dall'attenuazione del *non expedit* nel 1904 e poi nel 1929 con il Concordato. Non così la frattura che si era realizzata a partire dal Settecento tra la Chiesa e gli ebrei.

La polemica antiemancipatoria è accompagnata negli ultimi decenni dell'Ottocento dal crescere di un antiebraismo cattolico assai più aggressivo di quello medioevale e perfino di quello controriformistico. Le pagine delle riviste cattoliche di fine secolo riprendono l'accusa di omicidio rituale, nel momento in cui questo genere di accuse si ripresentava attuale in molta parte dell'Europa orientale, dando luogo a processi e pogrom. Si riprendono le antiche accuse al Talmud, ora che non vi è più la Chiesa a proibirne la lettura. L'organo dei gesuiti, la *Civiltà Cattolica*, si distingue per la virulenza delle sue campagne denigratorie. Nel dicembre del 1899, anglicani e cattolici inglesi si rivolgono a Leone XIII chiedendogli di ripubblicare le bolle papali che nel Medioevo avevano giudicato falsa l'accusa di omicidio rituale, in modo da porre fine a questa pericolosa calunnia. Ma il papa si limita a passare questa patata bollente al Sant'Uffizio, che risponde di non poter "dare il parere desiderato".

I primi decenni del nuovo secolo non cambiano sostanzialmente la natura di questo atteggiamento antiebraico, che finisce inevitabilmente per saldarsi, almeno in una sua parte, con l'antisemitismo che si diffonde in Europa. Per quanto distinte restino l'ideologia razziale del nazismo e l'antigiudaismo cattolico di stampo tradizionale, molti sono i terreni in cui essi possono confluire e congiungersi. Uno di questi è l'ostilità all'emancipazione degli ebrei, che spiega forse, almeno in parte, la mancanza di reazione del mondo cattolico e della Chiesa di fronte a delle leggi che rappresentavano anche il rovesciamento dell'emancipazione, una radicale de-emancipazione.

Così, dopo la caduta del fascismo, lo storico gesuita Tacchi Venturi, parlando in maniera ufficiosa, poteva esprimere l'augurio della Chiesa che non tutto quello che era contenuto nelle leggi razziste fosse cancellato, dal momento che esse si basavano anche su principi che appartenevano alla tradizione della Chiesa cattolica e che essa continuava a rivendicare.[11] Subito dopo, la Chiesa rinunciò a questa linea contraria all'emancipazione, accettando il principio che alle differenze religiose non dovesse corrispondere nessuna discriminazione politica. Ma in quel momento, crediamo, lo accettò *obtorto collo*.

Come mostrano i primi anni del dopoguerra, la comprensione che ciò che era successo in Europa con la *Shoah* richiedeva una totale ridiscussione dei rapporti con il mondo ebraico fu assai lenta a realizzarsi all'interno della Chiesa, un ritardo che d'altra parte si ritrova nel resto del mondo europeo. Solo più tardi, a partire dalla fine degli anni Cinquanta, la comprensione della *Shoah* e dell'antisemitismo diede inizio a quel ripensamento che avrebbe portato alla rinuncia al secolare "insegnamento del disprezzo" e alla svolta della *Nostra Aetate*.

---

[11] Anche su questo punto la bibliografia è vastissima. Mi limiterò a segnalare il contributo fondamentale di G. Miccoli, *Santa Sede, questione ebraica e antisemitismo fra Otto e Novecento*, in *Gli ebrei in Italia*, a cura di C. Vivanti, *Storia d'Italia, Annali*, II, Torino, Einaudi, 1997, pp. 1369-1574, e quello di R. Moro, *La Chiesa e lo sterminio degli ebrei*, Bologna, Il Mulino, 2002.

Massimo Giuliani

La *Shoah* come ombra sul dialogo ebraico-cristiano e come stimolo ad esso

Non credo sia una forzatura affermare che la *Shoah* o "Olocausto" (come si preferisce chiamare tale evento nel mondo anglosassone), in quanto culmine di una multisecolare storia di pregiudizio e persecuzione verso il popolo ebraico in Occidente, costituisca il tema più doloroso e la questione che genera più turbamento tra quegli ebrei e quei cristiani impegnati in un serio e sincero dialogo interreligioso. Ma questo dolore, che sgorga da una memoria storicamente illuminata, e questo turbamento, che affiora a ogni coscienza moralmente educata, sono già parte integrante dell'impegno dialogico, sono cioè elementi costitutivi e costruttivi di quell'apertura all'ascolto e di quella volontà di interagire con l'altro senza le quali nessun dialogo, nessun incontro è possibile. Nell'ascolto interattivo tra cristiani ed ebrei, la memoria del dolore inflitto e subito durante la *Shoah* e il turbamento indotto dalla presa di coscienza delle cause vicine e remote che hanno reso possibile quella tragedia rappresentano addirittura condizioni necessarie affinché l'ascolto sia autentico e lo scambio sincero.

Certo, il dialogo ebraico-cristiano non deve focalizzarsi solo su questa memoria, né fermarsi davanti a questo turbamento; tuttavia, in tale dialogo i cristiani 'cominciano' da questa memoria, ben espressa dal documento del 16 marzo 1998 *Noi ricordiamo: una riflessione sulla Shoah*, firmato dalla Commissione per i rapporti religiosi con l'Ebraismo: "Nel dare la sua singolare testimonianza al Santo di Israele e alla Torah, il popolo ebraico ha grandemente patito in diversi tempi e molti luoghi. Ma la *Shoah* fu certamente la sofferenza peggiore di tutte [...]. Il fatto che la *Shoah* abbia avuto luogo in Europa, cioè in paesi di lunga civilizzazione cristiana, pone la questione della relazione tra la persecuzione nazista e gli atteggiamenti dei cristiani, lungo i secoli, nei confronti degli ebrei".[1]

L'onestà di porre tale questione e di esaminare quegli atteggiamenti implica l'esporsi al giudizio degli storici, se non della storia, e di fatto ha significato un lavoro su di sé, sulla stessa autocoscienza cristiana, che a sua volta ha comportato sofferenza e turbamento. Più di una voce, infatti, ha espresso il dubbio che 'la storia', sia pure quella scritta in minuscolo, possa elevarsi a criterio di verifica della fede e di valutazione dei comportamenti cristiani nel passato, sottraendo a Dio il diritto di leggere nelle coscienze e di giudicare gli eventi. Per rispondere a questa obiezione, legittima ma troppo spiritualistica, occorre riflettere ancora sull'unicità della *Shoah* e sul senso della testimonianza alla quale ebrei e cristiani sono stati, in momenti e in modi diversi, chiamati da Dio.

Heshbon ha-nefesh: esame di coscienza e giudizio storico

La sapienza cristiana ha sempre insegnato il valore del cosiddetto "esame di coscienza", la pia pratica con la quale fino a pochi anni fa il cristiano usava chiudere le sue giornate come se, trovandosi davanti a Dio, dovesse rendere conto delle proprie azioni od omissioni, nella certezza che la sua propria coscienza fosse un tribunale sufficientemente autorevole a valutare e giudicare, appunto come se fosse davanti a Dio. Ma a cosa varrebbe l'ascolto della coscienza se ignorassimo le parole di ammonimento e i giudizi su di noi che vengono dal nostro prossimo? È verità psicologico-ermeneutica da tutti accettata che noi siamo e cresciamo grazie al riconoscimento e al dialogo continuo che intratteniamo con il nostro ambiente familiare, sociale, professionale, politico. La nostra vita è costantemente sotto giudizio dei nostri genitori, dei nostri superiori, dei nostri pari, dei nostri sottoposti... e, per un

---

[1] Commissione per i rapporti religiosi con l'Ebraismo, *Noi ricordiamo: una riflessione sulla Shoah*, Città del Vaticano, Libreria Editrice Vaticana, 1998, par. 2.

credente, la nostra vita è costantemente sotto il giudizio di Dio, fin da ora. Quello che le escatologie teologiche chiamano "il giorno del giudizio" è di fatto anticipato in ogni preghiera o, in forma liturgica, è celebrato in determinati momenti dell'anno religioso.

Prendiamo a paradigma, ancora una volta, l'esperienza di Israele. Nel Giudaismo i dieci giorni che vanno da *Rosh ha-shanah* a *Kippur* sono appunto *ha-yamim ha-nora'im*, i "giorni terribili" in cui ogni ebreo si sente chiamato in giudizio a render conto di sé e a fare *teshuvah* ("ritorno"/"pentimento"). Ma tale chiamata in giudizio non ha valore solo a livello individuale. Essa è ancor più evidente a livello comunitario, attraverso le esperienze dei digiuni che ricordano le tragedie collettive (la distruzione dei due templi, la minaccia di Aman...), ovvero gli atti di punizione e di misericordia divini. La missione di Israele è costantemente sotto il giudizio di Dio, ma in modo non meno costante e urgente si trova sotto il giudizio delle nazioni, che di quella missione restano i beneficiari ultimi (*Gen.* 12,3: "In te [Abramo] saranno benedette tutte le famiglie [le nazioni] della terra"). È la vocazione universale di Israele, è il significato più profondo della sua testimonianza, ed è ciò che Hitler intendeva sradicare: la memoria dell'elezione e il dovere della testimonianza di Israele.

Ora, l'essere sotto il costante giudizio delle nazioni è per Israele quasi una condizione di esistenza, un esame che non finisce mai, il prezzo della stessa elezione. Chiamato ad essere "luce delle nazioni" (*Is.* 42,6; 49,6), Israele in un certo modo deve rendere conto di sé – essere responsabile, direbbe Lévinas; "il responsabile delle risorse umane" secondo l'emblematico titolo dell'ultimo libro di Abraham B. Yehoshua – deve rispondere al resto dei popoli, i quali guardano ad Israele come si guarda a Oriente in cerca della luce. Cosa vuol dire? Che la testimonianza di Israele deve "passare l'esame" delle nazioni? No, perché la fonte di quella testimonianza è la Parola divina che chiama. Nondimeno, Israele non è libero di sottrarsi a quell'esame, perché lo sguardo fisso delle nazioni custodisce la verità stessa di quella missione, è la contro-prova del valore di quella testimonianza. Nella coscienza biblica e rabbinica, Dio non esita addirittura a usare le nazioni contro Israele, per ricordare ai *bene Yisra'el* la loro chiamata e la loro verità, per richiamarli alle loro responsabilità.

Alcuni pensatori contemporanei hanno addirittura applicato questo paradigma tradizionale agli ebrei che vivevano nella Germania nazista e hanno visto in Hitler uno strumento della punizione divina. Non è qui il luogo per discutere e problematizzare tale paradigma teologico, ma esso mostra a quale limite può spingersi la coscienza di essere costantemente sotto il duplice giudizio di Dio e delle nazioni, oggi diremmo di Dio e della storia. La verità su noi stessi dunque non è, non può essere meramente autoreferenziale, ma diventa una 'chiamata alla nostra verità' nella misura in cui ci apriamo all'altro, accettiamo di essere nella sua prospettiva e di stare sotto il suo sguardo. In una parola, diventiamo noi stessi quando accettiamo che l'altro ci guardi e ponga così il suo giudizio su di noi.

L'autocoscienza dei cristiani e, più in generale, la testimonianza delle chiese non fanno eccezione. La loro verità non è mera auto-referenza ma apertura all'alterità divina e disponibilità/responsabilità verso coloro cui tale verità è destinata. Perché dunque stupirci se le parole e le azioni e le omissioni della comunità cristiana sono vagliate, scrutate, giudicate, criticate, e a volte perfino marginalizzate o irrise? Non è questo l'ordine delle cose, ovvero l'ordine di quella *diaconia* che offre senza imporre, che dà senza preoccuparsi di avere indietro, che semina su ogni terreno ben sapendo che né il fruttificare né il raccogliere dipende da noi? La richiesta di perdono di Giovanni Paolo II verso gli ebrei discriminati e perseguitati in nome della croce di Cristo è emblematica di questa 'maturità' della testimonianza e della coscienza cristiane, che non temono il giudizio storico, che anzi intenzionalmente vi si espongono per purificarsi dagli eccessi di auto-referenzialità e per approfondire la verità su se stesse. Quel gesto, culminato nella visita al Muro Occidentale del tempio di Gerusalemme e simbolo tra i più alti del messaggio giubilare nell'anno 2000 dell'èra cristiana (il 5760 del calendario ebraico), è una pietra miliare del dialogo ebraico-cristiano insieme alla Dichiarazione conciliare *Nostra Aetate* (1965), alla visita di questo stesso papa alla sinagoga di Roma (1986), all'istituzione ufficiale di rapporti diplomatici tra Stato d'Israele e Santa Sede (1993) e al citato documento *Noi ricordiamo* (1998).

Shoah: bancarotta dell'insegnamento cristiano?

È in questa disponibilità a vivere sotto lo sguardo altrui, ovvero disponibili al giudizio dell'altro, che i cristiani possono e devono ascoltare la critica che alcuni autorevoli pensatori ebrei contemporanei hanno mosso alla cristianità alla luce della tragedia della *Shoah*. Queste critiche, a differenza della polemica sul "silenzio" e sui presunti "peccati di omissione" di Pio XII, non sono di questi ultimi anni ma datano all'immediato secondo dopoguerra, quando in molti, ebrei e cristiani, in Israele come in Germania e nel resto d'Europa, prevaleva l'istinto della rimozione e il bisogno di dimenticare gli orrori della guerra e l'inferno di Auschwitz.

Citerò qui solo poche ma emblematiche voci. A cominciare da quella di Emmanuel Lévinas, che nel 1950 scriveva, senza alcun sentimento anti-cristiano, ma con distaccato senso della storia europea: "In mezzo a tanti altri orrori, lo sterminio di sei milioni di esseri umani senza difesa, in un mondo che il Cristianesimo in duemila anni non è riuscito a rendere migliore, sottrae ai nostri occhi [di ebrei] molto del prestigio legato alla sua conquista dell'Europa. Certamente non potremo mai dimenticare la purezza degli atti individuali di cristiani – un numero impressionante – che [...] hanno salvato le nostre vite di sopravvissuti durante quegli anni terribili. Non potremo dimenticare il coraggio della gerarchia della Chiesa francese. Ma non si può contestare l'insuccesso – sul piano politico e sociale – del Cristianesimo".[2]

---

[2] E. Lévinas, *Difficile libertà*, Milano, Jaca Book, 2004, pp. 127-128.

Due anni dopo, parlando del "povero" XIX secolo, quando "una coscienza morale europea esisteva" davvero, Lévinas lo definiva, in opposizione al XX secolo, come "epoca felice in cui secoli di civiltà cristiana e filosofica non avevano ancora mostrato – nell'avventura hitleriana – la fragilità delle loro opere".[3]

Ancor più severo, nel bilancio sull'esperienza cristiana nella prospettiva della *Shoah*, è il pensatore ortodosso Eliezer Berkovits, che si spinge a parlare di "bancarotta morale e spirituale della civiltà e della religione cristiane". Scrive Berkovits nel volume *With God in Hell*, del 1979: "Dopo diciannove secoli di Cristianesimo, lo sterminio di sei milioni di ebrei, tra cui un milione e mezzo di bambini, eseguito a sangue freddo nel cuore stesso dell'Europa cristiana, incoraggiato dal silenzio criminale di quasi tutti i membri delle chiese (incluso l'infallibile Santo Padre di Roma), fu il culmine naturale di tale bancarotta. Una linea diretta conduce dal primo atto di oppressione contro ebrei e Giudaismo nel IV secolo all'Olocausto del XX secolo".[4]

Anche il filosofo Emil L. Fackenheim – che non mancò mai di sottolineare il coraggio cristiano contro il nazismo e a favore degli ebrei perseguitati mostrato da personalità come il canonico Bernhard Lichtenberg di Berlino o il teologo della chiesa confessante Dietrich Bonhoeffer – non poté tuttavia fare a meno di chiedersi: cosa i cristiani avrebbero potuto fare? La risposta fu: forse nel 1942 era troppo tardi, ma non era troppo tardi nel 1935, "quando le Leggi di Norimberga elargirono lo status di 'ariano' a tutti, tranne ai cristiani 'non-ariani', e la chiesa lo accettò al prezzo di abbandonare i 'non-ariani' al loro destino *vogelfrei*. Davvero – se il termine *kairos* designa per il cristiano quei momenti in cui la fede è posta in gioco – davvero il 1935 fu un autentico *kairos*. Ma la

---

[3] *Ibid.*, p. 19.
[4] E. Berkovits, *With God in Hell. Judaism in the Ghettos and Deathcamps*, New York, Sanhedrin Press, 1979, cit. in M. Giuliani, *Il pensiero ebraico contemporaneo*, Brescia, Morcelliana, 2003, p. 418.

chiesa lo mancò".⁵

Questi giudizi, severi ma moralmente legittimi se si accetta una visione dialogica dei rapporti interreligiosi, mostrano come la *Shoah* sia stata percepita fin dall'inizio come emblema di fallimento e di bancarotta del messaggio cristiano, e come la memoria di tale evento – che il Papa ha definito "indelebile macchia" e "indicibile iniquità"⁶ – possa costituire, almeno a livello psicologico ma non raramente anche a un livello più religioso, un ostacolo ad una relazione serena tra le due comunità di fede ed una pietra di inciampo nello stesso dialogo. Ma al contempo, la presa di coscienza di questo ostacolo è stata l'occasione di un cambiamento profondo nella prassi e nella dottrina cristiane, che è divenuto vera e propria svolta epocale.

Lo ha riconosciuto prima di morire lo stesso Fackenheim, con parole che inaugurano anche un modo comune, per ebrei e cristiani, di guardare a quell'evento. Secondo il filosofo tedesco-canadese-israeliano, infatti, "con tale assalto da parte dei nuovi pagani ad entrambe le nostre fedi, quella ebraica e quella cristiana, qualunque cosa ci abbia divisi nel corso di quasi due millenni doveva semplicemente giungere a una fine. Doveva nascere una nuova realtà ebraico-cristiana, un nuovo legame tra le due alleanze, quella ebraica e quella cristiana, tra ciò che, decenni più tardi, il teologo protestante Roy Eckardt avrebbe chiamato il fratello maggiore e il fratello minore".⁷

Noi oggi viviamo, quasi per miracolo, questa nuova realtà – un diverso rapporto storico tra Ebraismo e Cristianesimo – che è stato forgiato dalla presa di coscienza del significato morale e religioso della *Shoah*, e che ha saputo trasformare quell'evento

---

⁵ E.L. Fackenheim, *Jewish-Christian Relations After the Holocaust. Toward Post-Holocaust Theological Thought*, The Joseph Card. Bernardin Jerusalem Lecture, Chicago, 1996, p. 15.
⁶ Lettera di Giovanni Paolo II al Card. Edward I. Cassidy, in *Noi ricordiamo*, cit., pp. 3-4.
⁷ E.L. Fackenheim, *Jewish-Christian Relations After the Holocaust*, cit., p. 2.

tragico da supremo ostacolo in organo, in strumento per così dire privilegiato per comprendere ciò che andava assolutamente cambiato e ciò che andava valorizzato e riapprezzato.

È quasi impossibile riassumere in breve le molteplici, ubique e complesse tappe di questo processo di trasformazione (dovuto in buona misura alla *Shoah*) che in linguaggio religioso chiamiamo "cammino di *teshuvah*" cristiana. Per non tacerne del tutto, sceglierò alcuni passi che credo tra i più significativi, e che possono, se letti sinotticamente, giustificare l'espressione sintetica adottata da Padre Francesco Rossi De Gasperis, uno dei protagonisti viventi del dialogo ebraico-cristiano e a suo modo una guida in quel cammino di *teshuvah*: "mai prima d'ora si era parlato così" nella Chiesa, nelle diverse chiese dell'*oicumene* cristiana, a riguardo di ebrei e di Giudaismo.

Di certo, come ha rilevato lo stesso Rossi De Gasperis, "la laboriosità, la lentezza e la fatica dei percorsi seguiti dalle differenti comunità cristiane per correggere il loro cammino e riscoprire, riapprezzare e riconoscere con gratitudine la loro 'radice santa', testimoniano di quanto ce ne fossimo allontanati lungo due millenni di Cristianesimo".[8]

Vi sarebbe stata la *Shoah* se tale auto-correzione nelle istituzioni e nelle coscienze cristiane fosse iniziata prima? *Mi yodea'* – chi sa?

"Mai prima d'ora si era parlato così"

Documentare l'impatto della *Shoah* sull'autocoscienza cristiana in generale, e sulla riflessione teologica che l'ha accompagnata in particolare, richiederebbe di percorrere criticamente l'intera storia dei recenti rapporti ebraico-cristiani, soprattutto a partire dagli anni Ottanta. È in quel decennio, infatti, che si sviluppa a

---

[8] F. Rossi De Gasperis, *Una rilettura da Gerusalemme*, in G. Bottoni – L. Nason (a cura di), *Secondo le Scritture. Chiese cristiane e popolo di Dio*, Bologna, Edizioni Dehoniane, 2002, pp. 372-373.

livello mondiale un'attenzione speciale alla tragedia degli ebrei durante la Seconda Guerra mondiale; è in quegli anni che si svolge il dibattito sull'unicità di quell'evento sia in rapporto alla storia generale sia in rapporto alla trimillenaria storia ebraica; è in quel momento che anche le chiese – la cattolica inclusa – cominciano a mettere la *Shoah* nell'agenda dei colloqui, dei convegni, delle giornate di studio su temi legati all'Ebraismo. Non che prima il tema fosse del tutto trascurato, ma solo nel corso degli anni Ottanta esso assurge a questione centrale nell'autocoscienza ebraica contemporanea, e dunque nei rapporti religiosi e culturali tra cristiani ed ebrei, soprattutto in Nord America e in Europa. Vorrei qui accennare ad alcuni passaggi emblematici offerti in ambito cattolico, scusandomi per l'arbitrarietà. Ma spero che questo florilegio possa risultare storicamente illuminante.

Nell'agosto 1987 Giovanni Paolo II scrisse al presidente dei vescovi americani Mons. John L. May alla vigilia del suo viaggio negli Stati Uniti, sottolineando come "le sofferenze del popolo ebraico e la *Shoah* siano oggi dinanzi agli occhi della Chiesa, di tutti i popoli e di tutte le nazioni come un ammonimento, una testimonianza e un grido silenzioso [...], [mostrando] a quali conseguenze può portare la mancanza di fede in Dio e il disprezzo per l'uomo creato a Sua immagine".[9]

Contemporaneamente, anche le chiese protestanti si aprirono a una revisione della proprie "teologie dell'Ebraismo" con posizioni e documenti molto innovatori. Negli USA, inoltre, erano state da poco gettate le fondamenta del nuovo *Holocaust Memorial Museum*, che sorgendo sul Mall di Washington D.C. accoglie di fatto la *Shoah* tra gli elementi della *civil religion* pluralistica tipica della società statunitense.

Questi semi di riflessione sulla *Shoah* sarebbero maturati sia a livello pastorale che a livello teologico nel corso degli anni Novan-

---

[9] Per questo e per i successivi riferimenti a documenti cristiani sulla *Shoah*, si veda la sintesi di C. Stephan-Ragazzi in G. Bottoni – L. Nason (a cura di), *Secondo le Scritture*, cit., pp. 183-253.

ta, quando anche alcuni episcopati cattolici presero posizione sulla questione della *Shoah* (integrando di fatto il mancato riferimento a questa tragedia da parte del Catechismo della Chiesa Cattolica fresco di stampa). Tra queste posizioni, si distingue per determinazione il testo redatto nel 1994 dai vescovi ungheresi, e firmato insieme al Consiglio ecumenico delle Chiese in Ungheria, dove l'Olocausto è definito "un peccato imperdonabile", espressione tra le più dure che siano mai state usate dalla gerarchia cattolica per condannare la *Shoah*. Nel 1997 furono alcuni esponenti dell'episcopato francese a fare una "dichiarazione di pentimento" verso gli ebrei francesi presso il memoriale del campo di Drancy. In essa si legge qualcosa di molto coraggioso e inedito per lo stile ecclesiastico: "Oggi confessiamo che questo silenzio fu una colpa. Come pure riconosciamo che allora la Chiesa in Francia venne meno alla sua missione di educatrice delle coscienze, e che per questo essa porta insieme al popolo cristiano la responsabilità di non aver prestato soccorso sin dai primi momenti, quando la protesta e la protezione erano possibili e necessarie, anche se in seguito vi furono innumerevoli atti di coraggio. È un fatto che noi oggi riconosciamo. La debolezza della Chiesa di Francia e la sua responsabilità verso il popolo ebraico fanno parte della sua storia. Noi confessiamo questa colpa".

Se non vi fosse questa molteplicità di prese di posizione, a volte più sfumate come quelle dell'episcopato polacco, a volte più esplicite come quella sopra menzionata, le parole dello stesso papa sarebbero meno credibili e di circostanza apparirebbe la solenne richiesta di perdono a Dio del 12 marzo 2000, allorché a nome della Chiesa tutta Giovanni Paolo II si dichiarò addolorato "per il comportamento di quanti [cristiani cattolici] nel corso della storia hanno fatto soffrire questi tuoi figli [cioè gli ebrei]", una richiesta di perdono che subito si trasformava in impegno per "un'autentica fraternità con il popolo dell'alleanza". Come non sentire in queste parole l'eco della riflessione altrettanto coraggiosa del pastore protestante Martin Stoehr: "Noi cristiani non potremo mai più lasciarci alle spalle Auschwitz, né potremo andare oltre Auschwitz da soli, ma soltanto in compagnia delle vittime"?

Davvero mai prima, nella bimillenaria storia della Chiesa o meglio delle chiese, si erano udite cose simili. La magnitudine e la gravità della *Shoah*, esplicitate ormai in una biblioteca di studi storici e di documentazione irrefutabile, sono colte in questi gesti e parole della Chiesa cattolica, non meno che nei gesti e nelle parole di tutte le altre chiese cristiane, a conferma di quanto disse Lévinas già nel 1957: "l'ampiezza religiosa [della *Shoah*] segnerà il mondo per sempre".[10]

Non diversamente si esprimeva a Gerusalemme nel 1994, in un simposio interreligioso tra esponenti del Giudaismo e delle diverse comunità cristiane, il Card. Joseph Ratzinger, per il quale "Auschwitz risulta un punto di non-ritorno per ogni riflessione contemporanea sui rapporti tra ebrei e cristiani".[11] Idea che lo stesso cardinale riprende anche in altro autorevole luogo – la Prefazione al testo della Pontificia Commissione Biblica *Il popolo ebraico e le sue Sacre Scritture nella Bibbia cristiana* (maggio 2001) – dove riconosce che la *Shoah* ha modificato l'approccio cristiano tradizionale anche in materia di esegesi biblica e di ermeneutica delle Scritture: "Il dramma della *Shoah* ha collocato tutta la questione [dell'ermeneutica cristiana dell'Antico Testamento] in un'altra luce. Due problemi principali si ponevano [alla Pontificia Commissione Biblica]: possono i cristiani dopo tutto quello che è successo avanzare ancora tranquillamente la pretesa di essere gli eredi legittimi della Bibbia di Israele? Possono continuare con una interpretazione cristiana di questa Bibbia, o non dovrebbero piuttosto rispettosamente e umilmente rinunciare ad una pretesa, che alla luce di ciò che è avvenuto non può non apparire come presunzione? E qui si connette la seconda questione: non ha forse contribuito la presentazione dei giudei e del popolo ebraico, nello stesso Nuovo Te-

---

[10] E. Lévinas, *Difficile libertà*, cit. p. 28.
[11] J. Ratzinger, *La Chiesa, Israele e le religioni del mondo*, Cinisello Balsamo, San Paolo, 2000.

stamento, a creare un'ostilità nei confronti di questo popolo, che ha favorito l'ideologia di coloro che volevano sopprimerlo?".[12]

Sono, queste, domande che spingono i cristiani – che abbiano compreso il senso profondo della più grande tragedia della storia ebraica, e in virtù del legame che unisce spiritualmente e per sempre il popolo della Bibbia e del Talmud ai battezzati nel nome di Gesù Cristo – a ripensare la propria stessa identità, a ripensare la propria interpretazione delle Scritture rivelate e dunque a riscoprire "la radice santa che ci porta", quell'Israele "secondo la carne", ovvero secondo la storia, di cui parla l'apostolo Paolo con il più alto *pathos* teologico ed esistenziale. La *Shoah*, da ostacolo al dialogo ebraico-cristiano, è diventata non solo stimolo a riscoprire e riapprezzare Israele, i suoi testi e le sue tradizioni, mettendo i cristiani in grado di dialogare con gli ebrei, ma è divenuta ancor più radicalmente pungolo e chiave per un'auto-analisi, un lavoro su di sé che tocca un po' tutte le componenti dell'identità cristiana: dall'ermeneutica delle Scritture alla cristologia, dalla riflessione ecclesiologica alla stessa liturgia.

Quali sono le implicazioni della grande *teshuvah* della Chiesa alla luce della *Shoah*?

Prima di riflettere sulle implicazioni teologiche e pastorali, per cristiani ed ebrei, del fatto che la *Shoah* sia stata il culmine della lunga storia di antigiudaismo e antisemitismo dell'Europa cristiana, è forse opportuno fermarsi a riflettere sul significato religioso di quel tentativo di sterminio totale del popolo ebraico. È solo scrutando quell'abisso di male – indipendentemente dalle nostre teodicee e dalle nostre filosofie della storia – a partire dalla comune radice di fede abramitica che potremo, forse, cogliere la radicalità di quelle implicazioni.

---

[12] Id., Prefazione a Pontificia Commissione Biblica, *Il popolo ebraico e le sue Sacre Scritture nella Bibbia cristiana*, Città del Vaticano, Libreria Editrice Vaticana, 2001, p. 11.

È ancora Emil Fackenheim ad aiutarci in questa fatica di "scrutare l'abisso del male" senza perderci in esso, come avviene a chi guardi troppo a lungo la Gorgone. Nel suo intervento al simposio internazionale su "Il bene e il male dopo Auschwitz", tenutosi a Roma presso l'Università Gregoriana nel settembre 1997, Fackenheim disse: "L'Olocausto fu un'aggressione contro l'alleanza di Abramo, l'unica [aggressione] veramente radicale che sia mai esistita. [...] Ma che cosa significa aggredire l'alleanza di Abramo, che rappresenta proprio il punto di partenza di tutta la *Heilsgeschichte*, e che cosa significa minacciare di porvi fine per sempre? Questo non ha precedenti [nella storia] e la teologia non vi era preparata. Ma il Dio di Abramo non è anche il Dio dei cristiani? E Ismaele [ossia, il capostipite dei musulmani] non è figlio del patriarca? L'attacco dei nazisti contro gli ebrei era anche la loro prova, quella cioè dei cristiani e dei musulmani, ma questi ultimi non l'hanno riconosciuta come tale e hanno abbandonato gli ebrei".[13]

Fackenheim allude in questo passo alla narrazione della grande prova di *Genesi* 22, racconto nel quale Dio chiede ad Abramo il sacrificio del suo figlio unico, l'amato Isacco. Una prova durissima, nella quale la risposta positiva di Abramo fu pronta, risposta in virtù della quale Isacco fu salvato per intervento divino dal coltello del padre. Proprio questo racconto, noto come la *'aqedat Yitzhaq* ("legatura di Isacco"), è servito alla teologia ebraica per lamentare che ad Auschwitz milioni di giovani Isacco, altrettanto innocenti e altrettanto ignari della "prova divina", non furono salvati come il prediletto di Abramo. Nessuna di quelle *'aqedot* ebbe l'*happy end* del racconto biblico, e oltre un milione di bambini ebrei morirono la morte dei martiri senza neppure poter scegliere il martirio. Ora, Fackenheim si spinge oltre questa lamentazione verso il cielo per il miracolo mancato. Il filosofo ebreo si spinge a coinvolgere cristiani e musulmani nella terribile scena di quella *'aqedah* collettiva che

---

[13] E.L. Fackenheim, *L'aggressione all'alleanza di Abramo*, in E. Baccarini – L. Thorson (a cura di), *Il bene e il male dopo Auschwitz. Implicazioni etico-teologiche per l'oggi*, Roma, Edizioni Paoline, 1998, p. 43.

fu Auschwitz, chiamando in causa la loro indifferenza se non la loro complicità con il coltello dell'assassino. In tal modo, questi "fratelli minori" del popolo ebraico, le cui rivelazioni – Nuovo Testamento e Corano – affondano le loro radici nella comune eredità biblico-ebraica, hanno in qualche modo mancato la prova, e a differenza di Abramo hanno rischiato – per usare la famosa metafora wittgensteiniana – di recidere il ramo su cui stanno seduti, o se si preferisce, di sradicare l'olivo su cui sono innestati. Se volgiamo questa riflessione in positivo, Fackenheim sembra suggerire che solo chi sa custodire gli ebrei da simili attacchi, solo chi non abbandona gli ebrei nel momento del pericolo, difende l'alleanza abramitica a cui, per grazia, è stato ammesso.

Proprio per il suo andare alla radice, ovvero al patto da cui ebbe origine questa *Heilsgeschichte* dell'umanità, e per il suo connettere o cortocircuitare i tre luoghi-simbolo di Sion, Sinai e Auschwitz, questa riflessione ci permette di comprendere meglio che esistono, nel cono d'ombra gettato dalla *Shoah*, alcune implicazioni religiose e teologiche per le chiese cristiane. E non v'è dubbio che una grande *teshuvah* – la richiesta di perdono ma soprattutto il superamento dell'insegnamento del disprezzo verso gli ebrei, tramutato in insegnamento di stima e di mutuo dialogo – sia la prima e la più importante di queste implicazioni. Nondimeno, a partire da questa svolta, nuove domande sono sorte, nuovi orizzonti ermeneutici si sono aperti. A tali domande e a tali orizzonti le teologie cristiane fanno ancora fatica a rispondere, e ciò è del tutto comprensibile. Infatti, mentre quasi tutti i teologi e pensatori cristiani concordano che, dopo la *Shoah*, non si può più 'fare teologia' come se Auschwitz non ci fosse stato, tuttavia pochi hanno saputo indicare in quali nuove direzioni costruire percorsi teologici capaci di integrare la lezione della *Shoah*, capaci di ripensare l'identità cristiana alla luce dell'insegnamento di stima degli ebrei, capaci di articolare l'unicità della redenzione cristiana con il riconoscimento dell'autonomia e della legittimità dell'economia redentiva/santificatrice del popolo ebraico.

Se la *Shoah* ha costretto i cristiani a rivalutare il ruolo degli ebrei all'interno dell'economia cristiana di rivelazione e redenzione, e a re-interpretare in nuova prospettiva i diversi significati delle Scritture ereditate dalla tradizione ebraica, è inevitabile porsi – come ha fatto il Gruppo interconfessionale *Teshuvà* di Milano[14] – le seguenti domande:

a) Quali conseguenze comporta l'accettazione della perennità del Sinai per la definizione dell'identità cristiana?

b) Che significa per la fede cristiana riconoscere l'autonomia dell'Antico Testamento rispetto al Nuovo? E quale rapporto, allora, stabilire tra i due Testamenti in sede ermeneutica?

c) Quale possibilità ecumenica si apre per le chiese nell'affrontare insieme il processo di ridefinizione della propria identità rispetto a Israele?

Certo, rispondere a queste domande ed esplorare il nuovo orizzonte di 'senso religioso' aperto dalla *Shoah* è compito arduo e fonte di inquietudine, perché si tratta di ripartire da una crisi, da un giudizio storico che per il Cristianesimo, come abbiamo visto sopra, si è rivelato molto severo. Ma proprio la tradizione biblica ci insegna che ricominciare è esperienza tipica dell'alleanza con il Dio di Israele, che fare *teshuvah* significa cambiare strada, che avventurarsi nel deserto delle nostre certezze e affidarsi alla sola forza della Parola è appunto il cuore dell'esperienza di fede.

Valgono allora qui le parole emblematiche del pastore evangelico Martin Cunz, protagonista europeo del dialogo ebraico-cristiano, troppo precocemente mancato. Cunz non fu solo un *practitioner* di questo dialogo, ma anche un teorico, un critico, un teologo in senso forte del nuovo rapporto tra l'Israele vivente e i credenti nell'Evangelo di Cristo. Nelle sue parole c'è la sferza verso la pigrizia teologica di chi ha paura di mettersi in discussione e crede più facile difendere le mura della propria cittadella identitaria, ma v'è anche il balsamo dell'intuizione vera, della visione puri-

---

[14] Cfr. G. Bottoni – L. Nason (a cura di), *Secondo le Scritture*, cit., p. 247.

ficata, dell'intelligenza che va oltre se stessa. Secondo Cunz, "dopo Auschwitz, ci troviamo come il popolo di Israele che, sotto la guida del più alto funzionario della religione [Aronne], aveva fatto la danza attorno al vitello d'oro, dinanzi alla parola di Dio frantumata in mille pezzi. Ebrei e cristiani oggi devono salire sul monte Sinai per incontrare di nuovo il Dio d'Israele e per riscrivere la Torah, non più scritta dalla mano di Dio ma dalle nostre mani".[15]

Non si tratta, come personalmente ho detto altre volte, di scrivere una "teologia della *Shoah*" e neppure, a ben vedere, di elaborare una nuova "teologia cristiana dell'Ebraismo" (seppure, forse, di questa si senta in effetti il bisogno). Mettere la *Shoah* nell'agenda di ogni futura teologia non significa aggiungere un tema in più alla riflessione cristiana, ma aggiustare l'intera prospettiva del 'fare teologia': l'incontro con Israele e con la sua sofferenza, causata da secoli di pregiudizio antiebraico di matrice cristiana, costringe la comunità dei seguaci di Gesù a ripensarsi alla radice, anzi a ripensare la radice stessa che la porta, secondo l'espressione paolina (*Rm.* 11,18). In questo senso la *Shoah* è un evento tanto ebraico quanto cristiano. Essa appartiene all'unica storia di salvezza dell'umanità in cui credono, seppur in modi diversi e sulla base di diverse Scritture, ebrei, cristiani e musulmani.

Per una "memoria religiosa" della *Shoah*: alcune avvertenze per i cristiani

Negli ultimi anni l'Europa ha dato segnali forti per impedire che la *Shoah*, con il suo carico di sofferenze e di ammonimenti per il futuro, cadesse nell'oblio e diventasse solo una delle tante memorie del nostro passato. Grazie alle testimonianze dei sopravvissuti, al lavoro degli storici e alla accresciuta coscienza etica di tutto il mondo occidentale – coscienza che nasce non da ultimo da una assunzione di responsabilità e di colpe verso quel passato – la

---

[15] Cfr. M. Giuliani, *Cristianesimo e Shoah. Riflessioni teologiche*, Brescia, Morcelliana, 2000, p. 23 (su Martin Cunz si veda anche *ibid.*, pp. 72-79).

Shoah viene ricordata ogni anno con cerimonie pubbliche, con lezioni scolastiche a tutti i livelli, con articoli e libri. L'istituzione del 27 gennaio come "giornata della memoria" è un fatto che parla chiaramente di questa acquisita consapevolezza: la *Shoah* fa parte della nostra storia e la sua "triste lezione" è ormai parte dell'identità civile dei cittadini europei. Ma proprio questo fatto così politicamente nuovo e culturalmente avveduto non può non far sorgere la seguente domanda: stiamo forse correndo il rischio che la memoria civile oscuri e rimuova l'altrettanto doverosa memoria religiosa di questo evento? Che la dimensione culturale, necessaria e universalizzante, offuschi la dimensione più specificamente teologica di quest'evento, dimenticando appunto la dimensione essenzialmente religiosa – cioè ebraica – delle vittime del nazismo? Certo, non tocca alle autorità civili ricordare questa dimensione o lavorare perché si sviluppi, accanto a quella civile, una memoria religiosa della *Shoah*. Tocca invece, e in maniera urgente, alle autorità religiose, e segnatamente alla *leadership* pastorale e teologica delle chiese, non trascurare che si sviluppi una nuova consapevolezza del legame profondo tra ebrei e cristiani nel solco di quel terribile tentativo di recidere per sempre, alla radice, la pianta di Israele. In Italia, il 17 gennaio è una giornata istituita apposta per meglio far conoscere ebrei ed Ebraismo ai cattolici, e dunque è sede appropriata per ricordare anche la tragedia della *Shoah*. Ma forse altro resta da fare affinché accanto alla memoria civile sorga una più ampia memoria religiosa, tesa a rinsaldare il legame di affetto e di stima che unisce il variegato mondo cristiano all'altrettanto variegato mondo ebraico.

A questo proposito è sempre utile rileggere i consigli dati, venticinque anni or sono, da Alice Eckardt in un articolo che metteva in guardia i cristiani da un modo sbagliato di fare memoria della *Shoah*.[16] Proprio la storia quasi bimillenaria dei rapporti tra

---

[16] Cfr. A. Eckardt, *Creating Christian Jom HaShoah Liturgies*, in M. Sachs Littell – S. Weissman Gutman (a cura di), *Liturgies on the Holocaust. An Interfaith Anthology*, Valley Forge, Penn., Trinity Press International, 1996, pp. 6-12.

Cristianesimo ed Ebraismo (e non la recente mania del *politically correct* applicata alla vita delle chiese) suggerisce che esistono modi appropriati e modi non appropriati di presentare e parlare della *Shoah* e della sofferenza ebraica. Dopo aver spiegato come tale evento non debba essere separato dal ritorno degli ebrei a una vita nazionale autonoma in terra di Israele, con la rinascita di uno stato indipendente (1948), la Eckardt sostiene che entrambi questi eventi storici del popolo ebraico di oggi dovrebbero essere considerati *"faith-orienting experiences"*, ovvero esperienze capaci di orientare, anzi di ri-orientare, la fede non solo ebraica ma anche cristiana.

Ciò premesso, quali sono i consigli per i cristiani che, avendone colto l'importanza, si accingono a fare una memoria non solo civile ma anche religiosa della *Shoah*, sia durante incontri educativi sia durante cerimonie o atti liturgici in luoghi sacri? In questa sede vorrei sottolineare almeno tre consigli dati dalla Eckardt, che nel corso del tempo non hanno a mio avviso perso valore.

a) Anzitutto, i cristiani che facciano una memoria religiosa della *Shoah* debbono stare attenti a non "cristianizzare" quest'evento. Cosa vuol dire? Semplicemente, stare attenti a non usurpare il carattere storicamente ed essenzialmente ebraico di una tragedia nella quale, come ricorda spesso Elie Wiesel, "se non tutte le vittime erano ebree, nondimeno tutti gli ebrei erano vittime". È facile, a livello religioso, appropriarsi della memoria altrui a fin di bene, per sottolineare che anche noi siamo coinvolti. Vero, Auschwitz fu anche un evento cristiano, ma nel senso che abbiamo visto sopra: l'antigiudaismo cristiano non è estraneo alla pavimentazione della strada che ha condotto gli ebrei europei nei ghetti, nei campi di concentramento e infine nelle camere a gas e nei crematori... E cristiani, o figli di cristiani, erano gli assassini. E cristiani erano i cosiddetti *by-standers*, gli osservatori indifferenti e passivi di quella tragedia. Nonostante ciò, la memoria della *Shoah* resta prima di ogni altra considerazione una memoria collettiva e inalienabile dell'odierno popolo ebraico, e come tale un patrimonio di dolore sacro che non va violato neppure in nome di Dio, peggio ancora in nome di una diversa interpretazione – cristiana appunto – del Dio di Israele e della sua rivelazione. Saggia e teologicamente significativa fu la decisione di papa Giovanni Paolo II di chiedere alle carmelitane di Auschwitz di spostare il proprio convento per non 'occupare', anche solo fisicamente, lo spazio del dolore e della memoria delle vittime ebree, che in quel campo furono la stragrande maggioranza. Accettare la *Shoah* come sfida per la teologia cristiana significa non de-ebraicizzare l'evento ed aprire la mente e la prassi della Chiesa a un diverso rapporto con il popolo dell'alleanza biblica mai revocata, anzi rinnovata dagli ebrei nonostante Hitler e a dispetto del progetto nazista di sterminio.

b) I cristiani che facciano memoria religiosa della *Shoah* si guardino inoltre dal trasformarla in una dimostrazione trionfante della verità del Cristianesimo sul Giudaismo. Non si tratta qui solo di mettere al bando ogni atteggiamento per il quale la *Shoah* dimostri che gli ebrei sono stati 'puniti' da Dio per aver rifiutato il Cristianesimo – sarebbe il peggior continuismo teologico con quelle idee che sono state 'causa indiretta' della secolare sofferenza ebraica culminata nei campi di sterminio nazisti. Si tratta anche di evitare gli eccessi cristologici, per i quali le sofferenze ebraiche siano considerate significative alla luce della passione di Cristo, come se Auschwitz non fosse che una tappa dell'economia di salvezza cristiana. Anche il ricordo, peraltro pienamente legittimo, della santità di Massimiliano Kolbe o di Edith Stein non può far obliare il quadro generale di Auschwitz, dove agli ebrei venne impedito non solo di vivere ma anche di morire da martiri. Un troppo disinvolto uso del racconto del bambino impiccato ad Auschwitz, narrato da Elie Wiesel nel suo libro-testimonianza *La Nuit*, può incorrere in questo rischio.

c) Da questo esempio si ricava un terzo consiglio, che la Eckardt riassume così: non usare testi ebraici per poi criticarli o interpretarli allo scopo di soddisfare una (presunta) prospettiva cristiana. Forse si tratta di un'estensione dei primi due principi, ma che vale la pena sottolineare, anche alla luce dell'attuale tendenza dei cristiani ad usare simboli della liturgia ebraica: dalla *menorah* alla celebrazione della Pasqua ebraica (*Pesah*), al *tallit*, ecc. Si tratta piuttosto di rispettare l'alterità ebraica, la parola dei testimoni, il senso delle loro scritture. In particolare, usare la *Shoah* come esempio per contrapporre l'amore, presentato quale valore specificamente cristiano, alla giustizia – quando non alla vendetta – quale valore/disvalore tipico del Giudaismo, è un modo erroneo di usare la memoria della *Shoah*, che offende tra l'altro anche la verità teologica sia del Giudaismo che del Cristianesimo. Anche l'uso della Bibbia per spiegare la *Shoah* può essere pericoloso, in quanto tentativo maldestro e inefficace di giustificare l'ingiustificabile.

Vorrei, in conclusione, riprendere le parole finali del documento *Noi ricordiamo*, che nella sua sobrietà esprime bene anche quel senso della misura – la fuga da ogni trionfalismo, l'astensione dagli eccessi teologici e anche dagli abbracci soffocanti – di cui il dialogo ebraico-cristiano ha bisogno per crescere e rafforzarsi a tutti i livelli: "[Auspichiamo che] il nostro dolore per le tragedie che il popolo ebraico ha sofferto nel nostro secolo [il XX secolo] conduca [i cattolici, ma anche tutti i cristiani] a nuove relazioni con il popolo ebraico. Desideriamo trasformare la consapevolezza dei peccati del passato in fermo impegno per un nuovo futuro nel quale non ci siano più sentimento antigiudaico tra i cristiani e sentimento anticristiano tra gli ebrei, ma piuttosto rispetto reciproco condiviso [...]".[17]

Il testo *Dabru Emet*, le ripetute visite di vescovi alle sinagoghe e alle comunità ebraiche nel mondo, la fattiva collaborazione quotidiana tra ebrei e cristiani per costruire una vera "amicizia" tra le due fedi abramitiche, aperte al dialogo con l'Islam in questo difficile momento della storia mondiale, sono segni di speranza che ci dicono: sì, stiamo facendo la cosa giusta. Davvero uno spirito nuovo aleggia sul mondo: "Ed ecco, io faccio una cosa nuova nel mondo" (cfr. *Is.* 65,17).

---

[17] *Noi ricordiamo*, cit., par. 5.

III. Verso una teologia cristiana dell'Ebraismo

Bruno Forte

Israele e la Chiesa, i due esploratori della Terra Promessa. Per una teologia cristiana dell'Ebraismo

Un'immagine biblica, riletta nell'interpretazione patristica, può introdurci efficacemente nella riflessione sulla questione che ci sta a cuore: quale rapporto la fede cristiana vede fra Israele e la Chiesa? La questione in realtà è complessa e potrebbe essere declinata in molteplici forme: qual è la ragione del significato e della rilevanza continua che Israele ha per la Chiesa? Si deve pensare all'economia di un'alleanza unica in cui si muovono entrambi, o plurale è l'alleanza e mutevole e progressivo il senso dell'elezione e il significato delle promesse? E finalmente – in chiave cristiana – è giusto interrogarsi sulla possibilità e i modi di una prossima o remota "conversione" di Israele o si deve concepire una via separata di salvezza per il popolo eletto?

L'immagine che ci aiuta a gettare un po' di luce su questa selva intricata di questioni è quella – tratta dal libro dei *Numeri* – dei due esploratori di ritorno dalla terra di Canaan, che portano insieme un'asta da cui pende il grappolo d'uva, che essi accompagnano col frutto del melograno e del fico: "Giunsero fino alla valle di Escol, dove tagliarono un tralcio con un grappolo d'uva, che portarono in due con una stanga, e presero anche melagrane e fichi"(*Num.* 13,23).

Nell'asta portata dai due i Padri della Chiesa hanno voluto vedere il legno della Croce, da cui pende Cristo: "*Figura Christi pendentis in ligno*",[1] mentre nei due portatori, uniti e separati da quel

---

[1] Così afferma ad esempio Evagrio (verso il 430), *Altercatio inter Theophilum et Simonem*: PL 20, 1175. Cfr. H. Leclerq, *Dictionnaire d'Archéologie Chrétienne et*

legno, hanno riconosciuto Israele e la Chiesa: "*Subvectantes phalangguam, duorum populorum figuram ostendebant, unum priorem, scilicet vestrum, terga Christum dantem, alium posteriorem, racemum respicientem, scilicet noster populus intelligitur*".[2]

In quanto essi marciano l'un dietro l'altro, chi precede guarda solo davanti a sé ed è perciò figura d'Israele, popolo della speranza e dell'attesa delle cose venienti e nuove, assicurate dalla promessa di Dio; chi viene dietro vede, invece, colui che gli sta davanti e l'orizzonte da questi abbracciato attraverso il grappolo appeso al legno ed è perciò figura della Chiesa, che ha in Cristo crocifisso la chiave di lettura anche dell'antico Israele e della promessa fatta ai padri. Col mostrare la differenza, l'immagine afferma non di meno la continuità che esiste fra i due popoli, non solo per il legame dell'unica asta che entrambi gli esploratori sostengono, ma anche per l'orizzonte comune cui si rivolge il loro sguardo.

L'idea della continuità sarà evidenziata – con una posteriore, suggestiva annotazione – mediante la supposizione che il giubilo del desiderio faccia cantare ad entrambi il medesimo *"hosanna"*.[3] Uniti nel canto della speranza e dell'attesa, Israele e la Chiesa avanzano insieme, distinti e congiunti al tempo stesso dalla Croce di Cristo.

Tre elementi di continuità ed insieme di discontinuità fra Israele e la Chiesa vengono così a risaltare dalla densa lettura patristica: il carattere escatologico della rivelazione biblica, tanto del Primo quanto del Nuovo Testamento; il carattere comunitario della salvezza, determinato dal principio fondatore dell'alleanza fra

---

Liturgie, 3, pp. 169s.; C. Leonardi, *Ampelos. Il simbolo della Vite nell'arte pagana e paleocristiana*, Roma, Edizioni Liturgiche, 1947, pp. 149-163.
[2] Ancora Evagrio, *Altercatio inter Theophilum et Simonem*: PL 20, 1175. Stesse idee in S. Massimo di Torino (metà del V sec.), *Hom.* 79: PL 57, 423s.
[3] Cfr. Y. Congar, *Ecclesia ab Abel*, in *Abhandlungen über Theologie und Kirche*, a cura di M. Reding, Düsseldorf, 1952, p. 103, n. 65, che rimanda a Pietro di Mora (Capuano, 1242) e ad Adamo di S. Vittore. L'allusione è a *Mc.* 11,9: *"Qui praeibant et qui sequebantur clamabant dicentes Hosanna"*.

l'Eterno e il Suo popolo; il significato messianico dei due popoli, tanto di quello dell'attesa, quanto di quello del compimento.

Il carattere escatologico della rivelazione biblica

Ciò che unisce i due esploratori in cammino è anzitutto l'orizzonte cui si volge il loro sguardo: la Verità per cui vale la pena di vivere sta davanti a loro. Verso di essa orientano i loro passi, ad essa anela il loro cuore. Ma perché fosse così, quella stessa Verità è venuta a consegnarsi alla misura della possibilità umana di accoglierla, ha parlato il linguaggio degli uomini, ha infiammato di desiderio i loro cuori di carne. La premessa al riconoscimento della Verità nella Parola del Dio vivente è, dunque, tanto per l'Ebraismo quanto per il Cristianesimo, la possibilità che l'infinito si faccia finito per comunicarsi nella fragilità delle nostre parole. Questa convinzione è espressa dai maestri ebrei con un assioma ricorrente: "Il piccolo può contenere il grande".[4] Non diversamente si esprime la sapienza cristiana: "*Non coërceri maximo, contineri tamen a minimo, divinum est*".[5] Questa convinzione è alla base della dottrina dello "*tzimtzum*", cara alla mistica ebraica, e dell'idea della "*kenosi*" del Verbo, centrale nel messaggio cristiano.[6]

---

[4] Cfr. *Genesi rabbah* 5,7 e *Levitico rabbah* 10,9, citati in G. Busi, *Simboli del pensiero ebraico*, Torino, Einaudi, 1999, p. 391.

[5] Cfr. H. Rahner, "Die Grabschrift des Loyola", *Stimmen der Zeit* 139, 1946-47, pp. 321-339. La frase, riportata in *Imago Primi Saeculi Societatis Iesu*, Anversa 1640, p. 280, quale "*Elogium sepulcrale S. Ignatii*", è stata usata da Hölderlin nel 1794 come esergo al frammento di romanzo *Hyperion*.

[6] Cfr. la presentazione di questa tradizione in G. Scholem, "Schöpfung aus Nichts und Selbstverschränkung Gottes", *Eranos-Jahrbuch* 1956, pp. 87-119 (trad. it. in Id., *Concetti fondamentali dell'ebraismo*, Genova, Marietti, 1986, pp. 41-73). Si veda, inoltre, Id., *Le grandi correnti della mistica ebraica*, Torino, Einaudi, 1993, pp. 270ss. Dopo aver notato il capovolgimento operato dai cabbalisti rispetto all'idea di un "contrarsi" della divina presenza sul Monte Sion (contrazione divina "*ad extra*") mediante la dottrina della contrazione divina per così dire "*ad intra*", Scholem osserva: "Si è tentati di interpretare questo ritrarsi di Dio nel suo proprio essere in termini di 'esilio', di 'bando' dalla sua totale onni-

È Yitzhaq Luria il cabalista che nella seconda metà del secolo XVI pone al centro del suo insegnamento l'immagine della "contrazione" divina: l'atto creatore è da lui pensato come un "far spazio" in se stesso da parte di Dio alla creatura, che altrimenti non avrebbe potuto esistere. Se non nel grembo di Dio – contrattosi per ospitare il mondo, analogamente a come una madre accoglie una nuova vita nel suo seno – dove avrebbe potuto dimorare l'universo? *"Tzimtzum"* è dunque l'atto del divino contrarsi, quel farsi piccolo dell'immenso che consente alla creatura di esistere davanti a Lui nella libertà: perciò, lo *"tzimtzum"* dell'eterno è l'altro nome del Suo amore per gli uomini, espressione di quella misericordia che l'ebraico significativamente rende con l'idea di "viscere materne"(*"rahamim"*) e che è anche rispetto e umiltà del Creatore davanti alla Creatura. In forza di questo amore il Signore non disdegna di "attendarsi" in mezzo al Suo popolo, fino a fare della storia d'Israele la storia del proprio impegno per la redenzione del mondo. La dottrina della divina presenza (*"Shekinah"*) tocca punte struggenti, come nel testo seguente: "In qualunque luogo furono esiliati gli ebrei la *Shekinah*, per così dire, andò in esilio con loro. Essi andarono in esilio in Egitto e là andò la *Shekinah* [...]. Andarono esuli in Babilonia, ed essa andò con loro [...]. Andarono in Elam e la *Shekinah* li accompagnò [...]. Quando tuttavia torneranno, la *Shekinah* farà ritorno assieme ad essi".[7]

L'invocazione di San Francesco "Tu sei Umiltà" (*Lodi del Dio Altissimo*) mostra come questo messaggio corrisponda in profondità all'anima cristiana, per la quale la conferma suprema dell'attendarsi di Dio nella fragilità e piccolezza delle misure umane sta proprio nella *"kenosi"* del Verbo: la Parola si dice in questo mondo per via di "annientamento" (cfr. *Fil.* 2,6ss.), grazie all'atto per il quale – in nulla costretto dall'infinitamente grande – il Figlio si è lasciato contenere nell'infinitamente piccolo. Veramente divino è

---

potenza nella più profonda solitudine. Considerata così, l'idea dello *zim-zum* sarebbe il più profondo simbolo pensabile dell'esilio" (*ibid.*, p. 271).
[7] *Mekilta de-rabbi Yishma'el, Pisha* 14, 99-107, citato in Busi, *Simboli*, cit., p. 345.

questo contrarsi! Questa "estasi" del divino, questo "star fuori" dell'infinito nel finito, è al tempo stesso l'appello più alto che si possa concepire all'estasi dal mondo, e cioè a quel "trasgredire" della creatura verso il Mistero, che è il rapimento della verità e della bellezza che salva, reso possibile dall'"abbreviarsi" del Verbo nella carne. Il tutto dimora nel frammento, l'infinito irrompe nel finito: il Dio Crocifisso è per la fede cristiana la forma e lo splendore dell'eternità nel tempo. Sulla Croce il *"Verbum abbreviatum"* – *"kenosi"* del Verbo eterno – rivela la possibilità salutare del "minimo Infinito"!

Ora, la presenza di Dio in mezzo al Suo popolo, il Suo "abbreviarsi" per destinarsi agli uomini, si esprime anzitutto nella Parola (*"dabar"*). Per la fede d'Israele la Parola di Dio è inseparabilmente la Parola che dice, crea, salva. Anche da un semplice approccio ai testi risulta che il termine *"dabar"* rinvia tanto al contenuto noetico, quanto all'efficacia operativa della parola, che fa quel che dice, incidendo sulla trasformazione del cuore e sugli eventi della storia. Il carattere "informativo" si congiunge a quello "performativo": è in forza di questa densità che si comprende quanto sia stretta la connessione fra le parole e gli eventi nell'economia della rivelazione. Così, se da una parte tutte le tappe decisive della storia di Israele sono introdotte dalla parola, dall'altra la fede del popolo eletto può esprimersi semplicemente narrando gli eventi salvifici, i *"mirabilia Dei"*, attuazioni concrete della parola di rivelazione (cfr. *Dt.* 26,5-10). In questa luce si comprende anche il carattere fortemente dinamico e personale dell'idea di rivelazione veicolata attraverso l'esperienza della Parola nella vicenda di Israele: la rivelazione mediante la Parola è l'avvento del Dio vivo nel segno delle Sue parole, che raggiunge e trasforma la condizione umana, facendone storia di redenzione e di salvezza per tutti coloro che accolgono la Parola, ma anche esperienza di esilio e di condanna per quanti la rifiutano.

Il dono della Parola secondo la fede cristiana tocca il suo vertice nell'evento dell'incarnazione del Verbo: "E il Verbo si fece carne e venne ad abitare in mezzo a noi; e noi vedemmo la sua gloria, gloria come di unigenito dal Padre, pieno di grazia e di verità" (*Gv.* 1,14: si noti come anche per il Verbo ci sia una "*shekinah*", un "attendamento"). Nel succedersi dei tempi della Parola è questa la "pienezza del tempo" (cfr. *Mc.* 1,15; *Gal.* 4,4; *Ef.* 1,10), l'ora del compimento della rivelazione. La Parola fatta carne realizza precisamente i due significati del "*dabar*" veterotestamentario: Gesù il Cristo non solo parla le parole di Dio, ma è la Parola di Dio, il Verbo eterno divenuto uomo, che comunica se stesso e apre l'accesso all'esperienza vivificante delle profondità divine nel dono dello Spirito. Dal punto di vista noetico-informativo Gesù si presenta come il profeta e il maestro, che annuncia la verità sul Padre e sugli uomini: "Nessuno conosce il Figlio se non il Padre, e nessuno conosce il Padre se non il Figlio e colui al quale il Figlio lo voglia rivelare" (*Mt.* 11,27). Dal punto di vista dinamico-performativo Gesù è la Parola divenuta carne, che ha messo le sue tende in mezzo a noi (cfr. *Gv.* 1,14) e parla con l'autorità di chi realizza ciò che dice (cfr. *Lc.* 4,18-21). La sua persona è talmente inseparabile da ciò che annuncia che accogliere le sue parole è accogliere lui e il Padre che lo ha mandato, rifiutarsi alla sua parola è rifiutarsi alla salvezza in lui donata (cfr. *Mc.* 16,15s.). Ebraismo e Cristianesimo risultano così entrambi fedi di risposta alla Parola di Dio, religioni del Libro del tutto dipendenti dalle Scritture, sia pur nella diversa identificazione della pienezza dell'auto-comunicazione divina.

Oltre che Parola, il Dio biblico è però anche Silenzio:[8] il silenzio divino non è tanto quello che suscita stupore, cui rinvia la silenziosa scrittura dei cieli (cfr. *Sal.* 19,2), né è la misteriosa presenza, con cui l'Eterno viene a sconvolgere tutte le possibili attese,

---

[8] Cfr. le tesi di A. Neher, *L'exil de la parole. Du silence biblique au silence d'Auschwitz*, Paris, Éd. du Seuil, 1970 (trad. it. *L'esilio della Parola. Dal silenzio biblico al silenzio di Auschwitz*, Casale Monferrato, Marietti, 1983). Cfr. inoltre, C. Vigée, *Dans le silence de l'Aleph. Écriture et Rèvèlation*, Paris, A. Michel, 1992 (trad. it. *Alle porte del Silenzio. Scrittura e rivelazione nella tradizione ebraica*, Milano, Paoline, 2003).

offrendosi al suo eletto nella "voce del tenue silenzio" (cfr. *1 Re* 19,11-13). Il nascondimento del volto divino non è solo l'esperienza psicologica della Sua assenza o una vicenda storica legata al tempo della rovina, in cui Dio sembra ritrarre la Sua protezione dal popolo eletto: il silenzio divino ha un valore teologico, è una lingua, un invito a credere, ad affidarsi all'assente Presenza e a perseverare nell'abbandono al Volto cercato, anche quando questo Volto fa sentire tutto il peso tragico del Suo nascondimento: "Io ho fiducia nel Signore, che ha nascosto il volto alla casa di Giacobbe, e spero in lui" (*Is.* 8,17). Questo silenzio è uno sperimentare nella drammaticità del fallimento che il linguaggio di Dio non è solo quello della parola e della risposta, ma anche quello conturbante del silenzio.

È perciò che si può riconoscere nella rivelazione biblica la presenza di almeno due fondamentali e diverse concezioni di Dio: quella del "Dio dei ponti sospesi" e quella del "Dio dell'arcata spezzata". "L'una, installata nella sicurezza di una fine conciliatrice, che pone sull'altra riva, di fronte all'Alfa di questa, un Omega, tanto solidamente ancorato alla terra ferma quanto le arcate simmetriche di un ponte sospeso. [...] L'altra concezione introduce in questo edificio troppo bello l'indizio di insicurezza, non proteggendo il ponte contro alcuna scossa accidentale, non garantendo l'uomo che lo attraversa contro alcun pericolo, *fosse pure mortale*".[9]

Il Dio dell'arcata spezzata restituisce all'uomo la dignità del rischio, perché lo responsabilizza davanti al futuro senza garantirgli niente, rendendolo attento al valore dell'opera presente, a prescindere da ogni risultato o ricompensa promessi. "Dio si è ritirato nel silenzio, non per *evitare* l'uomo, ma, al contrario, per *incontrarlo*; è tuttavia un incontro del Silenzio con il silenzio. Due esseri di cui l'uno tentava di sfuggire all'altro sulla scena luminosa del Faccia a Faccia, si ritrovano nel rovescio silenzioso dei Volti nascosti. [...] Cessando di essere un rifugio, il silenzio diventa il luogo della suprema aggressione. La libertà invita Dio e l'uomo

---

[9] A. Neher, *L'esilio della Parola*, cit., p. 146.

all'appuntamento ineluttabile, ma è l'appuntamento nell'universo opaco del silenzio".[10] I tempi del silenzio divino sono i tempi della libertà umana, perché nella loro dolorosa ambiguità pongono l'uomo solo di fronte alle sue scelte, del tutto libero rispetto al Dio che si ritrae. Lo scandalo del silenzio divino rivela così a Israele il suo Dio come il Dio della libertà, che non garantisce nulla, non assicura nulla, ma invita l'uomo a giocare e rischiare tutto nell'opera (*"mitzwah"*: precetto), che non dà per scontato alcun risultato finale. Così, è il continuo intersecarsi del divino silenzio e della Parola di Dio che fa dell'etica ebraica inseparabilmente l'etica della libertà e l'etica della pura Legge, del comandamento amato più di Dio, perché Dio può ritrarsi e tacere, ma la Parola continua a domandare e ad esigere di essere obbedita: "Amare la Torah più di Dio vuol dire precisamente accedere a un Dio personale".[11]

Anche al cuore della rivelazione del Nuovo Testamento sta, però, il linguaggio del silenzio: il Vangelo cristiano si offre in pienezza lì dove il silenzio di Dio raggiunge il suo vertice abissale, rotto solo dal grido dell'ora nona, su quella Croce che è supremo scandalo per i Giudei, e non di meno follia per le genti, inaccettabile compromissione di Dio con la passione umana. Il Dio venuto fra gli uomini non si è offerto nelle forme della grandezza e della sapienza umana, ma, all'opposto, ha annientato se stesso scegliendo ciò che è debole e stolto per confondere la forza e la saggezza del mondo. Le motivazioni di questa radicale *"absconditas Dei sub contrario"* sono anzitutto quelle della teologia negativa: il negativo veicola meno inadeguatamente il divino, proprio perché esclude ogni confusione di grandezza umana con la Trascendenza di Dio. Ma questa motivazione va saldata a quella propriamente cristologica, all'effettiva cioè *"absconditas Dei"* in Cristo e nella sua Croce: è la dialettica della rivelazione, l'ostendersi del divino nel suo contrario, secondo l'originaria accezione della parola *"re-velatio"*. In latino il prefisso *re-* ha il duplice significato di ripetizione dell'identico e

---

[10] *Ibid.*, p. 178.
[11] E. Lévinas, *Difficile libertà*, Milano, Jaca Book, 2004, p. 183.

di cambiamento di stato (analogamente a quanto significa l'*apo* nelle parole greche): *revelatio*, come il greco *apokalypsis*, dice allora al tempo stesso un infittirsi ed un cadere del velo, lo svelarsi di ciò che è nascosto e il velarsi di ciò che è rivelato.

La *Revelatio* non toglie, dunque, la differenza fra i mondi che mediante essa entrano in contatto: Dio resta Dio e il mondo resta mondo, anche se Dio entra nella storia ed all'uomo è offerta la possibilità di partecipare alla vita divina. Questo significa che, se nella rivelazione Dio si manifesta nella Parola, al di là di questa Parola, autentica auto-comunicazione divina, sta e resta un divino Silenzio. La Parola esce dal Silenzio ed è nel Silenzio che essa viene a risuonare: come c'è una provenienza della Parola dalla silenziosa Origine, così c'è una destinazione della Parola, un suo "avvenire", come luogo del suo avvento. Il Verbo sta fra due silenzi: gli *"altissima silentia Dei"* della tradizione mistica cristiana. È precisamente questo gioco dialettico di Parola e Silenzio che è stato perduto nella tradizione teologica della modernità. Cifra di questo destino, dalle conseguenze epocali, è la stessa storia della parola usata per dire l'auto-comunicazione divina: dal momento in cui il termine *"Offenbarung"* – evocativo dell'atto dell'aprirsi (etimologicamente: "gestazione e apertura dell'aperto", da *"offen"*, aperto, e *"bären"*, che nel tedesco medievale esprime il "portare in grembo", l'"esser gravido") – è stato fissato come equivalente di *"revelatio"* nella lingua che domina il pensiero critico della modernità, il problema della rivelazione è diventato quello di accogliere il manifestarsi dell'aperto, fino all'interpretazione hegeliana, in cui la rivelazione diventa la fenomenologia dello Spirito assoluto. Nell'ottica della *Offenbarung* l'avvento di Dio viene pensato come esibizione senza riserve: dicendosi, il Mistero assoluto si consegnerebbe alla presa del mondo; l'ingresso dell'eterno nel tempo avrebbe fatto della storia il *"curriculum vitae Dei"*, il processo di Dio per divenire se stesso.

In tal modo, però, viene perduta la continuità con l'originaria tradizione biblica, secondo cui *revelatio* è l'offrirsi del Dio rivelato e nascosto: maestro del desiderio, il Dio della rivelazione è Colui che, dando se stesso, al tempo stesso si nasconde allo sguardo e attira alla Sua profondità silenziosa e raccolta. Il Dio dell'avvento è il Dio della promessa, dell'esodo e del Regno. Perciò, la Sua rivelazione non è visione totale, ma Parola che schiude i sentieri abissali del Silenzio. Il rinnovato rapporto con l'Ebraismo – esperto dei divini silenzi – diventa così una scuola preziosa per il pensiero cristiano per riappropriarsi dell'idea dialettica ed escatologica della rivelazione, per ritrovare i sentieri del Silenzio da cui la Parola proviene e a cui essa schiude.

Tanto per l'Ebraismo, quanto per il Cristianesimo le parole in cui dimora la Parola divina vanno allora scrutate in un continuo processo di "trasgressione", che raggiunga la nascosta Provenienza e l'Avvenire in esse custodito: si comprende allora perché l'Ebraismo indaghi i settanta significati nascosti in ciascuna delle parole di Dio e la lettura cristiana delle Scritture ne cerchi i molteplici sensi in un gioco infinito di rimandi allegorici e simbolici. Perciò l'ermeneutica – intesa come "trasgressione" della parola, che sola ne scandaglia i significati profondi, i mondi vitali da cui essa proviene e che essa esprime – nasce nella tradizione ebraico-cristiana della "lettura infinita" delle Scritture.[12] Se lo sguardo dei due esploratori è rivolto sempre all'ultimo orizzonte e all'ultima patria, nessuna estasi dell'adempimento, nessuna seduzione del possesso può fermare il loro cammino. Ebraismo e Cristianesimo sono religioni aperte all'abisso della Verità divina, accessibile in assoluta obbedienza alla rivelazione biblica, custodita e trasmessa nel popolo santo.

Il carattere comunitario della salvezza

In quanto suscita il compito dell'interpretazione inesausta, si può dire che il Dio della rivelazione ebraico-cristiana non è il Dio delle risposte facili e pronte, ma il Dio esigente, che amando e

---

[12] Cfr. M.-A. Ouaknin, *La "lettura infinita". Introduzione alla meditazione ebraica*, Genova, ECIG, 1998.

donandosi si nasconde e chiama a uscire da se stessi in un esodo senza ritorno che porti negli abissi del suo Silenzio, ultimo e primo: un Dio che rende amanti pensosi. Il rapporto con Lui necessita pertanto di essere vissuto in una comunità viva, che – custodendo e riconoscendo il Suo linguaggio – possa insegnarlo ai suoi membri perché se ne facciano a loro volta custodi e trasmettitori creativi. Questa comunità è il popolo di Dio, la *"qahal"* d'Israele, la Chiesa dei discepoli del Crocifisso Risorto, entrambe suscitate e nutrite dalle parole della lingua sacra, in cui si è fissata per sempre la rivelazione di Dio. Il valore attribuito a quest'appartenenza linguistico-comunitaria non dipende dalla lingua effettivamente usata nella vita ordinaria dei credenti, ma dal loro continuo e necessario apprendere il linguaggio di Dio attraverso le parole – trasmesse e tradotte nella fedeltà all'originale sacro – in cui la Parola si è detta. Appartenere alla comunità non è sacrificio del pensiero, ma condizione ermeneutica per il suo esercizio fecondo: la fede che unisce i credenti è alimento dell'interrogazione e dell'ascolto, grembo capace di ricevere, custodire e interpretare l'intelligenza della Parola di vita, che è intelligenza penetrante della realtà tutta intera.

Si comprende allora la cura che Ebraismo e Cristianesimo hanno sempre avuto nell'affermare e custodire la lingua delle loro origini divine.[13] La domanda "che lingua parlano nel giardino del Paradiso Adamo, Eva, Dio e il serpente?" è – per l'ebreo come per il cristiano – solo apparentemente retorica. La risposta di Agostino – che opta senza esitazioni per l'ebraico – vuol unire la lingua del primo Adamo a quella del nuovo Adamo, Cristo, per mostrare come in Lui si compia la nuova creazione: in realtà, però, la densità teologica dell'affermazione contiene conseguenze più ampie, perché l'unità del linguaggio dice l'unità del popolo di Dio e fonda, da una parte, la comunione dei credenti fra loro nell'Israele dell'elezione e nella Chiesa dei discepoli, dall'altra, il provvidenziale rapporto fra Israele e la Chiesa. La riprova sta nel fatto che quan-

---

[13] Cfr. la ricerca di M. Olender, *Le lingue del Paradiso*, Bologna, Il Mulino, 1991.

do l'antisemitismo si è fatto strada nella coscienza cristiana, si sono cercate altre risposte alla domanda sulla lingua del Paradiso, quasi a confermare che dove si perde la forza unificante del linguaggio creato da Dio per dirsi agli uomini, si perde anche l'identità più vera del Suo popolo nella storia. Per Ebraismo e Cristianesimo l'appartenenza al popolo santo costituisce il circolo ermeneutico che apre l'accesso più ricco ai tesori della Verità: lungi dal mortificare la ragione, la fede condivisa la stimola e la esalta.

Nel disegno salvifico di Dio Israele ha un ruolo decisivo e centrale come popolo e la Chiesa stessa non potrà comprendere la propria identità e la propria missione senza situarsi in rapporto a quella che Paolo chiama la "santa radice" (*Rm*. 11,16). Con immagine audace, che contrasta manifestamente con l'esperienza, l'Apostolo vede l'oleastro innestato sull'olivo, e non, come sarebbe naturale, la pianta buona innestata su quella selvatica: ne risulta l'importanza decisiva che Paolo accorda alla pianta ebraica, non esitando a ricordare alla comunità cristiana che non è lei a portare la radice, ma la radice a portare lei (cfr. *Rm*. 11,18). Lo stesso rifiuto d'Israele è considerato dall'apostolo condizione provvidenziale perché la salvezza giunga alle genti (v. 11), che saranno a loro volta pungolo per l'ultima reintegrazione (v. 14). Il motivo profondo di questo misterioso disegno è colto da Paolo nella fedeltà del Dio dell'alleanza: "I doni e la chiamata di Dio sono irrevocabili!" (v. 29). La complessa teologia della storia della salvezza, che è sottesa a queste riflessioni, afferma dunque la continuità fra Israele e la Chiesa, non meno della novità che costituisce il popolo dei credenti in Cristo. Pensare la relazione fra i due popoli nell'unico disegno di Dio e il loro specifico ruolo è allora la questione aperta, posta sin dalle origini cristiane alla coscienza della fede, nutrita dall'unico Dio della promessa.[14]

---

[14] Sulla teologia del rapporto fra la Chiesa e Israele, cfr. tra l'altro: A. Bea, *La Chiesa e il popolo ebraico*, Brescia, Morcelliana, 1966; N. Lohfink, *L'alleanza mai revocata. Riflessioni esegetiche per il dialogo tra cristiani ed ebrei*, Brescia, Queriniana, 1991; F. Mussner, *Il popolo della promessa. Per il dialogo cristiano-ebraico*, Roma, Città

La continuità si manifesta anzitutto a livello di linguaggio: gli stessi termini "Chiesa" e "popolo di Dio" hanno radici veterotestamentarie. La comunità d'Israele viene designata con le espressioni pressoché equivalenti *'edah* e *qahal*, delle quali la prima evidenzia lo stato della comunità radunata, la seconda sottolinea il momento attivo della convocazione. I Settanta tradurranno i due termini prevalentemente con *synagoge* ed *ekklesia* e sarà questa espressione – in quanto indicativa del momento religioso in cui si costituisce l'assemblea del Signore – ad entrare nell'uso per designare la comunità convocata da Dio mediante l'annuncio della fede pasquale ("Chiesa di Dio"), anche perché il vocabolo "sinagoga" era diventato in ambiente greco il nome proprio della comunità religiosa giudaica e del suo luogo di adunanza. La distinzione fra *'am* e *goyim*, designanti rispettivamente il popolo eletto e gli altri popoli, fu resa in greco con i termini *laos* e *ethne*, usati nel linguaggio del Nuovo Testamento per qualificare il popolo di Dio da una parte e i pagani – o le genti – dall'altra. Già questa terminologia dice quanto la Chiesa si sia riconosciuta in continuità con Israele.

Al pari di Israele, la Chiesa si concepisce come popolo in esodo, radunato nelle dodici tribù: "Ed ora – dirà Paolo davanti al suo giudice – mi trovo sotto processo a causa della speranza nella promessa fatta da Dio ai nostri padri, e che le nostre dodici tribù sperano di vedere compiuta, servendo Dio notte e giorno con perseveranza. Di questa speranza, o re, sono ora incolpato dai Giudei!" (*At.* 26,6s.). La scelta dei Dodici (cfr. *Mc.* 3,13-19) mostra come lo stesso Gesù abbia inteso la sua comunità nella continuità con Israele: e come tale essa vive la sua speranza escatologica (cfr. *Ap.* 21,12-14). Gerusalemme – percepita nella tradizione ebraica

---

Nuova, 1982; Id., *Die Kraft der Wurzel. Judentum - Jesus - Kirche*, Freiburg - Basel - Wien, 1987; C. Thoma, *Teologia cristiana dell'ebraismo*, Casale Monferrato, Marietti, 1983. J.T. Pawlikowski, *Judentum und Christentum*, in *Theologische Realenzyklopädie* Band XVII, 3/4, Berlin - New York, Walter de Gruyter, 1988, pp. 386-403, fornisce, con un'ampia recensione di posizioni, una ricca bibliografia.

come punto di raccolta dei dispersi e luogo santo della salvezza donata da Dio – resta nella coscienza cristiana la città escatologica, che scende dal cielo (cfr. *Gal.* 4,26s.; *Ap.* 21,2), pur essendo al tempo stesso il centro storico in cui si compie la redenzione e da cui parte l'annuncio a tutte le genti. Anche l'idea neotestamentaria di regno di Dio, oggetto e cuore della predicazione di Gesù, è profondamente radicata nell'Antico Testamento: e come Israele non si identifica con la regalità dell'eterno, così la Chiesa sa di essere solo il seme e la caparra del Regno (si pensi alle parabole del Regno in *Mt.* 13).

È soprattutto però la relazione con il Dio dell'alleanza l'elemento di continuità fra le comunità dell'Antico e del Nuovo Patto: entrambe sono il popolo di Dio. L'Eterno si è autodestinato a Israele nel legame dell'alleanza: ed Israele riconosce di esistere grazie a Lui e per Lui, come Sua proprietà, Suo alleato, Suo santuario fra i popoli, "regno di sacerdoti e nazione santa" (*Es.* 19,6: cfr. *1 Pt.* 2,9 e *Ap.* 5,10). È parimenti l'esperienza della salvezza che dà alla Chiesa la coscienza di essere il popolo di Dio, concepito con le stesse categorie del popolo eletto: gregge, campo di Dio, vigna scelta, edificio di Dio, Sua dimora, tempio santo, "Gerusalemme che è in alto" e "madre nostra" (*Gal.* 4,26; cfr. *Ap.* 12,17), sposa che il Signore "ha amato e per la quale ha dato se stesso, al fine di renderla santa" (*Ef.* 5,25-26).[15] E come Israele riconosce la sua missione nell'essere il popolo tra i popoli, segno e strumento della salvezza dell'eterno per tutte le genti, pur se in una continua tensione fra particolarismo e universalismo, così la Chiesa si sentirà chiamata a portare la salvezza fino agli estremi confini della terra, come segno levato fra le nazioni (cfr. *Mc.* 16,15s.; *Mt.* 28,18-20). E come Israele vive nell'attesa vigile e speranzosa del compimento delle promesse di Dio, così la Chiesa è popolo della speranza, teso fra il "già" del dono del Signore e il "non ancora" dello *shalom* universale (cfr. ad es. *1 Cor.* 15,20-28; *Ap.* 22,17-20). "E così – osserva San Tommaso d'Aquino – i padri dell'antico Patto appar-

---

[15] Cfr. *Lumen Gentium*, 6.

tenevano allo stesso corpo della Chiesa al quale noi apparteniamo".[16]

Esiste dunque un'unica alleanza, da cui nasce l'unico popolo di Dio nella storia? La continuità fra Israele e la Chiesa autorizzerebbe a pensarlo:[17] e l'argomento decisivo sarebbe l'irrevocabilità dell'elezione e la fedeltà dell'Eterno al patto stretto col Suo popolo. Proprio perché entrambe popolo di Dio, le comunità del Primo e del Nuovo Testamento, congiunte in un unico disegno di grazia e di misericordia divine, sarebbero l'unico popolo in cammino verso la stessa patria escatologica, chiamato a un medesimo compito di testimonianza messianica. L'evento Cristo non costituirebbe allora una cesura, ma un approfondimento e soprattutto una dilatazione, in forza della quale l'incontro col Dio di Abramo, di Isacco e di Giacobbe sarà reso possibile a tutte le genti. Lo scisma intervenuto storicamente fra Chiesa e Israele non rispecchierebbe la volontà divina, secondo la quale le due comunità dovrebbero continuare a svolgere il loro ruolo nella comunione reciproca sotto il segno dell'unico progetto di salvezza del mondo: Israele come radice, tenace testimone del mistero dell'elezione che separa e consacra; la Chiesa come albero, i cui rami si estendono al vento e al sole nello spazio del tempo, fecondo in sempre nuove stagioni. Gesù Cristo, soprattutto nel Suo aspetto di Servo sofferente e di Messia crocifisso, sarebbe l'anello di congiunzione fra le due comunità: sintesi della storia di sofferenza del popolo eletto nella Sua passione, sorgente della missione tesa al compimento della salvezza universale nella Sua resurrezione. "Torah fatta carne" (J. Schoneveld), in Lui il significato più profondo della Legge sarebbe

---

[16] "*Et ita Patres antiqui [veteris Testamenti] pertinebant ad idem corpus Ecclesiae ad quod nos pertinemus*": S. Tommaso, *Summa Theol.* III, q. 8, a. 3, ad 3um («*Utrum Christus sit caput omnium hominum*»).

[17] È appunto la tesi dell'alleanza unica, sostenuta da autori come M. Hellwig, M. Dubois, P. van Buren, N. Lohfink: cfr. l'accurata informazione di J.T. Pawlikowski, *Judentum und Christentum*, cit., pp. 393-398.

divenuto trasparente alle genti: vivere al cospetto di Dio come autentica immagine di Lui.

Per quanto suggestiva, una simile lettura non evita due rischi: il primo, di riprendere la vecchia tesi della "sostituzione", per la quale la Chiesa realizza compiutamente ciò che è implicito in Israele, e perciò ne prende il posto nel mistero della redenzione; il secondo, di ridurre la novità cristiana a una dimensione prevalentemente "quantitativa", nel senso che ciò che di nuovo avrebbe operato Gesù sarebbe l'ingresso dei pagani nel dono dell'alleanza e nella pratica, autentica e liberante, della Legge. Sotto entrambi i profili, la tesi dell'unicità dell'alleanza, se rende ragione della profonda continuità fra la Chiesa dell'Antico e quella del Nuovo Patto, non riesce a spiegare adeguatamente la novità che, proprio distinguendole, le unisce. Occorre allora riconoscere la discontinuità in tutto il suo significato: "Ciò che l'Ebraismo ha posto irrevocabilmente al termine della storia, come il momento in cui culmineranno gli eventi esterni, è divenuto nel Cristianesimo il centro della storia, la quale si trova allora promossa al titolo particolare di storia della salvezza".[18]

Se per Israele – l'esploratore che cammina avanti – il "già" della fede è l'alleanza stretta da Dio con i Padri e il "non ancora" della speranza è il compimento escatologico delle promesse dell'eterno nello *shalom* universale, per la Chiesa – l'esploratore che segue dietro l'altro – il "già" è l'avvento del Figlio di Dio nella carne e il realizzarsi del Suo mistero pasquale, che troverà pieno e definitivo compimento nel momento in cui Cristo ricapitolerà tutto in sé e consegnerà tutto al Padre e Dio sarà tutto in tutti (cfr. *1 Cor.* 15,28). Verso questo "non ancora" dell'ultimo avvento, che sarà il ritorno glorioso del Signore, la Chiesa tende nel pellegrinaggio del tempo. Proprio così, però, i due popoli restano accomunati nel segno di una ricchissima tensione messianica...

---

[18] G. Scholem, *Concetti fondamentali dell'ebraismo*, cit., pp. 107s.

La messianicità dei due popoli

Per la fede cristiana, Gesù è il Messia atteso dalla speranza ebraica, compimento delle promesse fatte ai Padri e al tempo stesso promessa di un nuovo e definitivo compimento, che si consumerà nella gloria dell'*eschaton*. In questo senso, la Chiesa sa di portare in sé la speranza d'Israele, perché attende il pieno realizzarsi della promessa messianica: e tuttavia, sa di diversificarsi dal popolo dell'Antica Alleanza, perché riconosce che l'ultimo tempo è già iniziato nella storia di Gesù, Signore e Cristo, e di questa escatologia in atto di realizzarsi si sente al tempo stesso protagonista e recettiva. La coscienza di questa novità, pur nella continuità col popolo dell'antico patto, è veicolata chiaramente nel Nuovo Testamento: la Chiesa si riconosce "Israele di Dio" (*Gal.* 6,16), contrapposto all'Israele secondo la carne (cfr. *1 Cor.* 10,18), discendenza di Abramo ed erede secondo la promessa proprio in quanto appartenente al Cristo, il Messia venuto (cfr. *Gal.* 3,29 e *Rm.* 9,6-8). La sottolineatura di questa novità induce a pensare a due alleanze: all'Antico Patto segue il Nuovo, all'economia dell'alleanza sinaitica, la nuova ed eterna alleanza sancita nel sangue di Cristo sulla Croce.[19]

---

[19] Cfr. J.T. Pawlikowski, *Judentum und Christentum*, cit., pp. 398ss. La "teologia delle due alleanze" va dalle contrapposizioni piuttosto semplicistiche di un J. Parkes (l'esperienza del Sinai destinata alla comunità, quella del Golgota al rapporto fra l'individuo e Dio) a un'ampia serie di interpretazioni intermedie. Fra queste spiccano quella di C. Thoma, *Teologia cristiana dell'ebraismo*, cit., che evidenzia le scelte operate da Gesù stesso fra le varie forme dell'attesa messianica di Israele (tutt'altro che omogenee fra loro!) e vede la novità cristiana nel fatto che il Profeta galileo annuncia l'avvento del Regno di Dio e lo collega alla Sua persona e alla Sua opera; e quella di F. Mussner, *Il popolo della promessa*, cit., che coglie la novità nel profondissimo rapporto di unità che c'è fra Gesù e Dio, e quindi nell'Incarnazione, intesa come radicalizzazione della promessa, più che suo compimento realizzato (a riprova, si adducono le anticipazioni della "cristologia del Figlio" presenti nella letteratura sapienziale dell'Antico Testamento: cfr. ivi, pp. 380-389).

È da questa "teologia delle due Alleanze" che è stata ispirata la contrapposizione fra Ebraismo e Cristianesimo, spinta fino a vedere nella Chiesa il nuovo Israele e a svuotare di ogni valore la permanenza del popolo eletto. Perciò è necessario precisare che le due Alleanze sono e restano all'interno dell'unico disegno di Dio, che raduna il Suo popolo nella storia. Proprio per questo, Ebraismo e Cristianesimo sono e restano entrambe "istituzioni aperte", rese tali dalla loro radicale dipendenza dall'iniziativa divina nella storia: "Il cristianesimo è un'istituzione aperta, destinata a tutti gli uomini e a tutti i tempi, e relativa ad essi. Esso è qui e nello stesso tempo è ancora sempre in divenire e crescita. [...] Il cristiano che concepisce e predica la sua Chiesa come un semplice sistema, come un'istituzione statica e completa o come un'ideologia, la degrada e la riduce. [...] il cristianesimo è aperto in modo speciale nei confronti dell'ebraismo. La Chiesa è imparentata in maniera unica con esso [...]. I cristiani devono perciò prestare attenzione agli ebrei e all'ebraismo e prenderlo seriamente nella sua autonomia e affinità col cristianesimo. Debbono ascoltare, attendere e credere. [...] Anche l'ebraismo è una comunità aperta. Tale carattere gli è inerente già dal tempo dell'antico Testamento [...]. Come nel caso del cristianesimo, anche l'apertura dell'ebraismo è orientata principalmente al futuro [...]".[20]

I due esploratori della terra di Canaan dovranno allora continuare a camminare verso la stessa meta, misteriosamente uniti dalla Croce di Cristo e dallo stesso canto: non l'uno contro l'altro, né solo l'uno accanto all'altro, ma l'uno per l'altro, entrambi rivolti al compimento escatologico delle promesse di Dio.[21] Ma come potrà avvenire questo?

L'affermazione decisiva consiste nel riconoscimento della peculiarità storico-salvifica e del significato religioso permanente dell'Ebraismo come dato irrinunciabile per la fede cristiana. L'aver obliato o trascurato questo dato, fondato nelle convinzioni espres-

---

[20] C. Thoma, *Teologia cristiana dell'ebraismo*, cit., pp. 204-205.
[21] Cfr. le tesi della Parte Terza: *ibid.*, pp. 162ss. e 188ss.

se da Paolo nella sua *Lettera ai Romani* (cap. 11), è stato non solo causa di immani sofferenze per il popolo ebraico, fatto oggetto di rifiuto e di persecuzione, culminati nella tragedia della *Shoah*, ma anche motivo di impoverimento e di alienazione per lo stesso Cristianesimo. Si comprende allora come molte delle interpretazioni proposte nel passato per comprendere la relazione fra Israele e la Chiesa debbano essere abbandonate o superate. Dal punto di vista storico i modelli interpretativi con cui la comunità cristiana si è rapportata all'Antico Testamento sono andati dal dualismo di contrapposizione fra l'antico e il nuovo Israele all'allegorismo di semplice sostituzione, dall'uso strumentale delle testimonianze dell'antico Patto alla ricerca di un'effettiva complementarità.[22]

Il "modello dualistico" contrappone il Nuovo patto all'Antico. Marcione e il movimento ereticale a lui ispirato, sviluppatosi intorno alla metà del II secolo, ne sono la rappresentazione emblematica con la tesi espressa dall'uso forzato del testo di *Lc.* 5,36-39 : "Non si versa il vino generoso del Vangelo nei vecchi otri dell'ebraismo".[23] L'opera di Gesù sarebbe consistita nel liberare gli uomini dall'opprimente dominio della Legge e dell'implacabile giustizia divina, per offrire loro la buona novella della misericordia e del perdono, raggiungendo anche i lontani con il supremo dono d'amore della Sua morte in Croce. Nelle *Antitesi*, che faceva precedere al canone biblico da lui fissato, Marcione classificava e selezionava i testi della Scrittura in base a questo fondamentale criterio dualistico, ritenendo di dimostrare così la malvagità del Dio dei giudei, e di far risplendere la superiorità del Vangelo.[24] Per la sua

---

[22] Cfr. C. Di Sante, *L'Antica e la Nuova Alleanza. Il rapporto tra i due Testamenti*, in *Israele e le genti*, a cura di S. Quinzio - C. Di Sante, Roma, AVE, 1991, pp. 53-71.
[23] Così sintetizzava questa posizione J. Isaac, *Gesù e Israele* (1948), Firenze, Nardini, 1976, p. 86. È proprio la persistente influenza della mentalità marcionita che potrebbe rendere equivoco l'uso dell'espressione "Nuova Alleanza": cfr. N. Lohfink, *L'alleanza mai revocata*, cit., pp. 17ss.
[24] Cfr. A. von Harnack, *Marcion: das Evangelium vom fremden Gott*, Leipzig, 1924². Interessante l'informazione che dà Ireneo di Lione, *Adversus Haereses*, I, 27, 1-3, classificando Marcione fra gli gnostici.

esaltazione della novità evangelica, per il suo forte paolinismo e per la radicalità dei suoi giudizi, il marcionismo, sebbene rifiutato dalla Chiesa, eserciterà un grande influsso sulla coscienza cristiana e sarà certamente una delle cause remote dell'antisemitismo che non cesserà di serpeggiare in essa. L'ispirazione gnostica che lo anima, in forza della quale la rivelazione è sottoposta al giudizio più o meno arbitrario di un criterio fissato razionalmente, farà però avvertire in maniera diffusa l'estraneità fra l'atteggiamento dualistico e la coscienza cristiana, che non può tollerare la cancellazione dell'Antico Testamento, pena la perdita delle sue stesse radici.

Anche contro l'arbitrio del modello dualistico si andrà configurando nella storia della teologia cristiana il "modello allegorico". L'Antico Testamento è accettato e studiato con amore, ma se ne opera una spiritualizzazione tesa a spiegare ogni aspetto della lettera veterotestamentaria alla luce dello Spirito del Nuovo Testamento. Eccellerà in quest'opera di simbolizzazione e di progressive inclusioni fra il piano storico e quello cristologico la Scuola alessandrina (Clemente, Origene): la lettera rimanda al senso spirituale. L'uso dell'esegesi allegorica spinge a riconoscere – a volte anche forzatamente – il non detto nel detto (allegoria è, appunto, "dire altro").[25] Il risultato del procedimento sarà lo svuotamento dell'Antico Testamento, operato non esteriormente per via di semplice soppressione, ma dal di dentro, in quanto lo si priverà della sua intenzionalità propria, immettendovene un'altra, spesso del tutto estranea al senso originario. In tal modo, la sostituzione della Chiesa a Israele sarà compiuta nello stesso testo che è a fondamento dell'identità della fede ebraica. Di questo processo risentirà lo stesso Cristianesimo, indebolito nei suoi fondamenti storici: condizionata dal dualismo greco-ellenistico, la tendenza allegorica, spiritualizzando la lettera, finirà col destoricizzare la stessa fede cristiana. Se ciò che è detto nel Nuovo è già presente nell'Antico,

---

[25] Cfr. M. Simonetti, *Lettera e/o allegoria. Un contributo alla storia dell'esegesi patristica*, Roma, Institutum Patristicum Augustinianum, 1985.

nella forma del tipo o dell'allegoria, "è abolita non soltanto la storia della salvezza contenuta nel Vecchio Testamento, ma perdono il loro valore di avvenimenti storici anche il fatto unico dell'incarnazione di Gesù Cristo e quello della predicazione di questa incarnazione da parte degli apostoli".[26]

Nel modello dualistico gioca dunque una logica di contrasto, come in quello allegorico una logica di sostituzione effettiva. Nel cosiddetto "modello antologico" è un procedimento di integrazione a prevalere: il resto d'Israele, inteso come il meglio che l'Antico Testamento ha saputo esprimere, viene assunto e integrato nell'identità spirituale della Chiesa. Si opera in tal modo una strumentalizzazione dell'antico patto e delle sue testimonianze: si ricorre ad esse nel rispetto del loro significato storico, ma se ne fa uso selettivamente, privilegiando ciò che sembra più valido universalmente o ciò che appare più facilmente interpretabile in chiave cristologica. Non si nega Israele del tutto, ma se ne compie un'effettiva cancellazione parziale. Anche qui il rischio che si affaccia è lo svuotamento dell'Antica Alleanza e la sua pura e semplice assimilazione alla Nuova. Un'interpretazione della formula "il Nuovo Testamento era latente nell'Antico, l'Antico è manifesto nel Nuovo"[27] che andasse in questa direzione, vanificherebbe il dinamismo in cui si realizza l'economia divina, trascurando il carattere di storicità proprio della rivelazione ebraico-cristiana. L'origine di questo modo di interpretare sembra risalire addirittura al fatto che, quando il canone neotestamentario non era ancora redatto né fissato, i cristiani si sforzavano di cogliere nell'unico canone a loro disposizione, quello veterotestamentario, la storia di Gesù, centro e fondamento della loro fede. Di qui all'interpretazione apologetica dell'Antico Testamento il passo fu breve.

Ciò che occorre allora salvaguardare nel rapporto fra la Chiesa e Israele è il valore dell'Antica Alleanza in se stessa e il perma-

---

[26] O. Cullmann, *Cristo e il tempo*, Bologna, Il Mulino, 1969⁴, p. 163.
[27] Cfr. S. Agostino, *Quaestiones in Heptateuchum* l. 2, q. 73: "*Novum Testamentum in Vetere latebat; Vetus nunc in Novo patet*": PL 34, 623.

nente significato religioso d'Israele, postulato da Paolo in forza della fedeltà di Dio al Suo patto. È il cosiddetto "modello della complementarità" che qui si affaccia: l'Antico Testamento ha un valore strutturale, fatto proprio dallo stesso Gesù, ebreo ed "ebreo per sempre". La visione della realtà caratteristica della radice santa consta di un elemento fondamentale, che l'esistenza del popolo ebraico ha continuato tenacemente a testimoniare nella storia, nonostante tutti i tentativi di assimilazione o di soppressione compiuti nei suoi confronti. Questo elemento, vero centro e cuore dell'Ebraismo, è l'alleanza con Dio. Tutto per l'ebreo si riferisce al Patto: il mondo buono e bello della creazione, la difficile libertà dell'essere umano, il destino del popolo eletto, pur tante volte infedele. Tutto, attraverso l'ascolto dell'eterno, domandato ogni giorno e più volte al giorno nello *Shema'*, si orienta a Lui, che va amato "con tutto il cuore", cioè nell'insieme dei conflitti che attraversano questa sorgente di vita, soggetta all'attrazione del bene e del male, "con tutta l'anima", fino al dono di sé, "con tutte le forze", senza risparmio di alcuno dei propri mezzi (cfr. *Dt.* 6,4s.). Gesù stesso ha vissuto questa spiritualità dell'alleanza: egli è il nuovo Adamo, che obbedisce dove l'altro ha fallito. Gesù è il sì all'alleanza (cfr. *2 Cor.* 1,20), il compimento nella sua stessa persona del patto di amore eterno fra Dio e il suo popolo, l'Israele realizzato secondo il cuore di Dio.

Il Nuovo Testamento incarna dunque l'Antico nel senso che l'alleanza realizzata in Gesù rende possibile la comprensione del Patto nella pienezza del suo senso più vero. Non è questione di una o due alleanze: l'economia del Patto è una sola e consiste precisamente nel disegno d'amore di Dio per il Suo popolo, in quello che Paolo chiamerà il mistero nascosto dai secoli (cfr. *Rm.* 16,25). Ma i tempi, le forme e il grado di realizzazione cambiano: l'alleanza con Noè non è quella con Abramo, e questa non è ancora quella del Sinai. L'alleanza del Golgota e della Pasqua di resurrezione non nega le altre, le porta a compimento. Perciò fra i due popoli dell'economia dell'alleanza non può che esserci complementarità: il Nuovo illumina, l'Antico si lascia illuminare, ma a sua volta è in se stesso indispensabile per comprendere la luce del Nuovo. Grazie a questa funzione ermeneutica, alla luce del Nuovo i testi dell'Antico Testamento verranno ora assunti, ora ridimensionati, ora riportati alla priorità indiscussa dell'amore di Dio: né potrà essere mai obliata la novità dell'incarnazione del Figlio, che sorpassa ogni attesa. L'Antico Testamento resta però nel suo valore di struttura, nel suo fondamentale modo di vedere il mondo, l'uomo, la storia nella luce dell'alleanza con Dio: e questo spiega perché la permanenza d'Israele, testimone tenace di questa visione del mondo fra i popoli, non è minaccia né impoverimento della Chiesa, ma ricchezza per essa, e la Chiesa, popolo di Dio, non è annullamento dell'antico, ma offerta permanente, rispettosa e fiduciosa, della pienezza possibile.

Perciò, "essendo tanto grande il patrimonio spirituale comune ai cristiani e agli ebrei", il Concilio Vaticano II ha voluto "promuovere e raccomandare tra loro la mutua conoscenza e stima, che si ottengono soprattutto dagli studi biblici e teologici e da un fraterno dialogo".[28] Fatti salvi i cammini individuali sempre possibili e ricchi di senso profetico, i due popoli, come i due esploratori della Terra Promessa, dovranno dunque camminare insieme in una sorta di processo di riconciliazione sempre *in fieri*, fino al tempo in cui confluiranno nell'unico popolo del tempo escatologico, che i cristiani attendono come frutto pieno della riconciliazione attuata nel sangue del Messia crocifisso e risorto, segno levato per attirare a sé tutti i popoli nell'universale pellegrinaggio verso la Gerusalemme del compimento finale.

---

[28] *Nostra Aetate*, par. 4. Cfr. per la raccolta dei più importanti documenti, L. Sestieri - G. Cereti (a cura di), *Le Chiese cristiane e l'ebraismo 1947-1982*, Casale Monferrato, Marietti, 1983. Si veda, inoltre, M. Pesce, *Il cristianesimo e la sua radice ebraica. Con una raccolta di testi sul dialogo ebraico-cristiano*, Bologna, Edizioni Dehoniane, 1994, con presentazione e commento dei documenti ufficiali della Chiesa dal Concilio Vaticano II in poi.

Erich Zenger

L'alleanza mai revocata.
Inizi di una teologia cristiana dell'Ebraismo

1. Fondamenti di una nuova teologia cristiana dell'Ebraismo

Perlomeno nell'ambito della teologia cattolica e protestante domina attualmente un consenso ecumenico su alcuni principi ritenuti fondamentali nell'elaborazione di una visione cristiana dell'Ebraismo.[1] Vorrei ribadirli qui, brevemente, poiché essi rappresentano il punto di partenza delle mie riflessioni:

1) Dio non ha mai revocato la sua alleanza con Israele. Israele è e rimane il popolo eletto da Dio, pur non accettando la fede in Gesù come proprio Messia. Questo "no" di Israele a Gesù come Cristo può essere inteso e rispettato anche dai cristiani come fedeltà degli ebrei alla loro tradizione biblica. L'accusa di aver ucciso Dio, sollevata per secoli dai cristiani contro gli ebrei, non soltanto era storicamente falsa, ma deve essere rifiutata pure in prospettiva teologica.

2) È vero che tra Cristianesimo e Giudaismo sussistono profonde differenze nella rispettiva auto-comprensione; allo stesso tempo, però, vi è una comunanza fondamentale. La Chiesa ha un

---

[1] Cfr. le visioni panoramiche di H.H. Henrix, *Judentum und Christentum. Gemeinschaft wider Willen*, Regensburg, Pustet, 2004 e R. Kampling - M. Weinrich (a cura di), *Dabru emet – redet Wahrheit. Eine jüdische Herausforderung zum Dialog mit den Christen*, Gütersloh, Kaiser, 2003. Per il contesto storico della dichiarazione *Nostra Aetate*, cfr. E. Zenger, *Nostra aetate. Der notwendige Streit um die Anerkennung des Judentums in der katholischen Kirche*, in G.B. Ginzel - G. Fessler (a cura di), *Die Kirchen und die Juden. Versuch einer Bilanz*, Gerlingen, Lambert Schneider, 1997, pp. 49-81.

rapporto unico con l'Ebraismo, un rapporto che non ha con nessun'altra religione. Come ha affermato Papa Giovanni Paolo II, l'Ebraismo non è un elemento esterno per la Chiesa, ma appartiene in qualche modo al nucleo stesso del Cristianesimo. Questa condivisione di orizzonti risulta dallo storico dato di fatto che il Cristianesimo ha molteplici radici nel Giudaismo biblico e che Gesù era un ebreo, e produce una singolare comunità di percorsi tra Ebraismo e Cristianesimo nella loro forma odierna.

3) Espressione e realizzazione di questa attuale comunità di percorsi è il dialogo ebraico-cristiano. Questo, come dialogo ebraico-cattolico, si sviluppa a partire dal Concilio Vaticano II su molteplici piani. Analogamente, in Europa e negli Stati Uniti vi è un dialogo ebraico-protestante che presenta diverse configurazioni. Il dialogo si pone tre obiettivi: a) indagine e presa di coscienza della storia del Cristianesimo come una storia di colpe nei confronti dell'Ebraismo; b) comprensione reciproca più profonda; c) iniziative comuni nell'ambito sociale e politico.

Questi principi basilari, che trovano nella Bibbia il fondamento e la necessità della loro formulazione, significano un chiaro "no" all'avversione e persecuzione cristiana degli ebrei che si è protratta per secoli e rappresentano allo stesso tempo una revisione profonda della considerazione dell'Ebraismo finora sostenuta dalla Chiesa. La genesi di questa erronea considerazione ci diviene oggi sempre più chiara grazie alla ricerca storica.

2. Sulle tradizionali motivazioni teologiche dell'avversione cristiana per gli ebrei

2.1 La teologia dell'alleanza nella *Lettera agli Ebrei*

Il primo fattore dell'avversione verso gli ebrei da parte della Chiesa, che già nel corso del II secolo condusse alla condanna teologica dell'Ebraismo, fu la lotta per il diritto a presentarsi come vera religione – una lotta che entrambe le religioni, Ebraismo e

Cristianesimo, condussero animosamente dopo la loro separazione istituzionale. Qui bisogna considerare che il Cristianesimo, come il soggetto più forte non soltanto dal punto di vista numerico ma anche dal punto di vista politico, disconobbe all'Ebraismo le prerogative salvifiche che a questo spettavano in base ai fondamenti biblici, proclamò se stesso come nuovo e vero Israele e precipitò l'Ebraismo in una condizione priva di ogni salvezza, in uno stato di ottenebramento considerato malvagio.

Per certi aspetti questa visione negativa si ispirò anche all'antitesi tra "antica" e "nuova" alleanza che si rinveniva nella lettura della *Lettera agli Ebrei*, ed in particolare del passo di *Eb.* 8, 13: un'antitesi mal compresa, non corrispondente al testo nella sua attuale interpretazione. Questo versetto venne considerato fino alla metà del XX secolo come *locus classicus* della cosiddetta "teoria della sostituzione", in base alla quale l'antica alleanza di Dio con Israele era giunta alla fine con la nuova alleanza di Dio con la Chiesa e quest'ultima subentrava a Israele nella sua posizione storico-salvifica.

In *Eb.* 8,8b-12 viene citato alla lettera il noto passo di *Ger.* 31,31-34 sulla promessa della nuova alleanza (torneremo più tardi su questo testo). Allo stesso tempo, però, la citazione da *Geremia* viene situata in una cornice interpretativa che non soltanto ha una valenza essenzialmente critica nei confronti di Israele, ma sembra perfino annunciare la fine teologica dell'Ebraismo.

Prima della citazione da *Geremia* compare in *Eb.* 8,6-8a un'affermazione comparativa su Cristo come mediatore di una "alleanza migliore": "Ora invece egli [si legga: il Cristo] ha ottenuto un ministero tanto più eccellente quanto migliore è l'alleanza di cui è mediatore, essendo questa fondata su migliori promesse. Se la prima infatti fosse stata perfetta, non sarebbe stato il caso di stabilirne un'altra. Infatti egli [si legga: il profeta Geremia] li biasima [gli Israeliti] dicendo: [segue la citazione da *Ger.* 31,31-34]".

Dopo la citazione, il testo continua (*Eb.* 8,13): "Dicendo però alleanza nuova, egli [il profeta Geremia] ha dichiarato antiquata la prima; ora, ciò che diventa antico e invecchia, è prossimo a sparire".

Contrariamente alla comprensione di *Eb.* 8 precedentemente diffusa, l'antitesi di "prima alleanza" (*prote diatheke*) e "nuova alleanza" (*kaine diatheke*) non intende contrapporre, sul piano storico-salvifico, un'epoca di salvezza pre-cristiana alla nuova epoca di salvezza inaugurata dal Cristo, e nemmeno un Giudaismo considerato superato a un Cristianesimo inteso come migliore. Nell'orizzonte della peculiare cristologia della *Lettera agli Ebrei* si tratta piuttosto del contrasto tra la remissione delle colpe legata al culto del tempio e la riconciliazione di tutti gli uomini con Dio avvenuta una volta per tutte attraverso il Cristo. La *Lettera agli Ebrei* riprende la concezione dell'alleanza del Sinai nella prospettiva cultica-sacerdotale tipica della Bibbia di Israele, e considera il culto del tempio come una "volontà espiatoria" di carattere terreno e umano, che è stata resa vana da Dio una volta per tutte sulla croce e si mostra perciò superata sul piano storico-salvifico.

Il motivo – continuamente sostenuto nell'interpretazione – della rottura dell'alleanza da parte di Israele, o del ripudio del popolo dell'antica alleanza, non viene invece fatto proprio in alcun passo dall'autore. Nella *Lettera agli Ebrei* non si tratta di una polemica teologica contro ciò che è giudaico, ma di una relativizzazione ontologica di quanto è terreno. Il concetto da contrapporre alla "nuova alleanza" non è quindi l' "antica alleanza" nell'ottica storico-salvifica, ma "il culto terreno" in senso metafisico".[2]

E qui è importante notare che la *Lettera agli Ebrei*, redatta nell'ultimo terzo del I secolo (di certo, dopo la distruzione del Tempio), formulando quale unico scritto neotestamentario una sistematica "teologia dell'alleanza", riprende la concezione della "nuova alleanza" per l'espiazione dei peccati già presente in *Geremia* 31 per delineare sistematicamente nell'orizzonte della Bibbia di

---

[2] K. Backhaus, *Gottes nicht bereuter Bund, Alter und neuer Bund in der Sicht des Frühchristentums*, in R. Kampling - Th. Söding (a cura di), *Ekklesiologie des Neuen Testaments*, Freiburg, Herder, 1996, pp. 33-55, 44.

Israele l'auto-comprensione della sua comunità giudaico-cristiana, come rivela il titolo dell'epistola *Agli Ebrei* (presumibilmente aggiunto solo successivamente). Questa offre ai suoi lettori la concezione di una "nuova alleanza" per definire teologicamente la posizione salvifica, la legittimità storico-salvifica propria del Cristianesimo... Il modello della nuova alleanza "diviene una formula pregnante e sintetica dell'identità cristiana".[3] Questa identità cristiana non viene definita nella *Lettera agli Ebrei* in contrapposizione al rimanente Giudaismo dell'epoca. Al contrario: la comunità cristiana cui si rivolge questa lettera si trova in un rapporto di continuità con la storia della salvezza di Israele.

Nella *Lettera agli Ebrei* il concetto di "nuova alleanza" non è un concetto ecclesiologico, bensì cristologico; con esso non viene certo rifiutata la Bibbia di Israele in quanto superata, né viene escluso dal rapporto di alleanza il popolo ebraico. Piuttosto, attraverso *Ger.* 31,31-34, si intende proclamare positivamente la comunità cristiana quale luogo di adempimento della promessa. Dunque, in *Eb.* 8,13 non si tratta né del rapporto "Primo Testamento" – "Nuovo Testamento", né delle dimensioni storico-salvifiche della "vecchia" e "nuova alleanza", e tanto meno della contrapposizione Ebraismo – Cristianesimo: il tema cruciale è, invece, quello della relazione tra "remissione dei peccati attraverso il culto del tempio" e "remissione dei peccati attraverso Gesù Cristo".

2.2 L'antigiudaismo protoecclesiastico e la sua influenza fino al Concilio Vaticano II

Questa situazione mutò presto, come si evince dalla *Lettera di Barnaba*, redatta intorno al 130 d.C., non recepita tra gli scritti canonici, eppure di grande influenza sul piano storico, e in quell'opera virulentemente antigiudaica, scritta verso il 150 d.C., che è il *Dialogus cum Tryphone* di Giustino Martire.

---

[3] *Ibid.*, p. 45.

Mentre la *Lettera di Barnaba*, mediante un'esegesi eclettica della pericope del Sinai nell'*Esodo* e in particolar modo nel *Deuteronomio*, affermava che Israele, a causa della sua apostasia per il vitello d'oro, non aveva affatto raggiunto la condizione salvifica dell'alleanza, la cui grazia era stata assegnata dal Cristo soltanto ai cristiani, Giustino Martire sviluppa per primo la teoria della sostituzione divenuta in seguito classica. In Giustino si trova anche per la prima volta il concetto di "antica alleanza" (*palaia diatheke*) nel senso storico-salvifico dell'antitesi rispetto all'alleanza nuova ed eterna, con il proposito di caratterizzare così Ebraismo e Cristianesimo come inconciliabili contraddizioni. Ora sorge la vera contrapposizione tra gli ebrei come il vecchio popolo dell'alleanza, rigettato a causa del suo ottenebramento, e il nuovo popolo cristiano dell'alleanza costituito da Cristo. Essi si contrappongono ulteriormente in un dualismo etico di "male" e "bene".

Questa tendenza antigiudaica "si rafforza in Ireneo da Lione, il sistematico della teologia dell'alleanza protocristiana, e in Tertulliano. Il modello dell'antica alleanza viene in questo modo connotato – con conseguenze che si protraggono fino al presente – con valenze negative e polemiche. Il modello della nuova alleanza non è più funzionale al collocamento dell'avvento di Cristo in un orizzonte soteriologico e a partire dalla storia profetica della promessa, ma diviene un modello legittimatorio per la Chiesa, rivolto segnatamente contro l'Ebraismo".[4]

A partire dalla metà del II secolo, dottrina e predicazione della Chiesa non parlano più di un'alleanza non revocata di Dio con Israele, ma di un'alleanza sciolta. L'Ebraismo post-biblico, che non era giunto a una fede in Gesù come Messia, veniva adesso considerato rigettato da Dio; le catastrofi che sconvolsero questo Ebraismo potevano essere interpretate dai teologi cristiani come un segno di questa riprovazione.

Questa antica visione ecclesiastica dell'Ebraismo comportò che anche altri passi neotestamentari (come *2 Cor.* 3 e *Gal.* 3-4)

---

[4] *Ibid.*, p. 51.

venissero letti alla luce dell'ermeneutica della sostituzione – contro il senso conferitogli da Paolo e soprattutto contro la "teologia di Israele" delineata da Paolo in *Rom.* 9-11, ma anche contro l'autocomprensione di Israele basata sul Primo Testamento.

Purtroppo questo antigiudaismo protoecclesiastico non è stato un fenomeno marginale all'interno della Chiesa, ma ha influenzato ampiamente il pensiero teologico fino ai giorni nostri. Ha rappresentato la teologia indiscussa anche di teologi di particolare rilievo, come si può notare addirittura in Karl Rahner. Nel *Piccolo Dizionario Teologico* da lui curato (insieme a Herbert Vorgrimler), la formulazione decisiva per la nostra discussione, contenuta nell'articolo *Antico Testamento, Antica Alleanza*, affermava quanto segue: "Gesù porta a compimento la legge e pone fine nel suo sangue all'antica alleanza".[5] Nella decima edizione, del 1976, completamente rielaborata, Vorgrimler ha apportato a questa frase una modifica lieve, eppure nella sostanza radicale. Adesso la frase afferma: "Gesù porta a compimento la legge e inaugura con il suo sangue la nuova alleanza".[6]

Nel 2000 Vorgrimler ha presentato un'edizione completamente nuova di questa enciclopedia. Qui egli riepiloga in questo modo la nuova visione teologica sul tema dell'alleanza: "È indiscutibile che l'alleanza di Dio con Israele continui a sussistere e che le promesse salvifiche rimangano sempre in vigore per gli ebrei. Sussiste un ampio consenso sul fatto che la 'nuova alleanza' non è subentrata alla 'vecchia'. Quando si parla di 'alleanze' o 'patti', non vengono intesi soltanto questi due, bensì i molteplici patti di alleanza dell'Antico Testamento. Si discute su quale sia il modo in cui le promesse di salvezza collegate all'alleanza abbiano validità per i seguaci di Gesù: rinnovamento dell'unica alleanza attraverso l'ebreo Gesù o ammissione dei cristiani all'unica alleanza in virtù del

---

[5] K. Rahner - H. Vorgrimler, *Kleines Theologisches Wörterbuch*, Freiburg, Herder, 1961, p. 16 (trad. it. *Dizionario di Teologia*, Roma – Brescia, Herder-Morcelliana, 1968).
[6] K. Rahner - H. Vorgrimler, *Kleines Theologisches Wörterbuch*, 10a ed. rivista, Freiburg, Herder, 1976, p. 15.

sacrificio di Cristo oppure estensione ai credenti delle promesse salvifiche dell'alleanza senza effettiva appartenenza a quest'ultima".[7]

2.3 Le nuove prospettive di Papa Giovanni Paolo II

La nuova posizione sull'alleanza con Israele (che Dio non ha revocato) caratterizza numerose affermazioni dottrinarie a partire dal Concilio Vaticano II. Nel suo discorso del 17 novembre 1980 a Mainz, di fronte ai rappresentanti degli ebrei tedeschi, Papa Giovanni Paolo II coniò la definizione, da allora spesso citata, di Israele come "il popolo dell'antica alleanza che Dio non ha mai revocato".[8] E nel *Catechismo della Chiesa cattolica* è scritto in modo parimenti inconfutabile: "L'Antica Alleanza non è mai stata revocata" (par. 121; cfr. anche par. 839).

Poiché il riferimento al popolo di Dio dell'antica alleanza, se usato in connessione alla definizione della Chiesa come il popolo di Dio della nuova alleanza, potrebbe suscitare l'equivoco che l'alleanza di Dio con Israele abbia una posizione secondaria, Giovanni Paolo II ha di recente e ripetutamente sostituito la categoria di "antica alleanza" semplicemente con quella di "alleanza" e ha definito Israele come "popolo dell'alleanza".

Rivolgendosi il 31 ottobre 1997 ai partecipanti di un colloquio sulle radici dell'antigiudaismo cristiano, il Papa disse: "Questo popolo viene convocato e guidato da Dio, il Creatore del cielo e della terra. La sua esistenza non è quindi una realtà puramente determinata da natura o cultura [...]. Si tratta piuttosto di un dato di fatto sovrannaturale. Questo popolo resiste a ogni circostanza e contro tutto, perché è il popolo dell'alleanza e perché Dio – nonostante l'infedeltà degli uomini – è fedele alla propria alleanza".[9]

---

[7] H. Vorgrimler, *Neues Theologisches Wörterbuch*, Freiburg, Herder, 2000, pp. 105ss. (trad. it. *Nuovo Dizionario Teologico*, Bologna, Edizioni Dehoniane, 2004).
[8] R. Rendtorff - H.H. Henrix (a cura di), *Die Kirchen und das Judentum. Dokumente von 1945-1985*, Gütersloh, Bonifatius: Paderborn/Kaiser, 1998, p. 75.
[9] H.H. Henrix - W. Kraus (a cura di), *Die Kirchen und das Judentum. Dokumente von 1986-2000*, Gütersloh, Bonifatius: Paderborn/Kaiser, 2001, p. 108.

Similmente, nel quarto *"mea culpa"* della solenne messa pontificale in San Pietro, la prima domenica di Quaresima dell'anno giubilare 2000, Israele venne definito come "il popolo dell'alleanza e delle benedizioni". La preghiera che seguì questo *"mea culpa"*, proferita allora dallo stesso Papa e in seguito, durante il suo pellegrinaggio a Gerusalemme, da lui scritta su un foglio e posta in una fessura del Muro occidentale (il cosiddetto Muro del pianto), dice letteralmente: "Dio dei nostri padri, tu hai scelto Abramo e i suoi discendenti per portare il tuo Nome fra i popoli. Siamo profondamente rattristati per il comportamento di coloro che nel corso della storia hanno provocato sofferenze ai tuoi figli e alle tue figlie. Chiediamo il Tuo perdono e vogliamo impegnarci in una fratellanza sincera con il popolo dell'Alleanza".[10]

Risulta chiaro da questa preghiera che con il Concilio Vaticano II è iniziata una nuova epoca del rapporto fra Chiesa ed Ebraismo, la cui dinamica e potenzialità teologica deve tuttavia ancora raggiungere il suo sviluppo. In che direzione spinga questa dinamica è quanto desidero tratteggiare nelle pagine seguenti. Cercherò in primo luogo di gettare uno sguardo sulla teologia biblica dell'alleanza, per discutere come debba esserne definita, a partire dalla Bibbia, la dignità teologica ormai riscoperta dalla Chiesa. In secondo luogo, in dialogo con il documento della Commissione Biblica *Il popolo ebraico e le sue Sacre Scritture nella Bibbia cristiana* (24 maggio 2001), mostrerò alcune conseguenze derivanti dalla nuova visione dell'Ebraismo.

3. La teologia biblica dell'alleanza come fondamento
   della nuova visione dell'Ebraismo

"Le affermazioni sull'alleanza dell'Antico Testamento presentano una molteplicità di aspetti e dimensioni. Ricorrono in diversi campi referenziali ed acquistano attraverso questi la loro rispettiva pienezza contenutistica [...]. Ciò nonostante si potrà riconoscere

---

[10] *Ibid.*, p. 154.

una linea comune nelle affermazioni sull'alleanza dell'Antico Testamento: si tratta in tutti i casi della prova della bontà e fedeltà divina che, eleggendo il popolo, ne rende possibile la vita e lo mantiene nella comunità con il suo Dio. Risulta qui chiaro, pur con tutti i problemi di comprensione e traduzione che presenta la parola ebraica *berit*, che si tratta di un'autodeterminazione di Dio che, nell'efficacia del suo vincolo, supera una promessa sigillata da giuramento".[11]

L'iniziativa dell'alleanza, in tutti i documenti biblici, risale a Dio stesso. L'alleanza viene posta liberamente da Dio, ovvero la parola "alleanza" caratterizza in primo luogo una decisione che vincola lo stesso Dio a favore del suo popolo Israele. Anche in quei passi in cui l'alleanza di Dio implica un legame di Israele al proprio Dio, in modo da trattarsi di un legame bilaterale ovvero reciproco, sussiste una fondamentale asimmetria: il popolo di Israele non può costituire né distruggere l'alleanza con Dio, poiché Dio solo, nella sua sovranità e nel suo amore, è fondatore e garante di questa alleanza. Israele è da una parte destinatario e beneficiario dell'alleanza, dall'altra è, in virtù dell'alleanza, obbligato da Dio alla sudditanza. Ma l'alleanza è e rimane sempre un dono di Dio e un segno della sua fedeltà. La traduzione greca della Bibbia sottolinea questo aspetto traducendo la parola ebraica *berit* non con *syntheke*, ma con *diatheke*: mentre *syntheke* metterebbe in rilievo la reciprocità dell'alleanza, *diatheke* suggerisce la posizione dell'alleanza a partire da Dio.

Non è possibile delineare qui, in modo differenziato e dettagliato, la complessa teologia dell'alleanza presente nell'Antico/Primo Testamento.[12] Ad ogni modo, per la nostra riflessione sull'ele-

---

[11] *Christen und Juden III. Schritte der Erneuerung im Verhältnis zum Judentum. Eine Studie der Evangelischen Kirche in Deutschland*, Gütersloh, Gütersloher Verlagshaus, 2000, p. 22.
[12] Nel frattempo sono uscite numerosissime pubblicazioni sul tema dell'alleanza. Per l'idea di alleanza che vado a sviluppare, cfr. H. Frankemölle (a cura di), *Der ungekündigte Bund? Antworten des Neuen Testaments*, Freiburg, Herder, 1998; W. Groß, *Zukunft für Israel. Alttestamentliche Bundeskonzepte und die aktuelle Debatte um*

zione a popolo dell'alleanza quale elemento costitutivo dell'identità ebraica ritengo importante sottolineare i seguenti aspetti.

3.1 Osservazioni linguistiche su *berit*

Se è vero che la parola ebraica *berit* ricorre solo al singolare nel Primo Testamento, essa viene comunque usata in contesti diversi. C'è innanzitutto l'alleanza di Dio con Abramo o con i patriarchi, c'è l'alleanza di Dio con Israele, e più precisamente con Mosè sul Sinai, c'è l'alleanza di Dio con Davide e c'è l'alleanza di Dio con Noè ed i suoi figli e quindi con tutte le creature viventi della terra. In *Sir.* 44-50 vengono elencati sette patti di alleanza: con Noè, Abramo, Isacco, Giacobbe, Aronne, Pinhas e Davide. E in *Ger.* 31,31-34 si parla di una "nuova alleanza" che Dio promette alla casa di Israele e alla casa di Giuda. Anche i verbi che vengono collegati alla parola *berit* per significare il realizzarsi dell'alleanza – "tagliare, concludere" (*karat*), "dare" (*natan*), "istituire, erigere" (*heqim*) – sottolineano aspetti diversi: alleanza bilaterale = alleanza fondata sul patto, oppure alleanza unilaterale = alleanza della promessa o della grazia.

Queste semplici osservazioni linguistiche sono di grande rilievo per l'importante questione teologica: quale rapporto sussiste tra queste diverse alleanze? Più precisamente: si tratta qui di più alleanze o di un'unica alleanza in diverse attualizzazioni? Da un punto di vista terminologico la risposta mi sembra abbastanza facile: da

---

den neuen Bund, Stuttgart, Katholisches Bibelwerk, 1998; N. Lohfink, *Der niemals gekündigte Bund. Exegetische Gedanken zum christlich-jüdischen Dialog*, Freiburg, Herder, 1989 (trad. it. *L'alleanza mai revocata. Riflessioni esegetiche per il dialogo tra cristiani ed ebrei*, Brescia, Queriniana, 1991); N. Lohfink, *Ein Bund oder zwei Bünde in der Heiligen Schrift*, in *L'interpretazione della Bibbia nella Chiesa. Atti del Simposio promosso della Congregazione per la Dottrina della Fede*, Città del Vaticano, Libreria Editrice Vaticana, 1999, pp. 273-303; N. Lohfink - E. Zenger, *Der Gott Israels und die Völker. Untersuchungen zum Jesajabuch und zu den Psalmen*, Stuttgart, Katholisches Bibelwerk, 1994; E. Zenger (a cura di), *Der Neue Bund im Alten*, Freiburg, Herder, 1993.

una parte i relativi testi biblici parlano di singoli atti in cui e attraverso cui si realizza l'alleanza, ovvero la parola *berit* significa innanzitutto "stipulazione" o "fondazione dell'alleanza". Ma al tempo stesso *berit* significa anche il risultato della fondazione dell'alleanza, quindi il rapporto o la relazione dell'alleanza.

Dunque, in risposta alla domanda "vi è una o vi sono più alleanze?", si impone la seguente considerazione: i singoli "patti di alleanza" raccontati e promessi nella Bibbia formano, nella loro continuità, una "storia dell'alleanza" di Dio con il suo popolo Israele e costituiscono un complesso, drammatico rapporto di alleanza di Dio con il suo popolo, ovvero c'è una sola ed unica alleanza di Dio con Israele, di cui la Bibbia di Israele reca testimonianza nelle diverse impronte della sua esperienza di Dio.

3.2 La genesi della concezione dell'alleanza (prospettiva diacronica)

Dal punto di vista della tradizione storica (quindi, in prospettiva diacronica) la concezione dell'alleanza di Dio acquista per la prima volta concretezza nell'alleanza dell'Oreb o del Sinai tramandata dalla teologia del Deuteronomio del VII secolo. Per un verso è ispirata dalla teoria del patto neoassirica, secondo cui il sovrano assoluto vincola a sé i suoi vassalli mediante la stipulazione di un patto, garantendo in contraccambio la loro protezione. Questa concezione viene trasposta al rapporto *YHWH*-Israele dai teologi del Deuteronomio. D'altro canto, è importante considerare che la teologia dell'alleanza è una trasformazione dell'annuncio di Dio che, secondo la testimonianza di *Os.* 11,1-11, ama a tal punto Israele da rimanere fedele al suo popolo nonostante questi lo rinneghi continuamente: "Non darò sfogo all'ardore della mia ira, non tornerò a distruggere Èfraim, perché sono Dio e non uomo, il Santo in mezzo a te" (*Os.* 11,9).

Qui in *Osea* (VIII secolo) troviamo già in sostanza la tesi dell'irrinunciabile amore e fedeltà di Dio per il suo popolo Israele, tesi poi sviluppata nella concezione dell'alleanza mai revocata ed indistruttibile. Questa concezione viene approfondita nell'epoca dell'esilio (VI secolo) mediante l'idea dell'alleanza di Dio con Abramo, Isacco e Giacobbe, le figure fondamentali del popolo di Israele. Questa cosiddetta "alleanza dei Padri", delineata dalla teologia sacerdotale, è nella sua concezione un'alleanza della promessa e della grazia. In prospettiva storica bisogna evidenziare che entrambe le concezioni dell'alleanza sono sorte in momenti di crisi esistenziale per Israele: dopo la fine del regno del nord nel 722 e dopo la distruzione di Gerusalemme nel 587, ovvero nell'epoca dell'esilio. "Alleanza" è quindi, per la sua stessa origine, un concetto soteriologico.

3.3 I testi sull'alleanza nel loro contesto biblico
(lettura sincronica)

Se si leggono i più importanti passi sull'alleanza nella sequenza del loro contesto prototestamentario (ovvero, in una prospettiva sincronica), risulta che secondo la testimonianza biblica la storia dell'origine di Israele deve essere considerata "in tutte le sue svolte fondamentali come provocata e accompagnata dall'agire di Dio che instaura l'alleanza. La storia di Israele è storia dell'alleanza, in quanto tratta di come Dio accompagna il percorso del suo popolo con continue dimostrazioni della sua fedeltà e bontà [...]. Ogni singolo patto di alleanza può essere ritenuto per un certo aspetto quale rinnovamento e conferma dei precedenti. Motivo ne è soltanto il mutamento delle situazioni e costellazioni storiche. Da nessun passo viene in luce che Dio abbia abolito o revocato un'alleanza precedente. È vero che il popolo, non mantenendo gli oneri dell'alleanza di cui si era fatto carico, può romperla con la sua disobbedienza ai comandi di Dio, eppure l'alleanza non decade per questo motivo. Essa viene costituita esclusivamente dalla bontà e fedeltà di Dio, non dal rapporto dei suoi destinatari umani".[13]

---

[13] *Christen und Juden III*, cit., p. 23.

Israele può sì violare e infrangere l'alleanza, non può però spezzare e distruggere il rapporto, perché Dio sostiene la sua alleanza ed è disposto a perdonarne la violazione e a rinnovarla. Questo diviene esemplarmente chiaro nella sequenza narrativa di *Es.* 19-34. Quando Israele, dopo il solenne rituale con cui viene conclusa l'alleanza ai piedi del Sinai (cfr. *Es.* 24,3-8), viola l'alleanza con il suo Dio YHWH adorando il vitello d'oro (cfr. *Es.* 32,9), Dio si rivela come il Dio della fedeltà e della misericordia (cfr. *Es.* 34,6-7), che punisce ma allo stesso tempo perdona la colpa e rinnova l'alleanza (cfr. *Es.* 34,10-28). Per questo motivo ricorre anche ripetutamente il riferimento all'alleanza "eterna" di Dio con il suo popolo (cfr., ad es., *Gen.* 17,7.13.19; *Sal.* 105,8-10; 111,5.9; così come *Is.* 54,10).

3.4 La promessa della nuova alleanza (*Ger.* 31,31-34)

Anche la "nuova alleanza", promessa alla casa di Israele e a quella di Giuda in *Ger.* 31,31-34, non avrà la funzione di sostituire l'alleanza conclusa con i padri di Israele, ma costituirà il suo definitivo rinnovamento alla fine dei tempi. Questa nuova alleanza, che porterà il compimento escatologico della storia dell'alleanza di Dio con il suo popolo Israele, non sta in discontinuità, bensì in continuità con l'alleanza del Sinai. La nuova alleanza promessa a Israele è pertanto una categoria precipuamente prototestamentaria. La "nuova" alleanza si radica nella "antica" e produce la comunità di un'alleanza con Dio che dura per sempre e non può più essere ferita da alcuna violazione. Non è qui possibile offrire una dettagliata esegesi di *Ger.* 31,31-34, dibattendo le diverse interpretazioni di questo importante testo. Mi devo limitare a scegliere gli aspetti che mi sembrano rilevanti per la comprensione di Israele come popolo dell'alleanza di Dio:

a) Nella semantica prototestamentaria, "l'aggettivo 'nuovo' significa 'intatto', come la misericordia di Dio ogni mattino (*Lam.* 3,23), [...] significa 'fresco', come i frutti di questa annata (*Lev.*

23,16; 26,10; *Num.* 28,26; *Cant.* 7,14), [...] 'fare nuovo' significa rinnovare quanto è logoro, disfatto, non però scoprire qualcosa di nuovo".[14] "Nuova alleanza" significa quindi innanzitutto un'alleanza di intatta forza vitale e freschezza. La connotazione "nuovo" non rappresenta qui alcuna opposizione a "vecchio" nel senso di antiquato o addirittura non più esistente, ma significa "colmo di nuova vitalità". L'alleanza nuova non è "qualcosa di completamente nuovo",[15] ma indica la relazione di alleanza *YHWH*-Israele "rinnovata" dalla nuova iniziativa di Dio. Come mostra la composizione dei termini "nuovo canto" (cfr. *Sal.* 33,3; 96,1; 98,1; 149,1), "nuovo" può anche indicare una prospettiva escatologica.

b) Considerando l'ambito testuale diviene chiaro che, e per quale motivo, c'è bisogno di una nuova alleanza: perché l'alleanza che *YHWH* aveva concluso con Israele durante il suo esodo sul Sinai è stata (e viene) continuamente violata. Con la realizzazione della nuova alleanza le cose devono prendere un altro corso. Questa sarà tale che gli Israeliti non potranno più infrangerla. L'opposizione non è quindi "vecchio" – "nuovo", ma "alleanza che viene infranta" *versus* "alleanza che non sarà più violata".

c) Il contenuto di questa alleanza rinnovata, dunque, non è nient'altro che quello dell'alleanza del Sinai, come conferma *Ger.* 31,33 con la citazione della cosiddetta formula dell'alleanza del Sinai/Oreb: "Io sarò il loro Dio ed essi saranno il mio popolo" (cfr. in particolare *Deut.* 26,16-19). La nuova alleanza comporta inoltre per Israele che questi debba attenersi alle vie della Torah. Tuttavia Dio dona al suo popolo Israele la capacità di farlo, scrivendo la Torah nei suoi cuori, in modo che questi siano talmente colmi di conoscenza e amore di Dio che non sia più possibile

---

[14] C. Levin, *Die Verheißung des Neuen Bundes in ihrem theologiegeschichtlichen Zusammenhang ausgelegt*, Göttingen, Vandenhoeck & Ruprecht, 1985, p. 140.
[15] Ciò deve essere messo in evidenza contro W. Groß, *Zukunft für Israel* (cit. *supra*, nota 12). Questo studio, che recepisce in maniera non sempre corretta alcuni miei contributi sul tema, offre analisi esegetiche dettagliate, ma non presenta una propria proposta teologica sulla discussione attuale.

alcuna violazione dell'alleanza (cfr. la considerazione simile di *Is.* 11,9).

d) Fondamento di questa nuova alleanza escatologica è, come in *Es.* 34, la disponibilità di Dio a rimettere le colpe, come evidenzia *Ger.* 31,34: "Infatti perdonerò la loro colpa e non mi curerò più dei loro peccati".

e) Che Israele, nel periodo in cui attende il compimento della promessa della nuova alleanza, nonostante e durante la sua storia di colpe, serbi pure un rapporto di alleanza con *YHWH*, mi sembra espressamente segnalato da *Ger.* 31,32, allorché *YHWH* vi dice che era e rimane proprietario di Israele anche nel momento in cui questi viola l'alleanza.

f) Anche se la promessa della nuova alleanza è proiettata sull'epoca della salvezza escatologica, essa può e deve già mutare il percorso di Israele attraverso la storia che la precede, come vale d'altronde anche per le altre grandi promesse bibliche (comprese quelle del Nuovo Testamento). Israele deve vivere già adesso della forza di questa promessa.

g) Quale compimento escatologico della storia dell'alleanza, la nuova alleanza avrà una configurazione ed efficacia particolari ed esclusivamente proprie: Dio stesso, attraverso la stipulazione di questa alleanza, farà in modo che Israele non possa più infrangerla. Sarà la conclusione di questa alleanza a portare l'epoca della salvezza definitiva e perfetta.

3.5 Israele come popolo dell'antica alleanza e la Chiesa come popolo della nuova alleanza?

Considerando che la promessa della nuova alleanza appartiene costitutivamente alla storia dell'alleanza di Israele, risulta equivoca la diffusa differenziazione tra Israele come popolo dell'antica alleanza non revocata e la Chiesa come popolo della nuova alleanza, visto che Israele, nella concezione biblica, è il popolo dell'antica alleanza non abrogata e della nuova alleanza a lui promessa.

Questa è anche la visione dell'apostolo Paolo nella sua teologia di Israele recentemente riscoperta dalla Chiesa (*Rm*. 9-11), quando in *Rm*. 9,4 sottolinea che, nonostante il loro "no" alla missione di Gesù, agli Israeliti appartengono "i patti" (*ai diathekai*) e "le promesse" (*ai epangelai*) e quando in *Rm*. 11,25-32, riprendendo *Es*. 34,9ss. e *Ger*. 31,31-34, "sviluppa un vasto quadro, sostenuto dalla speranza, della salvezza escatologica per il futuro dell'intero Israele [...]. Nella grande immagine di speranza, passato, presente e futuro di Israele vengono visti come un'unità costituita dall'agire di Dio che tutto sovrasta. È vero che Dio ha 'rinchiuso nella disobbedienza' la maggior parte del popolo ebraico del presente (*Rm*. 11,31), ma ciò è accaduto per garantire il tempo di vincere i pagani all'Evangelo. Alla fine, tuttavia, 'il salvatore verrà da Sion' (*Rm*. 11,26b); il Cristo che si manifesterà alla fine dei tempi riunirà intorno a sé l'intero Israele e lo condurrà definitivamente alla presenza di Dio. Quando ciò accadrà, sarà compiuta per sempre la promessa di alleanza di Geremia".[16]

3.6 L'alleanza di Cristo

Al tempo stesso, poi, l' "alleanza di Cristo", fondata nel sangue di Cristo, realizza la sua pienezza di salvezza universale. Questa alleanza di Cristo non abolisce l'alleanza di Dio con Israele, ma è un ulteriore patto di Dio rispetto agli altri patti,[17] che rende partecipi coloro che credono in Cristo della definitiva pienezza della salvezza escatologica. Come sia da determinarsi più precisamente il rapporto tra l'alleanza di Israele e l'alleanza di Cristo, è una questione discussa oggi in modo controverso e che io in questa sede non posso seguire, come sarebbe necessario, in tutta la sua portata. Implicitamente, però, toccherò più volte questo argomento quan-

---

[16] *Christen und Juden III*, cit., p. 30.
[17] Cfr. *Christen und Juden III*, cit., pp. 42ss.: "*Offenkundig ist nach übergreifendem neutestamentlichen Verständnis der Bundesgedanke an der Christologie und an der Eschatologie orientiert – nicht jedoch an der Ekklesiologie*".

do, nella seguente e conclusiva parte della mia conferenza, rifletterò su alcune conseguenze della nuova teologia di Israele, in dialogo con il recente testo della Commissione Biblica.

4. Il documento del 2001 come nuova impostazione di una teologia dell'Ebraismo

Il documento *Il popolo ebraico e le sue Sacre Scritture nella Bibbia cristiana*, pubblicato il 24 maggio 2001, è indubbiamente una pietra miliare nella storia del rapporto ebraico-cristiano. Non soltanto ripercorre i risultati dei numerosi dibattiti degli ultimi decenni su una nuova visione teologica dell'Ebraismo all'interno della Chiesa, ma offre anche importanti stimoli per l'ulteriore elaborazione teologica e la prassi pastorale. È inoltre un impulso di carattere ufficiale a continuare il dialogo ebraico-cristiano. Poiché il documento si rivolge alla Chiesa mondiale, si può sperare che le sue prospettive sollecitino un cambiamento delle posizioni teologiche e delle tradizioni pastorali anche in regioni che fino ad ora non hanno dato praticamente peso alla tematica del rapporto Ebraismo-Cristianesimo. Non è qui possibile dare la dovuta considerazione a tutti gli elementi di questo documento.[18] Scelgo tre aspetti che mi sembrano particolarmente rilevanti.

4.1 L'elezione permanente d'Israele

Il documento sottolinea con chiarezza inequivocabile che, nonostante il suo "no" a Gesù, Israele è stato eletto per sempre. Con ciò esso non offre soltanto un'interpretazione fondata e convincente della teologia di Israele di *Rm*. 9-11, ma illustra anche il fondamento prototestamentario di questa tesi nelle parti sull'ele-

---

[18] Cfr. E. Zenger, *"Das jüdische Volk und seine Heilige Schrift in der christlichen Bibel". Das jüngste Dokument der päpstlichen Bibelkommission als Herausforderung der katholischen Dogmatik*, in P. Neuner - P. Lüning (a cura di), *Theologie im Dialog*, Münster, Aschendorff, 2004, pp. 473-483.

zione di Israele (parr. 33-36), sull'alleanza (parr. 37-42) e sulla "perennità e salvezza finale di Israele" (parr. 58-59), che vengono tracciate sul filo dell'intera Bibbia. Poi, ripercorrendo *Rm.* 11, fa ancora un passo ulteriore: interpreta il "no" di Israele come un'azione dello stesso Dio e conferisce a questo "no" un obiettivo positivo, così che si rende evidente ancora una volta per qual motivo Dio non poteva né può ripudiare il suo popolo: "Il venir meno del popolo eletto rientra in un piano paradossale di Dio: serve alla 'salvezza dei pagani' [...]. Gli Israeliti restano 'amati' da Dio e promessi a un avvenire luminoso, 'perché i doni e la chiamata di Dio sono irrevocabili' (*Rm.* 11,29). Questa è la dottrina molto positiva alla quale i cristiani devono costantemente ritornare" (par. 59).

Ciò comporta che la Chiesa debba dimettere di fronte a Israele ogni presunzione e pienezza di sé. Concretamente significa che la Chiesa deve abbandonare definitivamente tutte le varianti della teoria della sostituzione e della diseredazione e al suo posto deve vivere, come Chiesa, la solidarietà con Israele: "Ben lontana quindi dal sostituirsi a Israele, la Chiesa resta solidale con esso" (par. 65). In una nota il documento asserisce espressamente: "Mai il Nuovo Testamento chiama la Chiesa 'il nuovo Israele' " (n. 305).

Da questa tesi centrale del documento possono essere tratte diverse conclusioni ed emergono numerosi compiti per l'ulteriore riflessione teologica. In breve:

a) L'Ebraismo non può essere ulteriormente ridotto a sfondo negativo per mettere in risalto l'auto-comprensione della Chiesa e la sua dottrina. Bisogna ovviamente menzionare le differenze tra Ebraismo e Cristianesimo; è sulla loro base che continuerà o meglio deve continuare a sussistere l'Ebraismo. Ma l'esposizione delle differenze non può essere più associata a giudizi negativi a carico dell'Ebraismo.

b) Se Israele come comunità si trova, adesso come in passato, in un rapporto di alleanza con Dio e, come popolo dell'alleanza, offre ai suoi membri le vie e i mezzi della salvezza, bisogna chiarire come si rapporta questo particolare percorso di salvezza per gli ebrei al percorso di salvezza universale della Chiesa. Mi sembra che, dal punto di vista della dogmatica cattolica, si possa parlare in tutto e per tutto di un percorso speciale per gli ebrei.

c) Per il fatto che Israele, come comunità, si trova già nel rapporto di grazia donato dallo stesso Dio, non gli deve essere più proclamato l'annuncio del solo ed unico Dio (non avrebbe altrimenti senso il riferimento a Israele come fratello maggiore dei cristiani). Che le relazioni tra Ebraismo e Cristianesimo siano di carattere particolare rispetto alle relazioni con le altre religioni implica che rispetto all'Ebraismo non può esservi alcuna missione istituzionalizzata. Certamente la Chiesa nel suo insieme e i singoli cristiani devono dare testimonianza della loro fede in Gesù come loro percorso di salvezza anche rispetto agli ebrei, ma senza il pathos di un'azione volta a liberarli dal loro presunto falso cammino. Viceversa, pertiene a questa apertura ecclesiastica all'Ebraismo che il Cristianesimo si metta a disposizione delle sue richieste di chiarimento.

4.2 La dignità della lettura ebraica della Bibbia

Alla grande considerazione per l'Ebraismo si accompagna l'apprezzamento teologico, espressamente formulato dal documento, per la lettura ebraica della Bibbia di Israele, proprio nella sua differenza rispetto alla lettura cristiana del Primo Testamento. Qui la Commissione Biblica supera di gran lunga ciò che aveva detto nel documento pubblicato nel 1993, *L'interpretazione della Bibbia nella Chiesa*. Certamente il documento del 1993 ha preparato la nuova visione, se si pensa a quanto vi era esposto sia riguardo alla pluridimensionalità dei testi biblici sia riguardo al ruolo costitutivo della comunità di fede e interpretazione nella lettura teologica dei testi biblici.

Nella dinamica di questo approccio e vista la considerazione positiva dell'Ebraismo, il nuovo documento doveva giungere alla tesi: "I cristiani possono e devono ammettere che la lettura ebraica della Bibbia è una lettura possibile, che si trova in continuità con le sacre Scritture ebraiche dall'epoca del secondo Tempio ed è analoga alla lettura cristiana, che si è sviluppata parallelamente ad essa. Ciascuna delle due letture è correlata con la rispettiva visione di fede di cui essa è un prodotto e un'espressione, risultando di conseguenza irriducibili l'una all'altra" (par. 22).

Questa tesi fondamentale per il rapporto ebraico-cristiano implica diverse conseguenze e domande di rimando, che posso di nuovo soltanto accennare:

a) Quando si afferma che "la lettura ebraica della Bibbia è una lettura possibile, che si trova in continuità con le sacre Scritture ebraiche dall'epoca del secondo Tempio", si ha innanzitutto la percezione storicamente esatta che il giudaismo farisaico-rabbinico, divenuto dal II secolo d.C. ad oggi la forma di Ebraismo dominante, non rappresenta alcuna rottura e tanto meno alcun cedimento rispetto all'annuncio di Dio di cui la Bibbia ebraica reca testimonianza, né rispetto al *way of life* che vi si fonda. In prospettiva teologica questo significa che l'Ebraismo – nonostante il suo "no" a Gesù – è rimasto fedele alle proprie origini. La formula, a lungo consueta, dei "*perfidi Judaei*" trova implicitamente in questo documento la sua confutazione teologica.

b) Quando invece i cristiani leggono il Primo Testamento in modo tale che per essi i testi lascino scorgere in trasparenza la testimonianza neotestamentaria di Gesù come Cristo, ciò è ermeneuticamente accettabile e teologicamente legittimo all'interno dell'orizzonte della comunità di fede cristiana, purché venga considerato una modalità di lettura specificatamente cristiana. A ragione dice pertanto il documento: "Quando il lettore cristiano percepisce che il dinamismo interno all'Antico Testamento trova la sua realizzazione in Gesù, si tratta di una percezione retrospettiva, il cui punto di partenza non si situa nei testi come tali, ma negli eventi del Nuovo Testamento proclamati dalla predicazione apostolica.

Non si deve perciò dire che l'ebreo non vede ciò che era annunciato nei testi" (par. 21).

c) Se dal punto di vista cristiano vi sono legittimamente una lettura ebraica e una cristiana degli stessi testi biblici, si pone la domanda su come esse si rapportino tra loro. Il documento offre una risposta orientata in primo luogo alla prassi: "Sul piano concreto dell'esegesi, i cristiani possono [...] apprendere molto dall'esegesi ebraica praticata da più di duemila anni, e in effetti hanno appreso molto nel corso della storia. Dal canto loro possono sperare che anche gli ebrei siano in grado di trarre profitto anch'essi dalle ricerche esegetiche cristiane" (par. 22).

Qui si può chiedere in modo molto più sostanziale: quale concetto di verità deve essere sviluppato in considerazione di questa duplice lettura? Esiste un'ermeneutica biblica ebraico-cristiana che rifletta espressamente sulla duplice lettura e la integri nell'interpretazione dei testi?

4.3 Apprezzamento delle aspettative messianiche dell'Ebraismo e nuovi spunti per una cristologia dinamica

Il documento mostra un serio apprezzamento delle aspettative messianiche dell'Ebraismo e offre nuovi spunti per una cristologia dinamica, che a sua volta tragga più forte ispirazione dai documenti biblici. Rispetto alle accuse, divenute stereotipi a forza di essere ripetute fin dai Padri della Chiesa, secondo cui gli ebrei sarebbero non solo ciechi ma anche malvagi per non avere accettato Gesù il Messia inviatogli da Dio, che pure era annunciato nella loro Bibbia, il documento cerca non solo di comprendere la difficile relazione tra il "sì" cristiano al Messia Gesù, fondato nella Bibbia, e il "no" ebraico a Gesù, altrettanto comprensibile su base biblica, ma pure di comprendere questo "no" ebraico come una domanda teologica che viene di rimando posta alla cristologia. Che il documento presenti qui delle formulazioni ancora in cerca di un adeguato linguaggio e non sempre coerenti non è sorprendente, ma rende al tempo stesso coscienti che qui si è aperto un nuovo campo di lavoro per la teologia.

Mi sembrano rilevanti i seguenti punti di vista:

a) Il documento cerca innanzitutto di offrire un'esposizione sobria e ponderata dei reperti prototestamentari sul tema "promesse messianiche", e in particolare sulla loro comprensione al tempo di Gesù. A ragione viene evidenziata la varietà asistematica di queste attese nel Primo Testamento, così come il loro diverso peso nei singoli raggruppamenti dell'Ebraismo all'epoca di Gesù. Ciò significa che la messianicità di Gesù era un'interpretazione certamente possibile ma non necessaria della sua comparsa, cioè Gesù era ed è comprensibile come compimento delle promesse prototestamentarie, ma appunto non come l'unico compimento possibile.

Quest'ultima concezione, infatti, contraddirebbe non soltanto la documentazione prototestamentaria, ma anche la singolarità del Messia Gesù. Lo sottolinea bene il documento: "La nozione di compimento è estremamente complessa e può essere facilmente falsata se si insiste unilateralmente o sulla continuità o sulla discontinuità. La fede cristiana riconosce il compimento, in Cristo, delle Scritture e delle attese di Israele, ma non comprende tale compimento come la semplice realizzazione di quanto era scritto [...]. Gesù non si limita a giocare un ruolo già prestabilito – quello del Messia – ma conferisce alle nozioni di messia e di salvezza una pienezza che era impossibile immaginare prima; le riempie di una nuova realtà; si può parlare, a questo riguardo, di 'nuova creazione'" (par. 21).

Rispetto all'Ebraismo ciò implica che il suo "no" al Messia non possa più essere interpretato come "mancanza di fede" e "cecità", ma proprio come una posizione che tiene maggiormente in conto altri accenti delle proprie tradizioni. Vale anche qui quanto abbiamo già ripetutamente sottolineato: non soltanto è importante riconoscere la differenza ebraico-cristiana, ma anche comprenderla a partire dalle sue origini – astenendosi da giudizi affrettati.

b) Il documento tratta con cautela il tradizionale riferimento a Gesù Cristo come meta e culmine della storia della salvezza. Presenta Gesù – con correttezza biblica – come adempimento delle promesse e come segno del compimento che ancora manca ma certamente verrà. Quando il documento afferma che il Cristianesimo primitivo era convinto "che le promesse profetiche escatologiche non erano semplicemente oggetto di speranza per il futuro, perché il loro compimento era già iniziato in Gesù di Nazaret" (par. 11), opta per una cristologia dinamica che tiene presente la dimensione, sottolineata anche dall'Ebraismo, di una "irredenzione" del mondo percepibile giorno dopo giorno, e accetta il "non ancora" a cui è sospesa l'epoca della salvezza escatologica. Cosa questo comporti per la soteriologia, rappresenta una seria domanda per la dogmatica.

c) Il documento constata a ragione che il "no" ebraico alla presentazione cristiana del Messia Gesù è al tempo stesso connesso con una forma precipuamente ebraica di attesa escatologica, che da una parte è pluriforme, dall'altra si è mostrata attraverso i secoli forza vitale dell'Ebraismo – e in quanto tale stimola il Cristianesimo: "L'attesa ebraica del Messia [...] può diventare per noi cristiani un forte stimolo a mantenere viva la dimensione escatologica della nostra fede. Anche noi, come loro, viviamo nell'attesa. La differenza sta nel fatto che per noi Colui che verrà avrà i tratti di quel Gesù che è già venuto ed è già presente e attivo tra noi" (par. 21).

L'attesa escatologica degli ebrei non è un'illusione o qualcosa di irrilevante per noi cristiani, ma al contrario è la prova della dinamica storica fondata nella prima parte della nostra Bibbia e divenuta per noi manifesta in Gesù. Tale dinamica storica ci prospetta come meta che questo nostro mondo divenga il Regno di Dio – un regno di giustizia e pace. Cristiani ed ebrei devono offrire il loro specifico contributo a questo divenire, gli ebrei nell'orizzonte dell'alleanza di Israele e i cristiani nell'orizzonte dell'alleanza di Cristo.

Peter Hünermann

La relazione ebraico-cristiana: una scoperta conciliare e le conseguenze metodologiche nella teologia dogmatica

La problematica

La lotta del Segretariato per l'Unità dei Cristiani sotto il Cardinale Bea per una dichiarazione *De Judaeis*, culminata con successo nel documento conciliare *Nostra Aetate*, ha prodotto frutti ricchissimi. Gli enunciati brevi ma equilibrati del Concilio Vaticano II non solo hanno avuto ampio consenso e sono stati ripresi in numerose pubblicazioni esegetiche e teologiche, ma hanno anche aperto la strada a un dialogo vivo fra la Chiesa e l'Ebraismo.[1] I papi stessi, specialmente Papa Wojtyla, i dicasteri romani, le conferenze episcopali e i singoli vescovi hanno preso posizione su questo tema e hanno promosso una revisione critica della storia ecclesiastica e un approfondimento teologico. Il documento della Pontificia Commissione Biblica *Il popolo ebraico e le sue Sacre Scritture nella Bibbia cristiana* (24 maggio 2001) è certamente uno degli studi più densi in questo ambito e un esempio significativo di questi sviluppi.

Una lettura attenta delle prime tre parti del paragrafo 4 di *Nostra Aetate* mostra la necessità di correggere una serie di proposizioni che facevano parte della tradizione teologica:
"La Chiesa di Cristo infatti riconosce che gli inizi della sua fede e della sua elezione si trovano già, secondo il mistero divino della salvezza, nei patriarchi, in Mosè e nei profeti. Essa confessa

---

[1] Cfr. i diversi interventi sul dialogo cristiano-ebraico, raccolti in *Theologische Quartalschrift*, 180, 2000, pp. 81-160.

che tutti i fedeli di Cristo, figli di Abramo secondo la fede,[2] sono inclusi nella vocazione di questo patriarca e che la salvezza ecclesiale è misteriosamente prefigurata nell'esodo del popolo eletto dalla terra di schiavitù. Per questo non può dimenticare di aver ricevuto la rivelazione dell'Antico Testamento per mezzo di quel popolo con cui Dio, nella sua ineffabile misericordia, si è degnato di stringere l'antica alleanza, e che essa si nutre della radice dell'ulivo buono su cui sono stati innestati i rami dell'ulivo selvatico che sono i gentili.[3] La Chiesa crede, infatti, che Cristo, nostra pace, ha riconciliato gli ebrei e i gentili per mezzo della sua croce e che dei due ha fatto una sola cosa in se stesso.[4] [...]

Come attesta la Sacra Scrittura, Gerusalemme non ha conosciuto il tempo in cui è stata visitata;[5] gli ebrei, in gran parte, non hanno accettato il Vangelo, e anzi non pochi si sono opposti alla sua diffusione.[6] Tuttavia, secondo l'Apostolo, gli ebrei, in grazia dei padri, rimangono ancora carissimi a Dio, i cui doni e la cui chiamata sono irrevocabili.[7] Con i profeti e con lo stesso Apostolo la Chiesa attende il giorno, che solo Dio conosce, in cui tutti i popoli acclameranno il Signore con una sola voce e «lo serviranno tutti sotto uno stesso giogo» [*Sof.* 3,9].[8] [...]

E se autorità ebraiche con i propri seguaci si sono adoperate per la morte di Cristo,[9] tuttavia quanto è stato commesso durante la sua passione non può essere imputato né indistintamente a tutti gli ebrei allora viventi né agli ebrei del nostro tempo. E se è vero che la Chiesa è il nuovo popolo di Dio, gli ebrei tuttavia non de-

---

[2] Cfr. *Gal.* 3,7.
[3] Cfr. *Rm.* 11,17-24.
[4] Cfr. *Ef.* 2,14-16.
[5] Cfr. *Lc.* 19,44.
[6] Cfr. *Rm.* 11,28.
[7] Cfr. *Rm.* 11,28s. Cfr. Concilio Vaticano II, Costituzione dogmatica *Lumen gentium* sulla Chiesa, par. 16 (*AAS* 57 [1965] 20, 4140).
[8] Cfr. *Is.* 66,23; *Sal.* 66[65], 4; *Rm.* 11,11-32.
[9] Cfr. *Gv.* 19,6.

vono essere presentati come rigettati da Dio, né come maledetti, quasi che ciò scaturisse dalla Sacra Scrittura. [...]
La Chiesa, inoltre, che condanna tutte le persecuzioni contro qualsiasi uomo, memore del patrimonio che essa ha in comune con gli ebrei e spinta non da motivi politici ma da religiosa carità evangelica, deplora gli odi, le persecuzioni e tutte le manifestazioni dell'antisemitismo dirette contro gli ebrei in ogni tempo e da chiunque".[10]

Le constatazioni dogmatiche fondamentali sono tre:

1) l'inizio della fede e dell'elezione della Chiesa di Cristo si trova nei patriarchi, in Mosè e nei profeti, mentre nell'esodo è prefigurata la salvezza della Chiesa;

2) i gentili, che appartengono alla Chiesa, sono innestati nell'ulivo buono come un germoglio selvatico;

3) nonostante il rifiuto del Vangelo da parte di numerosi ebrei, i doni di Dio e la vocazione d'Israele rimangono.

Si pone a questo punto la domanda se una semplice correzione materiale delle trattazioni dogmatiche, per esempio dell'ecclesiologia, sia sufficiente per rispettare la nuova concezione della relazione fra Chiesa di Cristo e popolo ebraico, o se invece vi siano aspetti della teologia dogmatica che devono essere profondamente cambiati o rivisitati. Emerge inoltre la questione se la stessa metodologia della dogmatica non debba essere rinnovata affinché tutta la verità di questa relazione si possa sviluppare.

Per fare un esempio: se la Chiesa e il popolo ebraico sono strettamente legati e se la Bibbia è riconosciuta come patrimonio comune della fede, nonostante le differenti tradizioni interpretative, non sorgono questioni che trascendono una correzione semplice di qualche proposizione finora trasmessa come ovvia? Qui – ci sembra – scaturiscono in effetti problemi metodologici.[11]

---

[10] *Nostra Aetate*, par. 4.
[11] Cfr. P. Hünermann - T. Söding (a cura di), *Methodische Erneuerung der Theologie. Konsequenzen der wiederentdeckten jüdisch-christlichen Gemeinsamkeiten*, Freiburg i.Br., Herder, 2003.

Questo sospetto è confermato da una riflessione più puntuale sulle tre constatazioni sopra menzionate. Esse non si riferiscono solo a qualche fatto casuale, accidentale, sul piano storico. Si tratta di proposizioni che aprono una visione trasformata della relazione Chiesa – popolo ebraico. Una visione che può essere misurata solo se il teologo la rapporta alle questioni teologiche fondamentali. In effetti, essa suppone un approccio specifico che fa vedere cose finora sconosciute, aprendo una serie di problematiche non facili da trattare. Per rispondere ad esse in maniera conveniente, è opportuno premettere un sintetico abbozzo della metodologia dogmatica, tralasciando le questioni di dettaglio e concentrandosi sugli aspetti fondamentali.

Una riflessione intermedia:
tratti fondamentali della metodologia dogmatica

Osservando la molteplicità delle pubblicazioni dogmatiche, l'ampia diversità dei temi, gli approcci così distanti sorge spontanea la domanda: la teologia è un lavoro scientifico riguardo a temi connessi in qualsiasi modo con la fede o col Cristianesimo? E cosa significa il carattere scientifico della teologia? Esistono tratti formali comuni che caratterizzano la teologia dogmatica? Negare questi tratti formali ridurrebbe la teologia a un tipo di scienza culturale. L'unità della teologia e il suo carattere proprio nel cosmo delle differenti scienze sarebbero persi. La determinazione di una prospettiva formale della teologia è ineludibile.

Nella *Summa Theologiae* Tommaso d'Aquino ha descritto questa prospettiva formale della teologia nella maniera seguente: la teologia tratta di Dio *"principaliter"*, e tratta delle creature in quanto *"referentur ad Deum, ut ad principium vel finem"*.[12] La base di questa determinazione della prospettiva formale della teologia è che Dio si manifesta nella fede come la *"prima veritas"*, cioè non come una delle molteplici verità categoriali, come una verità qualsiasi. Dio è

---

[12] *S.Th.* I q.1 a. 3, ad 1.

la verità che si apre a se stessa e così lascia scaturire tutte le verità. E la rivelazione di Dio è marcata da questa struttura formale: Dio è "*prima veritas in quantum manifestabilis et manifestativa omnium*".

L'autocomunicazione o l'apertura di Dio stesso come "*prima veritas*" e come salute vera dell'uomo si svolge essenzialmente attraverso gli avvenimenti dell'economia della salvezza, che comincia con la creazione e trova la sua pienezza nell'evento del Cristo. Nella scrittura dell'Antico e del Nuovo Testamento questi avvenimenti dell'economia divina hanno trovato la loro espressione autentica. Solo attraverso questa economia, cioè attraverso gli "*obiecta materialia fidei*", l' "*obiectum formale fidei*" – Dio come "*prima veritas*" – è presente. D'altra parte, gli "*obiecta materialia fidei*" possono essere creduti solo attraverso questa prospettiva formale, ossia attraverso la luce della fede. Che cosa consegue da questa concezione della rivelazione per la struttura fondamentale della teologia?

Tommaso constata questa dottrina, non argomenta per provare i suoi principi – che sono gli articoli della fede –, ma parte invece da questi principi per mostrare altre cose.[13] Che cosa dimostra la teologia? Non si tratta semplicemente di deduzioni o conclusioni derivate da principi. Si tratta di una intelligenza approfondita della fede, della dimostrazione delle relazioni e della coerenza dell'insieme della fede, dei suoi oggetti materiali. Perciò la teologia utilizza non solo gli articoli della fede, ma anche tutte le forze dell'intelligenza e i risultati delle scienze filosofiche e storiche. Ma la sacra dottrina fa uso di questo tipo di autorità delle scienze come argomento "esterno e probabile". Utilizza invece l'autorità delle Scritture canoniche in senso proprio e argomentando "*ex necessitate*".[14] "La nostra fede è basata sulla rivelazione che è data agli apostoli e ai profeti che hanno scritto i libri canonici".[15]

La teologia ribadisce la sua prospettiva formale riconoscendo nell'ambito metodologico l'autorità delle Scritture canoniche come

---

[13] *S.Th.* I q. 1 a. 8.
[14] *S.Th.* I q. 1 a. 8, ad 2.
[15] *Ibid.*

autorità primordiale in rapporto alle altre istanze della fede. Tutte queste istanze hanno una funzione indispensabile, però hanno una funzione secondaria, di servizio.

Melchiore Cano, basandosi su questa concezione di Tommaso, ha trattato dell'elenco intero dei *"loci theologici"*. L'autorità della Sacra Scrittura è la prima istanza anche per lui. Poi vengono le autorità delle tradizioni orali del Cristo e degli apostoli. Istanza ulteriore è la Chiesa come comunità dei fedeli nella sua totalità, e inoltre i concili, la Chiesa romana, i Padri, i teologi. Infine, i *"loci alieni"*: la *ratio naturalis*, la filosofia, la storia.

Questa dottrina dei *loci theologici* è stata ampliata dal Concilio Vaticano II. Così le testimonianze della fede articolate e recepite nelle Chiese orientali sono state riconosciute come espressioni di fede autentica. Fra i *loci alieni*, il Concilio nomina anche la cultura profana nei suoi diversi aspetti e i risultati innegabili delle varie scienze moderne.[16] Nella *Gaudium et Spes*, per esempio, si afferma che la Chiesa comprende meglio il proprio messaggio e la propria struttura attraverso le scienze sociali.

Oltre ad aver ampliato i *loci theologici*, il Concilio Vaticano II ha trasformato l'uso che di essi fanno la Chiesa e la teologia. Melchiore Cano sosteneva che i *"loci theologici proprii"* rappresentano i principi della fede in forma di proposizioni. Il Concilio invece, accogliendo la moderna prassi teologica, insegna che la Scrittura deve essere interpretata tenendo conto dei risultati delle scienze storiche e filologiche. Solo rispettando questi risultati si può arrivare all'*intellectus fidei*, che deve essere chiarito e spiegato. Questo *intellectus fidei* non è semplicemente comprensibile attraverso le proposizioni e le frasi della Sacra Scrittura. Lo stesso vale per gli altri *loci theologici*. Così la dottrina soggiacente alla metodologia teologica è stata approfondita rispetto alla concezione che proponeva Melchiore Cano. Un approfondimento e un cambiamento analoghi a quelli che Melchiore Cano stesso aveva introdotto rispetto alla concezione di Tommaso, senza tradirla.

---

[16] Cfr. *Gaudium et Spes*, par. 44.

I *loci theologici* rappresentano un nesso operativo, strutturato dalla fede nella sua storicità ecclesiologica. È il nucleo operativo della metodologia teologica. Ora domandiamoci: non emerge un nuovo profilo dei *loci theologici* dalla nuova determinazione della relazione Chiesa - popolo ebraico?

Per indagare possibili cambiamenti nella metodologia teologica e nel lavoro metodologico della teologia, propongo di procedere attraverso due fasi. Nella prima, cercheremo di capire se la scoperta conciliare della relazione ebraico-cristiana trasformi i *loci* finora conosciuti. Nella seconda, esamineremo alcune trattazioni dogmatiche e i nuovi problemi che esse pongono.

Cambiamenti dei *loci theologici* attraverso la scoperta conciliare della relazione ebraico-cristiana

Vorrei mostrare la svolta avvenuta riflettendo innanzitutto sul primo *locus theologicus*, che è definito da Melchiore Cano "l'autorità della Scrittura Santa" contenuta nei libri canonici. Secondo Cano, la Sacra Scrittura consiste nei libri dell'Antico e del Nuovo Testamento. Ma oggi la concezione dell'Antico Testamento e della sua relazione con il Nuovo Testamento appare parzialmente diversa.

Nel II secolo d.C. già si levano voci nella Chiesa che parlano della morte d'Israele.[17] Il senso è questo: a causa del suo rifiuto di Gesù Cristo, il popolo d'Israele ha perso la sua dignità come popolo d'elezione. È la Chiesa ora che rappresenta il popolo di Dio. Questa concezione è stata recepita rapidamente e ha marcato la tradizione cristiana, sia cattolica sia protestante. Nei suoi *Discorsi sulla religione* Friedrich D. Schleiermacher constata nel suo linguaggio romantico: "Da lungo tempo il Giudaismo è una religione

---

[17] Melito di Sardi, *Homilia in passionem Christi*, pp. 762-764. Cfr. W. Groß, *Der doppelte Ausgang der Bibel Israels und die doppelte Leseweise des christlichen Alten Testaments*, in W. Groß (a cura di), *Das Judentum – eine bleibende Herausforderung*, Mainz, Grünewald Verlag, 2001, pp. 9-25, 14.

morta: quelli che portano tuttavia oggi il suo colore assistono con lamenti una mummia incorruttibile e versano lacrime sulla sua morte e la sua triste eredità [...]. Quando i suoi sacri libri furono terminati il dialogo di Dio col suo popolo terminò".[18] In questa prospettiva l'Antico Testamento è "pre-storia" del Nuovo Testamento, però una pre-storia definitivamente terminata, chiusa, quasi pietrificata.

Certo, nello stesso Nuovo Testamento, l'economia divina d'Israele viene caratterizzata come "pre-storia". E anche la *Nostra Aetate* riafferma questa tesi: "Scrutando accuratamente il mistero della Chiesa, il sacro Concilio ricorda il vincolo con cui il popolo del Nuovo Testamento è spiritualmente legato con la stirpe di Abramo. La Chiesa di Cristo infatti riconosce che gli inizi della sua fede e della sua elezione si trovano già, secondo il mistero divino della salvezza, nei patriarchi, in Mosè e nei profeti. Essa confessa che tutti i fedeli di Cristo, figli di Abramo secondo la fede,[19] sono inclusi nella vocazione di questo patriarca e che la salvezza ecclesiale è misteriosamente prefigurata nell'esodo del popolo eletto dalla terra di schiavitù".[20]

Esiste, dunque, una pre-storia del Cristianesimo. Però questa pre-storia non è semplicemente terminata, morta, pietrificata. Questa pre-storia è ancora efficiente. Per utilizzare un termine di Hans-Georg Gadamer, questa pre-storia ha una *Wirkungsgeschichte* che è attuale ed efficace ancor oggi. Qual è la base teologica di questa affermazione?

Nella *Lettera ai Romani*, Paolo afferma che la salda promessa della salvezza e della redenzione è legata a Gesù Cristo, sia per l'ebreo sia per il pagano.[21] Cristo è, secondo Paolo, il Messia

---

[18] F.D.E. Schleiermacher, *Über die Religion. Reden an die Gebildeten unter ihren Verächtern*, Berlin-New-York, Walter de Gruyter, 1995, pp. 282, 284s. (trad. it. Id., *Sulla religione: discorsi a quegli intellettuali che la disprezzano*, Brescia, Queriniana, 1989).
[19] Cfr. *Gal.* 3,7.
[20] *Nostra Aetate*, par. 4.
[21] Cfr. *Rm.* 1,16s.

d'Israele e i gentili ricevono la loro partecipazione attraverso il suo mistero.[22] La remissione dei peccati, la giustificazione, la rinascita attraverso il battesimo sono fatti nuovi, che trasformano la precedente storia d'Israele in una pre-storia. Però la giustizia di Dio (*Rm*. 1,16) rivelata in Cristo e destinata ai fedeli – all'ebreo prima, poi anche al pagano – è una giustizia "*ex fide in fidem*".

La prima alleanza, la via che conduce a Gesù Cristo – e Paolo esalta i doni grandi che Dio ha concesso a Israele su questa via – presenta una certa ambiguità in rapporto ai nuovi dati dell'economia di Dio: non tutti, ma molti in Israele si negano alla novità del Vangelo di Gesù. Paolo definisce questa esperienza – che fa lui stesso nell'annuncio del Vangelo e nel suo agire missionario – come "*porosis*", "indurimento". *Porosis* non significa per Paolo semplicemente una colpa personale. Nell'Antico e nel Nuovo Testamento *porosis* comprende tutta una serie di fenomeni che vanno dalla insensibilità personale e collettiva, fattiva, storica, fino alla ostinata negazione nei confronti dello Spirito di Dio. Questa *porosis* d'Israele, che Paolo constata, possiede – a causa della giustizia di Dio e a causa della sua fedeltà – un profondo senso salvifico: "Dio ha incluso tutti nella disobbedienza per essere misericordioso verso tutti" (*Rm*. 11,32). Nella *Lettera ai Romani* (11,25) Paolo afferma che la *porosis* è in atto "fino a che saranno entrate tutte le genti" e così "tutto Israele sarà salvato". Dunque, il termine *porosis* utilizzato nella *Lettera ai Romani* non è una categoria morale: è una categoria storico-teologica e manifesta una prospettiva storico-teologica.

Da questa spiegazione paolina – che i gentili sono innestati nell'ulivo buono d'Israele e partecipano della linfa della radice – risulta un duplice effetto della pre-storia. Essa è la radice nutriente

---

[22] Cfr. *Rm*. 1,3s.; 9,5;15,8. Cfr. M. Theobald, *Studien zum Römerbrief*, Tübingen, Mohr, 2001, pp. 278-323; 367-395. Si veda anche W. Thüsing, *Die neutestamentlichen Theologien und Jesus Christus. Grundlegung einer Theologie des Neuen Testaments III: Einzigkeit Gottes und Jesus-Christus-Ereignis (mit Studien zum Verhältnis von Juden und Christen)*, a cura di T. Söding, Münster, Aschendorff, 1999.

che porta il nuovo. Questo significa che la Chiesa è inesorabilmente Chiesa degli ebrei e dei gentili. Se in Cristo non c'è più divisione fra ebrei e gentili, la Chiesa è obbligata a dare accoglienza agli ebrei che appartengono al popolo di Dio attuale a causa della pre-storia. D'altra parte, bisogna riconoscere che la *Wirkungsgeschichte* conduce gran parte d'Israele nella *porosis*. Però questa *porosis* sarà uno strumento per realizzare la salvezza. È un mistero riservato a Dio e alla sua fedeltà all'alleanza come questa via della maggioranza degli ebrei sia un cammino verso la salvezza.

Quali sono le conseguenze di questa relazione rispetto al primo *locus theologicus*, l'autorità della Sacra Scrittura? Felicemente l'esegesi moderna parla di un "esito doppio" della Bibbia.[23] Questa formula riflette risultati storici della ricerca scientifica sul canone, ma presenta anche una implicazione teologica. L'esito doppio segnala in maniera esatta che la pre-storia ha una doppia *Wirkungsgeschichte*. In questo senso la Bibbia esiste in un modo duplice: esiste in una prospettiva neotestamentaria ed esiste in una prospettiva che rifiuta l'evento cristologico affermando però la relazione d'Israele a Dio e l'idea che la fedeltà di Dio alla sua alleanza rimane la causa della redenzione d'Israele. In questo senso l'Antico Testamento, interpretato nella prospettiva ebraica, deve essere accettato dal teologo cristiano come espressione di una speranza valida per il popolo prediletto. Questa accettazione dell'Antico Testamento interpretato nella prospettiva ebraica racchiude in sé la differenza profonda fra tradizione ebraica e cristiana. Perché l'Antico Testamento – nella interpretazione cristiana – conduce a Gesù Cristo.

C'è una conflittualità, un'opposizione nella posizione cristiana stessa. Ma ogni relazione, anche una relazione conflittuale o d'opposizione, presuppone certamente un punto comune, un fondamento comune. Il fondamento della relazione della quale parliamo è il fatto che nella morte di Gesù sulla croce si manifesta proprio la fedeltà di Dio alla sua alleanza con Israele. È precisamente nella

---

[23] Cfr. W. Groß, *Der doppelte Ausgang der Bibel Israels*, cit.

morte sulla croce che – nonostante l'opposizione al messaggio evangelico – si manifesta l'incondizionato amore di Dio.[24] Qui conseguentemente – per la visione cristiana – si trova il centro ermeneutico su cui si instaura la relazione ebraico-cristiana, così tesa e a prima vista escludente. È solo a partire da questo centro ermeneutico che quella relazione può essere interpretata in maniera adeguata. Solo così si rispetta l'insondabile amore e la grazia di Dio espresse nella morte di Gesù.

Nella fede escatologica in Gesù, Messia d'Israele, è impiantato un limite, un no, la sua morte. Solo se impiantata in questa morte la Chiesa può sperare nella resurrezione.[25] Questa è l'esperienza paradossale, anzi contraddittoria, dei discepoli. Gli avvenimenti pasquali e le esperienze espresse nei primi testi pasquali non conducono a una semplice plausibilità della fede. Chi crede e afferma la verità escatologica del Cristo è chiamato ad accettare una radicale apertura, un'ignoranza teologica, l'impossibilità radicale di disporre di se stesso, l'impossibilità di fare della storia una linea diritta. Paolo dice che il battesimo impianta i fedeli nella morte di Gesù. Questo vale per i primi discepoli, ma anche per coloro che credono a causa della loro parola. È attraverso la morte di Cristo che i gentili sono innestati nell'ulivo buono. È attraverso il buio impenetrabile e la notte oscura che la salvezza dell'unico popolo di Dio sarà manifestata. Se la Chiesa vedente delle nostre cattedrali del Medioevo non abbraccia la sinagoga cieca, non avrà futuro. La via della fede è una via con Gesù Cristo e con la sua parola che si attua attraverso la morte e la vita.

Spostiamo ora l'attenzione su un altro *locus theologicus*, chiamato da Melchiore Cano "l'autorità della Chiesa cattolica". Attraverso la riscoperta della comunione con il popolo ebraico anche questo *topos* – a mio parere – assume un profilo differente. In un'epoca in

---

[24] Cfr. H. Merklein, *Der Sühnetod Jesu nach dem Zeugnis des Neuen Testaments*, in H. Merklein, *Studien zu Jesus und Paulus II*, Tübingen, Mohr, 1998, pp. 31-59, in part. pp. 35-37.
[25] Cfr. *Rm.* 6,5.

cui l'idea che la Chiesa ha preso il posto d'Israele, che Israele è stato rigettato da Dio e non gioca più un ruolo nella storia salvifica, era un'affermazione teologica ovvia, l'autorità della Chiesa cattolica era un qualcosa di chiuso in sé e auto-determinato. La Chiesa era il risultato del Vangelo escatologico e si fondava su se stessa. Ora, se la Chiesa cattolica è invece essenzialmente Chiesa degli ebrei e dei gentili e se i gentili sono essenzialmente innestati nelle radice di Israele, ne risulta che questa Chiesa contiene in sé un opposto, un altro innegabile. Questo opposto, questo altro innegabile marcato dalla *porosis* ma portatore delle promesse salvifiche, dà un nuovo profilo al *locus theologicus* dell'autorità della Chiesa cattolica.

L'autorità della Chiesa cattolica è una realtà relazionale in se stessa e in questo senso relativa. La relazione a Israele come radice e come gruppo caratterizzato dalla *porosis* fanno di questa autorità un'autorità simultaneamente escatologica e definitiva perché è testimone della salvezza destinata a ebrei e gentili. Ma i gentili sono ammoniti da Paolo a non diventare superbi, perché, se Dio non ha risparmiato i rami naturali, "così non risparmierà te".[26]

Dunque, è possibile una *porosis*, o un "taglio", per i rami selvatici innestati come per Israele. Questo significa che possono darsi anche nella Chiesa "induramenti" storici. Infatti, se il magistero è esatto e la tradizione correttamente trasmessa, è però possibile che il magistero e il *sensus fidelium* siano ciechi di fronte ai segni dei tempi, di fronte alle necessità storiche e incapaci di una risposta adeguata al soffio dello Spirito. In questo caso la parola del magistero e della Chiesa sarebbe una parola sterile anche se corretta.

È lo Spirito di Dio e la sua grazia giustificante che permettono che anche da queste parole morte sgorghino penitenza e vita spirituale. "Dio può fare di queste pietre figli di Abraham".[27] Questa è la speranza escatologica. I pronunciamenti di Papa Giovanni Paolo II sull'atteggiamento della Chiesa nella storia, l'antisemi-

---

[26] *Rm*. 11,21.
[27] Cfr. *Lc*. 3,8.

tismo e il disprezzo del popolo d'Israele nascosto nella vita della Chiesa, manifestano il riconoscimento di questa ambiguità nell'autorità della Chiesa cattolica. Le parole di *Mt.* 16,18: "*et portae inferi non praevalebunt adversus eam*", spesso ripetute in uno spirito di sicurezza cieca, possono essere confessate solo in un grande spirito d'umiltà e pensando alla grazia misericordiosa di Dio.

È logico che le riflessioni riguardanti questi *loci theologici* abbiano conseguenze per il profilo dei *loci theologici* subordinati. In questo senso la riscoperta della relazione Chiesa – popolo ebraico condiziona molti *loci theologici* in maniera significativa. La relazione Israele – Chiesa obbliga a mantenere l'accento sullo Spirito e non sulla lettera.

Il nuovo uso dei *loci theologici*

La trasformazione dei *loci theologici* di cui abbiamo appena parlato induce a un nuovo uso di questi *loci*.

Vorrei ora illustrare innanzitutto alcuni problemi che appaiono nella trattazione dogmatica di Dio. Nella dogmatica tradizionale e nell'uso dei *loci theologici* dominava, come abbiamo osservato in precedenza, il concetto della pre-storia determinata, finita, chiusa. Gli enunciati veterotestamentari su Dio appartenevano a questa pre-storia. La maniera nella quale già nella Patristica – si pensi al *De doctrina christiana* di Agostino – venivano interpretati versi "offensivi" dell'Antico Testamento mostra come la dogmatica abbia spesso trattato il mistero di Dio. Il modello della critica platonica dei miti serviva alla teologia per respingere enunciati antropomorfici su Dio e per differenziare così il messaggio del Vangelo.

È ovvio che il pensiero filosofico possiede uno spazio legittimo nella dogmatica. L'elaborazione dell'*intellectus fidei* non può rinunciare all'uso della ragione. Senza la ragione naturale la teologia non sarebbe altro che "*una sancta rusticitas*", dice Melchiore Cano. D'altra parte, se la pre-storia è una pre-storia effettiva, se Israele è realmente la radice nutriente della Chiesa *ex Judaeis et gentibus*, in che modo si manifesta la verità di Dio anche nei versi "offensivi" su Dio?

L'esegesi veterotestamentaria moderna ha riscoperto l'immensa pluralità e complessità dei predicati di Dio nell'Antico Testamento. Ecco un solo esempio: recentemente Andreas Michel ha pubblicato un lavoro dal titolo *Dio e la violenza contro i bambini nell'Antico Testamento*,[28] in cui analizza un gran numero di testi che parlano della violenza contro i bambini e si concentra poi sui testi che parlano della violenza di Dio contro i bambini. Il problema di come trattare metodologicamente questi testi non è stato finora risolto. Ma certo, ignorare questi testi come spesso succede nella teologia dogmatica non è più tollerabile. I problemi che si aprono non sono solo problemi di teologia morale e di etica. La questione è molto più profonda: ci si chiede se questa maniera di parlare di Dio non sia una cosa blasfema per gli uomini di oggi e tutt'altro che una confessione della fede in Dio.

È possibile snodare questa problematica senza un dialogo con l'interpretazione ebraica di tali testi? Questo non significa ovviamente che i classici *loci alieni* non devono essere consultati in questo contesto. Piuttosto, il riferimento all'interpretazione ebraica dell'Antico Testamento diventa una istanza "semi-propria", un *locus theologicus semiproprius*, per la teologia: "semi-*proprio*", perché appartiene alla Chiesa e fa parte del suo "patrimonio" essendo la sua radice. E "*semi*-proprio", perché alienato da Cristo.

Un altro esempio del nuovo uso dei *loci theologici* potrebbe essere individuato nella trattazione della ecclesiologia. Abbiamo ricordato sopra il profilo che riceve il *locus theologicus* dell'autorità della Chiesa cattolica. Come Chiesa *ex Judaeis et gentibus* che nasce da Israele, salvata e unita per la croce, per la resurezione del Signore e per la missione dello Spirito, questo popolo di Dio è popolo messianico nel senso proprio e autentico.

---

[28] A. Michel, *Gott und Gewalt gegen Kinder im Alten Testament*, Tübingen, Mohr, 2003.

È interessante che il Concilio Vaticano II abbia utilizzato la parola "popolo messianico" nella costituzione dogmatica *Lumen gentium* par. 9: "Questa alleanza nuova l'ha istituita Cristo: il nuovo patto nel suo sangue [cfr. *1 Cor.* 11,25]. Egli chiama gli uomini dai giudei e dai pagani, per formare di essi un'unità che non è più secondo la carne ma nello Spirito, cioè il nuovo popolo di Dio. Infatti coloro che credono in Cristo, i rinati non da seme corruttibile ma da uno incorruttibile che è la parola del Dio vivente [cfr. *1 Pt.* 1,23], non dalla carne ma dall'acqua e dallo Spirito Santo [cfr. *Gv.* 3,5s.] costituiscono 'la stirpe eletta, il sacerdozio regale, la nazione santa, il popolo che Dio si è acquistato [...]; quelli che un tempo erano non popolo, ora sono il popolo di Dio' [*1 Pt.* 2,9s.]".

Da questo carattere messianico derivano prospettive importanti per l'elaborazione della ecclesiologia. La Chiesa è popolo messianico che segue Cristo: è chiamata, dunque, a partecipare alla missione messianica di Gesù Cristo. La riconciliazione, il perdono dei peccati, l'arrivo del regno sono proclamati messianicamente, e il popolo di Dio deve verificare queste verità nelle differenti situazioni storiche. La missione messianica è quella descritta in *Is.* 61,1-4. La verifica del Vangelo si manifesta in una maniera di vivere. E qui la relazione della Chiesa con il mondo e con la situazione storica degli uomini riceve un peso enorme.

Finora l'ecclesiologia teologica era interessata principalmente a mostrare che la Chiesa è fondata da Gesù Cristo e riceve le sue strutture da questa costituzione. Se l'accento nella ecclesiologia è messo invece sul popolo messianico che segue Gesù Cristo, la verifica della Chiesa e la verifica delle sue strutture si fondano primariamente sulla evoluzione della dinamica messianica che è la caratteristica di questo popolo. Anche se questa dinamica messianica si realizza sempre in forme frammentarie, essa rimane il tratto fondamentale. Così la teologia, e in particolare l'ecclesiologia, si trova di fronte a provocazioni metodologiche. Elaborando l'aspetto messianico che vede Gesù Cristo come il Messia che ha realizzato la sua messianicità nella forma di servo, emergono i criteri e le forme di vita per la Chiesa di oggi. Tutti i momenti organizzativi e strutturali della Chiesa trovano il loro senso nel servire ed esprimere il carattere messianico della comunità dei fedeli.

Come ultimo esempio, vorrei accennare rapidamente alla trattazione dogmatica delle virtù teologali, in specie della fede. È la fede che caratterizza i giusti dell'Antico Testamento come i fedeli del Nuovo Testamento. Cambiano gli oggetti materiali della fede nell'economia divina, ma non cambia la fede stessa. I Padri della Chiesa come i teologi medievali hanno affermato questa verità con fermezza. Oggi si pongono questioni ulteriori: come parlare della fede, se l'Antico Testamento parla dell'alleanza di Noè, di Melchisedek e degli altri patriarchi prima dell'alleanza con il popolo dopo l'esodo? Che "figure" può assumere la fede in Dio? Sono questioni che toccano il dialogo con le differenti religioni. Possono essere risolte senza prendere in considerazione l'interpretazione ebraica dell'Antico Testamento?

Spero che queste riflessioni esemplificative abbiano mostrato come la scoperta della relazione ebraico-cristiana imponga nuove riflessioni metodologiche nella teologia cristiana e specialmente nella teologia dogmatica.

IV. Il dialogo ebraico-cristiano dalle origini a oggi

Alberto Melloni

Nostra Aetate e la scoperta del sacramento dell'alterità

Quella che segue è una rapida presentazione del lavoro conciliare che conduce alla dichiarazione *Nostra Aetate*: presentazione quasi sempre debitrice alla principale letteratura storiografica esistente: dalla memorialistica di John M. Oesterreicher,[1] alla riflessione teologica di Eugene Fisher,[2] al lavoro storico di Giovanni Miccoli e Mauro Velati nella *Storia del Concilio Vaticano II* diretta da G. Alberigo, a cui rinvio per i riferimenti che questa lezione lascerà in sospeso.[3] Sono ricostruzioni rese oggi interlocutorie in qualche passaggio dal fatto che l'Archivio del Concilio, che Paolo VI volle aperto agli studi e più ampiamente consultabile nella sua nuova collocazione nell'Archivio Segreto Vaticano, suggerisce sfumature e precisazioni non solo marginali che richiederanno una messa a punto complessiva nel prossimo futuro, quando anche la carte dei principali artefici del testo saranno state individuate e studiate.

Se mi permetto di ripercorrere dunque le tappe di una lotta lunga e difficile come quella che porta a *Nostra Aetate* è perché essa è carica di significati peculiari nella storia del Vaticano II: quel documento diventa un documento sulle religioni, e come tale sarà

---

[1] J. Oesterreicher, *Erklärung über das Verhältnis der Kirche zu den nicht-christlichen Religionen. Kommentierende Einleitung*, in *L Th K. Das Zweite Vaticanische Konzil*, II, Freiburg-Basel-Wien, 1967; una nuova edizione migliorata in J.M. Oesterreicher, *The New Encounter between Christians and Jews*, New York, Philosophical Library, 1986.

[2] E.J. Fischer (a cura di), *Visions of the Other: Jewish and Christian Theologians Assess the Dialogue. Studies in Judaism and Christianity. A Stimulus Book*, New York and Mahwah NJ, Paulist Press, 1994.

[3] *Storia del concilio Vaticano II*, diretta da G. Alberigo, ed. it. a cura di A. Melloni, 5 voll., Bologna, Il Mulino, 1995-2001.

ricevuto nel post-concilio, ma ha alla sua origine i nodi del rapporto fra la Chiesa e l'Ebraismo. Una origine che non è solo redazionale, ma – come richiamerò rapidamente alla fine – storica nel senso più profondo del termine: il peso della cultura del disprezzo avallata nel magistero,[4] il rapporto fra questa tradizione e la *Shoah*,[5] la difficoltà a discernere quell'evento sul piano teologico,[6] il bruciante dilemma delle colpe e le sue declinazioni accusatorie[7] – tutto questo grava su *Nostra Aetate*, spiega la determinazione con cui pochi padri vollero *contra spem* una dichiarazione che non aveva alle spalle il lungo movimento di dissodamento dottrinale che aveva segnato altre decisioni conciliari, e ne illumina la ricezione che, in certo modo, conosce un punto di svolta solo quando Giovanni Paolo II infila nelle fessure del Muro Occidentale il testo del *mea culpa* della chiesa cattolica, con un gesto che al tempo stesso esprime una parabola del papato romano e della chiesa nel suo senso ecumenicamente più vasto.

Ma prima di proporre alcuni brevissimi punti di riflessione su questo vorrei ripercorrere per sommi capi l'accavallarsi dei testi in una sequenza ancora provvisoria, che richiede un lavoro molto approfondito sui testi, sull'archivio della segreteria generale, sulle carte Bea, Rudloff, Oesterreicher, Congar, De Smedt e altri ancora per passare da una individuazione di segmenti in sequenza ad uno "stemma" articolato.[8]

---

[4] D.I. Kertzer, *The Popes Against the Jews: The Vatican's Role in the Rise of Modern Antisemitism*, New York, Alfred A. Knopf, 2001.

[5] D.J. Dietrich, *God and Humanity in Auschwitz: Jewish-Christian Relations and Sanctioned Murder*, New Brunswick NJ, Transaction Publishers, 1995 e ora anche M.A. Signer (a cura di), *Humanity at the Limit: The Impact of the Holocaust Experience on Jews and Christians*, Bloomington/Indianapolis, Indiana University Press, 2000.

[6] Cfr. E. Schüssler-Fiorenza – D. Tracy (a cura di), *The Holocaust as Interruption*, Edinburgh, T & T Clark, 1984; J. Neusner, *Death amd Birth of Judaism: The Impact of Christianity, Secularism and Holocaust on Jewish Faith*, New York, Basic Books, 1987.

[7] M. Phayer, *The Catholic Church and the Holocaust, 1930-1965*, Bloomington/Indianapolis, Indiana University Press, 2000.

[8] Sulle fonti, cfr. M. Faggioli – G. Turbanti, *Il concilio inedito. Fonti del Vaticano II*,

La preistoria

L'idea di sottoporre al concilio il nodo del rapporto fra la chiesa e gli ebrei premeva su molti dei protagonisti della preparazione del Vaticano II: non del tutto assente nemmeno dai castigati *proposita* delle Università cattoliche,[9] la questione tormentava non solo le chiese tedesche, ma anche la cultura teologica – e soprattutto da parte ebraica essa veniva avanzata come tema di un rinnovamento necessario. Fin dal 1955 Jules Isaac aveva sottoposto a un gelido Pio XII l'esigenza di un ripensamento visibile attraverso la modificazione dell'*oratio universalis* del venerdì santo e la questione, sempre più gravida di implicazioni attualissime, sarebbe stata sottoposta all'antico delegato ad Istanbul, allora attivo protagonista del soccorso agli ebrei in fuga dal genocidio e dal 1958 papa della chiesa di Roma col nome di Giovanni XXIII.

È noto che in questa opera di pressione operano soggetti diversi: cattolici non particolarmente apprezzati nell'inverno della fine del pontificato pacelliano, figure di origine ebraica non sempre guardate con istintiva benevolenza, militanti delle organizzazioni dell'Ebraismo mondiale o della politica estera del giovane Stato d'Israele. Congar non è Oesterreicher, Baum non è Herzog, Riegner non è Isaac, Golda Meir non è Golan – ma in ogni caso è la somma di questi contatti che ottiene non solo la revisione del rituale del venerdì santo, timidamente avviata sotto Pio XII,[10] ma anche la decisione del 1960 da parte di Giovanni XXIII di affidare al Cardinale Agostino Bea sj, il compito di delibare il tema nel Segretariato per l'Unità dei cristiani, vero segretariato per gli affari impensati e le missioni impossibili della curia roncalliana.[11]

Bologna, Il Mulino, 2001.
[9] Cfr. G. Miccoli, *La libertà religiosa e le relazioni con gli ebrei*, in *Storia del concilio Vaticano II*, cit., (in seguito Miccoli, cit.).
[10] Sui contatti, cfr. *Sens* 2002/4, con i carteggi di Jules Isaac.
[11] Cfr. J. Willebrands, *Il Cardinale Agostino Bea: il suo contributo al movimento ecumenico, alla libertà religiosa e all'instaurazione di nuove relazioni col popolo ebraico*, in *Simposio*

Lo schema A

Un rapporto presentato da Oesterreicher alla seduta plenaria tenuta ad Ariccia dal Segretariato per l'Unità dei cristiani del novembre-dicembre 1961,[12] e un progetto di dichiarazione estratto da una commissione di cui era parte Gregory Baum, danno vita ad un primo testo (A) che doveva rispondere alle istanze di Jules Isaac accolte dal pontefice come tematica appropriata per l'imminente concilio:[13] questa pagella fu esibita alla commissione preparatoria centrale nel 1962. Il risultato fu deludente per un complesso di ragioni che non è riducibile alle "reali proteste" arabe e alle "maldestre strumentalizzazioni" israeliane di cui scrive Miccoli.[14] "*Si de Judaeis cur non etiam de Mahumedanis?*" si chiese Cicognani che ancora portava dentro di sé il miraggio di Pio XI di un dialogo pensato come alleanza anticomunista ed anti-atea di chi crede "almeno in Dio" e ribadisce che la chiesa non ha pregiudizi verso l'ebreo che vuole abbracciare la fede cattolica...[15]

Un nuovo memoriale Isaac, divenuto un memoriale Bea del dicembre 1962, ripropone la questione, consapevole che in un tempo che è (come scrive Congar) il tempo *après Auschwitz* un ulteriore silenzio non è accettabile.[16] Bea aggiunge elementi di carattere ecumenico: infatti la recente condanna dell'antisemitismo da parte del WCC come "peccato contro Dio e gli uomini" ag-

---

card. Agostino Bea (Roma, 16-19 dicembre 1981), Roma, Pontificia Università Lateranense, 1983, p. 17; per una conferma, si veda S. Schmidt, *Agostino Bea. Il Cardinale dell'Unità*, Roma, Città Nuova, 1987.

[12] Miccoli, cit., p. 162.

[13] Il resoconto dell'udienza di Isaac in *SIDIC* (1968), n. 3, pp. 10-12; il rapporto consegnato a Giovanni XXIII si trova anche in J. Toulat, "Una visita a Jules Isaac", in *Rassegna mensile d'Israel*, 11/12 (1972) [5733], pp. 3-13.

[14] Miccoli, cit., p. 163.

[15] Miccoli, cit., p. 163. Per il contesto politico-diplomatico, cfr. A. Melloni, *L'altra Roma. Politica e S. Sede durante il concilio Vaticano II (1959-1965)*, Bologna, Il Mulino, 2000.

[16] Miccoli, cit., p. 163. Sul problema nella teologia successiva, cfr. A.J. Peck (a cura di), *Jews and Christians after the Holocaust*, Philadelphia, Fortress Press, 1982.

giungeva elementi di urgenza ad un passo che la coscienza e la storia ponevano di concerto.[17] Il consenso di Giovanni XXIII rimise in pista il testo caduto prima dell'apertura del Vaticano II e ripriva i giochi su una serie di proposizioni che sarebbero divenute visibili nell'aula conciliare durante la CG LXX, il 19 novembre 1963, a pochi mesi dalla morte di papa Giovanni e dalla elezione del suo successore, Paolo VI.[18]

Fra questi due momenti, distanti 11 mesi – l'insabbiamento del primo testo e la discussione in aula – è esplosa la *querelle* su Hochhut: la messa in scena il 20 gennaio 1963 di *"Der Stellvertreter"* di Rolf Hochhut, aveva aperto il vaso della polemica sui "silenzi" di Pio XII. La pièce teatrale del drammaturgo tedesco suscita polemiche di scarso significato storiografico, ma sintomatiche di un clima che – lo si capirà molto dopo – vede oggettivamente convergere sia chi vuole assolvere sia chi vuole condannare un solo "colpevole" della *Shoah*.[19] Papa Montini aveva intuito la portata della questione, che (nel suo livello più profondo) metteva con le spalle al muro una immagine della continuità del governo pontificio: lo aveva intuito già prima della sua elezione, se aveva deciso di scrivere al giornale inglese *The Tablet* nei giorni dei novendiali allo scopo di difendere Pio XII e consentire alla redazione il folgorante scoop di pubblicare nello stesso numero l'annuncio della elezione dell'arcivescovo di Milano al soglio di Pietro e la lettera che egli aveva inviato prima del conclave...[20]

Il testo B

Nonostante il montare di questa polemica, Bea (per scelta? per caso?) si presentò innanzi al concilio con un testo e con una

---

[17] Miccoli, cit., p. 164.
[18] Miccoli, cit., p. 164.
[19] Cfr. J. Nobécourt, «*Le Vicaire*» *et l'histoire*, Paris, Seuil, 1964; è il contesto in cui Paul Rassinier inventa un suo negazionismo, su cui F. Brayard, *Comment l'idée vint à Rassinier. Naissance du révisionisme*, Paris, Fayard, 1996.
[20] Miccoli, cit., p. 165.

serie di argomentazioni che riprendevano punto per punto le tesi del dicembre 1962. Il 19 novembre 1963 il cardinale non lesinò le sue insistenze sul fatto che il *De Judaeis* lì presentato come parte del *De Oecumenismo* (B) aveva un obiettivo "religioso": egli partiva con un *argumentum* biblico contro l'antisemitismo, rovesciando cioè il luogo comune più tipico della tradizione cattolica antigiudaica che partiva proprio dal tema del "rifiuto" del messia per approdare a quello del "deicidio". In secondo luogo bollava come strumentalizzazione la fondazione biblica dell'antisemitismo e del razzismo nazista.[21] Suggeriva di "correggere" le idee insinuate dalla propaganda antisemita e indicava nel perdono di Gesù l'esempio da seguire. E negava il fondamento biblico dell'accusa di deicidio portata contro tutti gli ebrei dei tempi di Gesù e *a fortiori* contro i loro discendenti. Non il NT, dunque, ma "ragioni di ordine politico-nazionale, psicologico, sociale ed economico" avevano ispirato una dottrina dalla quale distanziarsi in modo solenne e formale. Non venivano alla luce né gli argomenti dell'antisemitismo politico (l'esigenza di "difendersi" dalla ostinazione giudaica) né l'individuazione delle responsabilità della catechesi nella diffusione dell'antisemitismo, superate dalla convinzione ben comprensibile ai tedeschi che non potevano esistere crimini "collettivi".[22]

In aula non ci fu una votazione specifica del capitolo, ma solo pareri espressi negli interventi o nelle mozioni scritte: apprezzamenti (americani e tedeschi) e diffidenze (i patriarchi orientali) rimasero nell'ombra, mentre le diplomazie lavoravano in direzioni facilmente intuibili. Il groviglio, insomma, riguardava diversi piani oggi facili da ordinare, ma tutt'altro che chiari nel Cattolicesimo del 1963: su un piano c'era l'esigenza di tagliare le radici cattoliche dell'antisemitismo, negando alle idee razziste il fondamento teologico che pretendevano, con un rasoio concettuale diverso dalla

---

[21] Ovviamente non faceva alcun riferimento all'enciclica mancata di Pio XI sul tema, pubblicata in G. Passelecq – B. Suchecky, *L'Encyclique cachée de Pie XI*, Paris, La Découverte, 1995.

[22] Miccoli, cit., p. 164.

denuncia; poi c'era il problema di un dialogo con l'Ebraismo nel quale associazioni israelitiche e strutture israeliane erano in oggettiva concorrenza; poi c'era il problema del rapporto d'intrinsichezza fra cristiani arabi e la migrazione in quell'universo di frammenti dell'antisemitismo nazista, nella prospettiva di un consolidamento dell'ostilità verso Israele; inoltre c'era il rapporto fra Israele e Santa Sede che costituiva un punto supremo perché proprio nella argomentata impossibilità (negativa e/o paternalista) di concedere autonomia politica agli ebrei la chiesa aveva nutrito l'antisemitismo papalino e poi quello serpeggiante nelle università cattoliche e nei partiti cattolici; e infine c'era la questione del disprezzo vissuto come un "magistero precedente" che non era stato soltanto una delle componenti dell'odio perpetrato da anonimi "figli della chiesa", ma parte di una tradizione nella quale i papi s'erano espressi e riconosciuti.

In questo cozzo di questioni e di idee la tentazione di risolvere tutto traslando una frasina contro l'antisemitismo in altro contesto (il capitolo *de populo Dei* della costituzione ecclesiologica o il documento sul mondo contemporaneo) non era incomprensibile e perfino il Segretariato aveva discusso durante la fase preparatoria l'eventualità di affidare il tema dei rapporti fra Chiesa ed Ebraismo allo schema ecclesiologico nella speranza di evitare di dover prendere posizione su Israele.[23] Anche perché le fini tesi di Bea, anziché indurre a cautela o al camuffamento le voci dell'antisemitismo più bieco, finirono per eccitarle e portarle allo scoperto: che le tesi dell'anonimo che si firma "*Un Prêtre*" (il quale afferma che il genocidio era stato voluto dagli ebrei per devitalizzare l'antisemitismo "sano") susciti una sollevazione di scandalo nei padri a cui destina i suoi *pamphlet*, qualcosa vorrà dire...[24]

La discussione in aula del 1963 – aspecifica e non coronata da un voto sul capitolo – crea dunque una difficoltà interpretativa che rimarrà costante in tutto l'*iter* di quella che diventerà *Nostra Aetate*,

---

[23] Miccoli, cit., p. 166.
[24] Miccoli, cit., p. 167.

ma segna anche un carattere non meno rilevante del processo redazionale. Perché il carattere bruciante del tema è tale, che ogni passaggio è accompagnato da vivaci discussioni, riflessioni, scoperte che "accadono" anche se non passano dall'aula. Insomma accade nel 1963 (e si ripeterà) il fatto che una discussione non approfondita giovi al testo come e più della discussione analitica riservata ad altri problemi: più vasto, più crudo, più cruento è lo scontro di idee di cui la chiesa cattolica ha bisogno per darsi una spiegazione dell'alterità (religiosa, ma non solo).

Il testo C

È per questo che il capitolo presentato da Bea e non esaminato analiticamente dai padri entra in una revisione pensosa ed attenta nella plenaria che il segretariato tiene ad Ariccia alla fine dell'inverno 1964. In quella sede (27 febbraio-7 marzo) vengono prese decisioni capitali, sintetizzate nel testo che Bea trasmette alla segreteria generale il 23 marzo (C). Il *De Judaeis* si proponeva ora come una *appendix* alla bozza di decreto sull'ecumenismo:[25] la commissione di coordinamento era stata parallelamente informata che il Segretariato era disposto a lavorare ad uno schema sulle "religioni monoteistiche" incorporando nuovi specialisti per una elaborazione che, assicurava il cardinale Bea, sarebbe poi stata sottoposta all'organo responsabile della nuova preparazione del Vaticano II.[26]

Cicognani, destinatario come presidente del coordinamento del memoriale Bea, fu relatore sul *De Oecumenismo* alla riunione della stessa commissione di coordinamento del 16-17 marzo: l'anziano diplomatico negli Stati Uniti, emarginato da Pio XII e beneficato da Giovanni XXIII, dà voce a tutte le obiezioni arabe: si dice convinto della necessità di modifiche, ma sostiene che non si può più espungere il *De Judaies* (sic!) dallo schema. Le variazioni

---

[25] Miccoli, cit., p. 167.
[26] Miccoli, cit., p. 168.

che propone prendono di mira il testo B: chiede di espungere la parte contro il vocabolario del disprezzo e del deicidio in nome della lettera dei vangeli, e chiede di dedicare spazio ai musulmani e ai "pagani in genere".[27] Gli interventi dei presenti sono sintetizzati in una lettera di Cicognani a Bea dell'indomani e che suggerisce di fare una *Declaratio de hebraeis et de gentibus non christianis*; in essa si sarebbe dovuto ricordare "il nesso tra il popolo Ebraico e la santa Chiesa Cattolica, evitando in tutto il testo qualsiasi riferimento al deicidio", si sarebbero dovuti ricordare anche "gli altri popoli non cristiani, quali figli di Dio", e affermare "il principio della fraternità universale e di condanna di qualsiasi forma di oppressione di popoli o razze".[28]

Lo schema C

La reazione del Segretariato è tutt'altro che puntata contro queste indicazioni, che giocano su una serie di ambiguità tipiche di quel momento: ma al tempo stesso non coinvolge nessun membro esterno al gruppo di mischia che in via dell'Erba lavora ormai su tre nodi delicatissimi (quello dell'ecumenismo, quello della libertà religiosa e quello dell'ebraismo) contemporaneamente. Ne fornisce la prova il fatto che Willebrands chiede un testo ampliato a Yves Congar e Charles Moeller secondo le indicazioni del coordinamento e senza ulteriori impegni del Segretariato nella sua forma plenaria. Un allargamento prodotto a spron battuto (è pronto la sera del 27 marzo 1964) nel quale è salvo tutto il testo C, eccezion fatta per la parola deicidio.[29] Congar, secondo una sua visione teologica del tema, proponeva di far discendere dal nesso costitutivo fra paternità di Dio e fraternità fra gli uomini, una nuova *magna observantia* nella quale radicare un atteggiamento nuovo dei cristiani verso le

---

[27] Miccoli, cit., pp. 168-169.
[28] Miccoli, cit., p. 169.
[29] Miccoli, cit., p. 170.

religioni: in questa disciplina si radicano, secondo Congar, il rispetto per tutti e la condanna della discriminazione.

Il rimaneggiamento di Congar e Moeller non fu inviato ai padri (lo sperava davvero Willebrands?), ma rimesso dal segretario generale Pericle Felici (che lo vide il 2 maggio) a Paolo VI in persona il 6 maggio; una nota di Felici denunciava un presunto aggiramento da parte di Bea dei suggerimenti di Cicognani: "Il testo che si riferisce al popolo giudaico è stato allungato oltre le righe indicate dalla Commissione di Coordinamento ... allo scopo di condannare gli odi e le vessazioni contro gli Ebrei. Ma ciò – secondo le indicazioni impartite – doveva essere detto a parte ed in forma generale a favore di tutti i popoli... Infine il nuovo testo rivolge un invito ai *Cristiani* perché rifuggano da ogni forma di discriminazione. Ma ciò – sempre secondo le indicazioni impartite – doveva essere un invito rivolto a *tutti* gli uomini e non soltanto ai Cristiani".[30]

Paolo VI – che evidentemente Felici ritiene vulnerabile a queste insinuazioni il cui retrogusto è evidente – non era però un lettore impreparato o ingenuo. Era rientrato da pochi mesi dal primo viaggio di un papa in Terra Santa: là, nel gennaio 1964, aveva visitato i luoghi sacri sotto controllo giordano e israeliano, ma mai aveva pronunciato la parola Israele e alla porta di Mandelbaum aveva pronunciato una accorata difesa di Pio XII. Scorrendo il testo egli annota una approvazione formale: «Pare che stia bene». Ma, secondo una linea che in quelle settimane è ormai stile per papa Montini, fa sue correzioni del testo che non è affatto detto gli appartengano:[31] in molti casi (dall'ecclesiologia alla teologia della rivelazione, dalla libertà religiosa alla funzione del vescovo) egli fa sue sfumature che la minoranza pretende tramite il padre maestro del sacro Palazzo, p. Ciappi o il card. Browne.[32]

---

[30] Miccoli, cit., p. 171.
[31] Le osservazioni del papa in AS, V/2, pp. 572ss.
[32] Miccoli, cit., p. 175.

Anche in questo caso Paolo VI chiede menomazioni di cui Felici sarà troppo zelante interprete. Il papa chiede infatti di togliere l'inciso "*sive anteactis sive nostris temporibus*" in tema di persecuzioni degli ebrei, ché "possono dar luogo a recriminazioni senza fine desunte dalla storia" e domanda, inoltre, di aggiungere un riferimento "circa la speranza della futura conversione d'Israele, perché esse indicano che la condizione in cui gli Ebrei si trovano ora – anche se degna di rispetto e di simpatia – non è da approvarsi come perfetta e definitiva, e perché tale speranza è esplicitamente espressa nella dottrina di S. Paolo sugli Ebrei".[33]

Queste istruzioni papali (insieme alle osservazioni dei latinisti della segreteria dei brevi ai principi) vengono comunicate a Bea il 1° giugno 1964 ed esaminate a due livelli. Forse Willebrands (ma potrebbe essere anche un'altra mano) le analizza e replica con piccante brio agli errori di latino che vengono proposti come emendamenti; Bea firma (o scrive?) una lettera durissima nei toni e nella sostanza,[34] confortata dal consenso del Segretario di Stato Cicognani, dalle cui disattese indicazioni si facevano discendere le manomissioni dell'impianto.[35] In quella missiva del 23 giugno Bea esige la conservazione dell'inciso sulle persecuzioni *nostris temporibus* e pretende che, se non si vuol dire nulla a negazione del deicidio, si affermi allora che "*speciatim in Passione et Morte Domini explicanda Christi eiusque Apostolorum mansuetam charitatem imitentur, qui palam edixerunt vel illos ipsos, qui damnationis Domini causa fuerunt, id 'ex ignorantia' fecisse (Act.3, 15-17; cfr. Lc. 23, 34; Act. 13, 27), id est minime plene perspexisse facinus quod patrabant. Eo minus Judaeis nostri temporis facinus illud exprobrare licet. Hoc enim modo solum Christifideles voluntatem Domini Jesu complent qui uno amore et Judaeos et Gentes complectitur*".[36]

---

[33] Miccoli, cit., p. 171.
[34] AS, V/2, p. 558.
[35] Miccoli, cit., p. 171.
[36] AS, V/2, p.558; cfr. Miccoli, cit., p. 172.

Le correzioni, presto filtrate negli ambienti diplomatici e in quelli giornalistici, creano malumore in chi come Spellmann non voleva a tutti i costi una dichiarazione *De Judæis*, ma non intendeva ora pagare il prezzo di una sua pubblica manomissione sospettabile di antisemitismo; s'indigna chi, come Cullmann, non ama queste azioni pubbliche; si allarma chi come Rudloff dichiara in pubblico che così si sta preparando un disastro di credibilità di grandi proporzioni per tutta la chiesa.[37]

L'attivismo di Felici

Cicognani, come s'è detto, avalla la mossa di Bea, riporta il testo alla riunione del coordinamento 26-27 giugno. Felici – convinto che fosse stato Bea a muovere la stampa – acclude al testo un *memorandum* sull'iter nel quale precisa di aver sondato la *mens* del papa sulle istanze di Bea e di aver trovato Paolo VI disponibile solo ad una "espressione che non faccia ricadere sugli Ebrei di oggi la responsabilità degli atti dei loro antenati" sulla quale egli sollecita il parere del Coordinamento.[38] Nel corso della seduta Felici sguaina una quantità di pareri assai notevole – pareri che verrebbero tutti dal papa... Egli si fa portavoce di una opinione di Paolo VI contraria alla citazione di Atti 3,15-17, contraria alle discussioni fra teologi, favorevole a non ritenere colpevoli della morte di Gesù "tutti i Giudei, specie quelli di oggi" (sic!)[39]. L'attivismo del segretario generale smaschera l'ispiratore dei dubbi montiniani, ma non spunta la questione. Restava aperta una via: quella del cardinal Lercaro, che propone di citare Trento (Cristo è morto *propter peccata omnium hominum*) ed escludere *apertis verbis* che

---

[37] La lettera di Rudloff a Paolo VI, datata 10/5/1964 è in AS, VI/3, p. 200; cfr. Miccoli, cit., p. 173. Sulle carte Rudloff non è stato ancora compiuto uno scavo adeguato dei carteggi e degli appunti.
[38] Miccoli, cit., pp. 173-174.
[39] Miccoli, cit., p. 174.

si possa imputare agli ebrei dei tempi successivi – formula che piacque e che si decise di sottoporre subito al papa.[40]

Nei giorni successivi, però, Felici riprende in mano il testo, sempre per decisione del papa pressato nella linea Ciappi-Browne, il cui lavorìo ha le ragioni già dette: la frase di Lercaro viene convertita in una esortazione a non imputare della morte di Cristo gli ebrei del nostro tempo; la frase che sentenziava che le forme di disprezzo contro gli ebrei "*voluntati Christi repugnant*" cade; il periodo sul patrimonio comune a ebrei e cristiani si muta in un elogio del patrimonio che i cristiani avevano ereditato dagli ebrei.[41]

Si dà battaglia, dunque, sui punti critici dell'antisemitismo teologico: non è l'antisemitismo dei cristiani arabi – in parte dissimulato, in parte ammantato di solidarismo panarabista, da cui nemmeno il grande Maximos IV era esente o esentato – a contare; e nemmeno l'antisemitismo nazifascista che sfiora qualche voce. Il punto è l'antisemitismo teologico, con le implicazioni politiche che in tutta la *respublica christiana* in generale e nello Stato della chiesa avevano ispirato secoli di storia e di cultura. Anzi, il sospetto è che a questo dia patente lo stesso pontefice: l'allora teologo di Frings, il professor Ratzinger, dice che il papa "è convinto" della responsabilità collettiva degli ebrei nella morte di Gesù, e che dunque le difficoltà sono insuperabili;[42] il cardinal Seper dice il contrario. Il punto però non è riconducibile ad una meccanica specifica del *De Judaeis,* ma al clima di quell'inizio estate così difficile per Paolo VI, che sente sempre più violenta la pressione della minoranza conciliare, e per la maggioranza, che vede sempre più distante quello che un anno prima era il "suo" papa.

Il 7 luglio 1964 vanno così ai padri le due *declarationes* che il *De Oecumenismo* aveva gemmato (secondo la decisione del coordinamento del 16 aprile 1964) e che l'anno prima erano soltanto capi-

---

[40] Miccoli, cit., p. 174.
[41] Miccoli, cit., pp. 174-175.
[42] Miccoli, cit., p. 177.

toli: una prima *De libertate religiosa*,⁴³ una *declaratio altera* dedicata al tema *De Judaeis et de non-Christianis* che è ormai un testo D.

Il testo D nel dibattito del concilio

Non mi dilungo sulle reazioni all'invio del 7 luglio, per passare rapidamente alla discussione del settembre 1964. Il cardinale Bea, infatti, illustrò la *declaratio altera* al concilio il 25 settembre, in un momento critico del Vaticano II alle prese con la decisione non scritta di entrare di peso nei nodi del rapporto con la società e la modernità che tormentavano la chiesa da quasi duecento anni...⁴⁴

Attorniato da una vistosa simpatia, in fretta, per l'imminente partenza delle reliquie di sant'Andrea da restituire alla chiesa ortodossa,⁴⁵ Bea presenta il *De Judaeis et de non-Christianis* avendo chiaro solo l'appoggio convinto dell'episcopato tedesco, quello più tattico dei vescovi americani, e l'opposizione degli episcopati dei paesi arabi.⁴⁶

Bea parla con addosso molte "insegne": Bea il cardinale, Bea il gesuita, Bea il tedesco, Bea l'ecumenista, Bea l'ebraista, Bea il confessore di Pio XII... Mette al centro l'attesa pubblica e la questione della credibilità toccata da Spellmann, ed evoca l'esigenza di fedeltà della chiesa a se stessa: cita obliquamente l'asse con Cicognani e va all'attacco del nodo su cui (ufficialmente) Paolo VI s'è fermato: il deicidio. Egli respinge l'accusa di aver coinvolto la stampa, ma riconosce che la domanda si pone con la brutale rozzezza con cui i giornali l'hanno posta: e a questa domanda secca sul deicidio il concilio deve rispondere o sì o no, e propone un chiaro e secco "no". Fatto questo egli prende in esame il possibile

---

⁴³ Cfr. S. Scatena, *La fatica della libertà. L'elaborazione della dichiarazione "Dignitatis humanæ" sulla libertà religiosa del Vaticano II*, Bologna, Il Mulino, 2003, la cui ampiezza documentaria e interpretativa dice quanto grande sia il lavoro ancora da fare su *Nostra Aetate*...
⁴⁴ Miccoli, cit., p. 178.
⁴⁵ Miccoli, cit., p. 160.
⁴⁶ Per il contesto diplomatico, cfr. il mio *L'altra Roma* cit., *ad indicem*.

risvolto politico e – senza omettere una evocazione di Giovanni XXIII – si sbilancia in una rivendicazione del carattere "religioso" del testo che – una *excusatio non petita?* – non sembrava essere al cuore del dibattito: "*non loquimur hic de Sionismo nec de Statu politico Israel...*".[47]

Il dibattito – il primo che è aperto a tutti dal 1960 in poi – si svolse il 28-29 settembre, dopo una epica battaglia sulla libertà religiosa.[48] Come commentò Oesterreicher si toccava il problema dei problemi: "l'incontro dell'uomo con l'uomo, di Dio con l'uomo". Non pochi padri aderirono alla visione di Bea; ma non pochi fecero riserve che è difficile qualificare: sconcertanti, rivelatrici, candide?[49]

La sequenza, facilmente reperibile negli *Acta Synodalia*,[50] crea una galleria di opinioni impressionanti per le risonanze ad una tradizione millenaria di antisemitismi cristiani di diversa foggia e pericolosità: parlare di ebrei è "inopportuno" (Tappouni); invitare i predicatori a non parlare del deicidio è inutile perché "nessuno lo pensa più e ricordarlo sarebbe fastidioso" (Bueno y Monreal);[51] il testo deve dire la speranza che "tutti i non cristiani si riuniranno un giorno nella Chiesa" (Gdansk);[52] bisogna invitare gli ebrei a rispettare i cristiani dato che "a nessuno certo sfugge che i Giudei seguono ancor'oggi la dottrina del Talmud, secondo la quale gli altri uomini vanno disprezzati perché simili alle bestie", e bisogna ammettere che la massoneria, adusa ad ordire trame contro la Chiesa, "è sostenuta e favorita dai Giudei" (Ruffini); si invoca un appello alla conversione (Rwanda), e si chiede (*in scriptis*) di affermare che le discriminazioni sono sanamente basate sulle differenze volute dal Creatore (Castro Meyer). Per un vescovo del Qébec

---

[47] Miccoli, cit., pp. 178-179.
[48] Cfr. Scatena, *La fatica della libertà*, cit.
[49] Miccoli, cit., p. 181.
[50] AS, III/2, pp. 567-610 e AS, III/3, pp. 9-55.
[51] Miccoli, cit., p. 181.
[52] Miccoli, cit., p. 190.

"*Sola framassoneria judaica forsitan ea [scil. de declaratione] gaudebit, sed motivo politico vel interesse materiali (signo dollari)*".[53]

Sono interventi che galleggiano su un opuscolame reazionario aspro e aggressivo, ma si scontrano con molte voci di sostegno all'approccio di Bea: voci americane (Leven, Cushing, Ritter), jugoslave (Šeper), messicane (Méndez Arceo), francesi (Elchinger), italiani (Lercaro) – che rivendicando, come aveva fatto Heenan, il senso delle proposte poi snaturate nelle manomissioni di giugno, tentano di affermare una necessità non congiunturale e nemmeno storica al documento, ma precipuamente teologica, per superare le dottrine sostituzioniste. Il giudizio di Henri Fesquet – "*une victoire éclatante pour le cardinal Béa et un sévère échec pour la commission de coordination qui a cru devoir atténuer la première version*" – era ragionevole, o almeno così sembrava.[54]

L'infarto d'ottobre

Sembrava, perché due lettere di mons. Felici al cardinale Bea dell'8-9 ottobre comunicavano d'ordine del papa il modo di procedere quanto alle due *declarationes* alle quali le sottocommissioni del Segretariato avevano già rimesso mano per incorporarvi le mozioni dei padri: per il *De libertate* si prospettava una commissione "mista" con Browne, Lefebvre, Colombo, Fernandez. Per il *De Judaeis* si ingiungeva di aderire alla risoluzione presa nella supercommissione il 7 ottobre e di incorporare il testo nel *De ecclesia*, rivedendone i dettagli in una commissione mista con la dottrinale entro il 25 ottobre.[55]

La cosa – Cicognani lo dice chiaro e tondo – viene da una richiesta del papa, che scompiglia gli schieramenti: membri della maggioranza scandalizzati, Siri favorevole a resistere alle pressioni e Lercaro pronto ad accettare la sussunzione nel *De Ecclesia*; Aga-

---

[53] Miccoli, cit., p. 191.
[54] Miccoli, cit., p. 192.
[55] Miccoli, cit., p. 193.

gianian disposto a tenere qualcosa (anche se "dagli ebrei non conviene aspettarsi molto"), Felici pronto a dire che i superiori sono sempre stati contrari a questo documento, alla faccia di Giovanni XXIII...[56] Il modo in cui Felici sintetizza questo dibattito e la sua conclusione a Paolo VI non è né fedele né equanime: ma ottiene l'avallo che serve ad esautorare il Segretariato della responsabilità sul *De Judaeis*, oltre a fermare la libertà.

Cosa era accaduto lo spiega bene l'immensa ricerca di Silvia Scatena sulla libertà religiosa, alla quale attinge anche Miccoli.[57] E non è una questione di carattere procedurale, ma sostanziale: l'identità stessa del Vaticano II. È da qui che si deve partire: perché il problema di quelle settimane è il concilio, non qualche suo brano o brandello. L'offensiva della minoranza per non esser tale punta tutto su Paolo VI e sulla sua volontà di non voler contraddire il magistero antimoderno dei papi recenti: da questa morsa Montini non sa liberarsi, se non con gli atti; nei testi non vede una via e questo lo rende ripetitore di istanze non sue (non certo quelle dei melchiti che si sentono la mosca cocchiera che tiene in scacco il documento...).[58] Eppure in questo passaggio c'è qualcosa di più: perché sia sulla libertà sia sull'Ebraismo sono in gioco questioni relative non alle istituzioni della Chiesa cattolico-romana, ma allo statuto dell'alterità nella sua vita di fede.

A questa manovra inquinante Bea reagisce facendo emergere le debolezze e le contraddizioni delle istruzioni apparentemente forti e secche di Felici: a chi sarebbe dovuto andare il nuovo testo sulla libertà? E questo testo sarebbe stato davvero quello definitivo? Chi avrebbe placato le ansietà degli episcopati che attendevano il parere del Segretariato? Lo scrive al segretario generale e in modo più duro al papa, al quale chiede conto delle indicazioni date a lui, cardinale, *vivae vocis oraculo* il 5 ottobre e di quelle trasmesse da Felici: Bea chiede una parola definitiva al papa, non

---

[56] Miccoli, cit., p. 204.
[57] Scatena, *La fatica della libertà*, cit.
[58] Miccoli, cit., p. 201.

senza avvisarlo sull'effetto che avrebbe vedere portar danno al concilio da parte del papa che "ha sempre così scrupolosamente salvaguardato la libertà del Concilio". E chiede anche se per portare il *De Judaeis* dentro il *De Ecclesia* basterà una riunione...[59]

Il 13 ottobre 1964 – dopo una girandola di riunioni, confusioni, manovre – la crisi è sui giornali con molti dettagli sugli schieramenti. Almeno 8 cardinali appoggiano l'idea di una udienza di Frings che metta in guardia il papa sul *De libertate*; non sul *De judaeis*, perché non solo Bea pensa che il transito entro il *De Ecclesia* possa avvenire senza modifiche di estensione o di contenuto. Ne verrà una lettera con 13 firme pesantissime (venute su *Le Monde* il 17 ottobre) che chiede al papa di recedere dal proposito sulla commissione mista per il *De libertate*. Per contro Ruffini reagisce toccando Paolo VI sul vivo dell'autorità pontificia: "Si ignora forse che le due dichiarazioni sugli Ebrei e sulla Libertà religiosa hanno chiamato l'attenzione di Vostra Santità? Mi stupisce che ci sia tanto interessamento a favore degli Ebrei e si sostenga con straordinaria fermezza la Libertà religiosa, che – come viene impostata – suona certamente male. Mi perdoni, Beatissimo Padre, se oso aprire ancora il mio animo (Vostra Santità è il Vicario di Gesù Cristo e come tale ha la *suprema* responsabilità di ogni decisione conciliare)".[60]

Paolo VI, a questo punto, sceglie; forse sceglie anche le mosse che incendieranno quella che viene chiamata la "settimana nera" del Vaticano II, ma certo sceglie il da farsi sullo schema relativo ai rapporti con l'Ebraismo, e prende le distanze da Ruffini: "Sembra a noi di poterlo rassicurare circa la lettera, a cui egli si riferisce: essa mira a tutelare i diritti del Concilio, non già nei riguardi del Papa, ma piuttosto nei confronti di iniziative, ritenute intemperanti o abusive, da parte di qualche persona. È in ogni caso da deplorarsi che una indiscreta pubblicità venga a diffondere notizie riservate, deformandone il contenuto e il senso".[61]

---

[59] Miccoli, cit., pp. 208-209.
[60] Miccoli, cit., p. 215.
[61] Miccoli, cit., p. 216.

Se questo significava rimettere il *De libertate* sui suoi binari, per il *De Judaeis* comportava un ancor più significativo ristabilimento della identità e individualità dell'atto conciliare. Paolo VI aveva già detto a Bea l'11 ottobre che il testo non avrebbe avuto scorciamenti e il "nulla di nuovo" propinato da Felici a Bea il 13 poteva prestarsi a una lettura più ottimista di quella di Willebrands che vedeva solo buone premesse. Fra queste c'è l'ipotesi di "salvarlo" con un inserimento nel *De Ecclesia* per il quale il 20 si riuniscono Congar e Moeller, con anche König, Pfister e Neuner? Forse sì: anche se presto si pensa di poter salvare l'identità del documento sulle relazioni della Chiesa con le religioni noncristiane con nuovi esperti.[62]

L'approvazione del 1964 e l'intersessione finale del testo E

Una nuova serie di modifiche trovò la finale approvazione del Segretariato il 30 ottobre, dopo un lavoro complesso fatto da un apposito sottocomitato e dai suoi gruppi di lavoro,[63] che denunciava la attenzione di Bea per ciò che era emerso dal dibattito e la preoccupazione per le ovvie interferenze fra ciò che stava accadendo nel più vasto clima conciliare. Questa versione (E) venne distribuita in aula il 18 novembre 1964 e votata due giorni dopo in via interlocutoria con 1651 *placet*, 242 *placet iuxta modum* e 91 *non placet*. Sia ripristinando qualche aspetto delle precedenti redazioni,[64] sia accogliendo nuove avvertenze la dichiarazione prendeva la forma definitiva di 5 segmenti diseguali che passavano dal comune destino degli uomini, alle religioni non abramitiche, per toccare in due successivi capi musulmani ed ebrei, e concludersi con l'appello alla universale fraternità. La riprovazione dell'espressione "popolo deicida" era esplicita e la condanna dell'antisemitismo secca.

---

[62] Miccoli, cit., p. 218.
[63] Oesterreicher, *The New Encounter*, cit., pp. 228-233.
[64] La sinossi del testo C e dei suoi emendamenti è in AS III/8, pp. 637-647.

Il passaggio dal suffragio pare aver colto di sorpresa la diplomazia vaticana che pretende un articolo di Bea (al quale era stato bloccato un articolo per *Civiltà cattolica* sul tema degli ebrei nell'estate del 1962!) che scongiuri le interpretazioni "politiche" del testo e spunti quelle reazioni che in Siria e altrove hanno fatto pensare ad un osservatore come Oesterreicher in tempi non sospetti ad un Jihad.[65] In una nota del 7 dicembre 1964 a Felici Cicognani lamentava la mancata valutazione delle reazioni arabe, e Bea, che replicò opponendo il significato dei 1700 voti favorevoli, non mancò l'occasione per rifiutare collaborazioni condizionanti di "nuovi" teologi dietro ai quali stava il disegno di Felici già visto.

In realtà un clima teso c'era davvero: ma c'erano anche opportunismi (Gori, ad esempio) e allarmismi, ai quali Bea suggerì di rispondere con una nota formale da inviare prima della approvazione finale dello schema. E c'era una resistenza a cedere su un punto qualificante per il cattolicesimo reazionario come il diritto-dovere di "difendere" la chiesa dagli ebrei in conformità ad una tradizione di magistero breve ma fiammeggiante: che la resistenza diventi Carli è il segno della sua agonia.

Gli emendamenti vennero così esaminati ai primi di marzo del 1965 da un gruppo di lavoro già sperimentato a ottobre-novembre: Congar, Neuner, Baum, Oesterreicher, Moeller che riferì alla plenaria del segretariato.[66] Non solo gli emendamenti, ma anche nuove sensazioni: Willebrands spiegò ad esempio che le reazioni arabe erano venute da una trasmissione della radio israeliana che aveva parlato di una "assoluzione degli ebrei" dall'accusa di deicidio e la commissione agì sul testo invertendo la frase sui limiti della responsabilità nella morte di Gesù e la sconfessione dell'accusa di deicidio. Anche Bea, in seduta plenaria, volle mostrarsi attento alla preoccupazione araba che, non volendo distinguere politica e religione, interpretavano male la dichiarazione quasi fosse una presa di posizione in favore di Israele.

---

[65] Oesterreicher, *The New Encounter*, cit., pp. 237-238.
[66] *Ibid.*, pp. 247-249. Altri documenti in *Fondo De Smedt* nn. 1463-1466.

Su questa linea – che chiedeva di dar conto di Atti 3,15 *"auctorem fidei interfecistis"* – si sarebbe potuto arrivare a modifiche pesanti: contro cui, però, fece pesare la sua voce Sheenan, secondo il quale arretrare sulla riprovazione della accusa di deicidio voleva dire perdere il senso dell'intero testo. La divisione non si compose e alla fine nel testo restò la formula Willebrands in attesa di un riesame nella plenaria del successivo 10 maggio.

Nel frattempo Willebrands e Duprey iniziarono un viaggio in Medio Oriente che li rese più pessimisti: un clima allarmistico, tale forse da indurre Paolo VI in un grave passo falso nella domenica di passione, quando predicando in una parrocchia parlò della responsabilità del popolo ebraico nella morte di Cristo.[67] Ratzinger pensa ad una svolta teologica, ma forse è più un effetto di saturazione emotiva. Pochi giorni dopo il patriarca Gori – per fare un esempio – rifiutava ogni mediazione offerta da Willebrands dicendo che non si poteva né doveva dichiarare nulla. E Paolo VI formulava (o passava?) a Bea una serie di emendamenti assai imbarazzanti: "omettere la frase: '*neque ut deicidii rei*' ", stare generici nel condannare le discriminazioni a sfondo religioso, riprovare (come in morale) e non condannare (come fosse una eresia) l'antisemitismo.

Risultato a maggio? Il caos. E nel caos la sessione plenaria del Segretariato di quel mese, dove Willebrands riferì dei viaggi e Bea delle nuove pressioni papali: le possibilità sembravano solo due – o raddolcire il testo, o rinviare al post-concilio. Congar forse non è il solo a pensarlo, ma la sua intuizione è che si debba costruire una via diversa: un atto più organico e teologico, che trasformasse le occasioni e gli opportunismi in altro. Il suo progetto, trasmesso a Bea, sembrò una soluzione, inizialmente accantonata perché la tesi di Willebrands – se non si può fare, meglio rinviare – guadagnava consensi nel dibattito, vedendo l'accesso di Oesterreicher e dello stesso Congar.

---

[67] Sulle reazioni, cfr. il mio *L'altra Roma*, cit.

Verso un testo F

Il 12 maggio (dopo il coordinamento) il dibattito prese un'altra piega: un Willebrands meno categorico, un Bea più inventivo cercano di trovare forme di "scorporo" del tema – e il dibattito riprende fiato. De Smedt spinge per andare avanti, anche a costo di fare una premessa sul carattere "non politico" del testo; Martin, Charrière, Gran lo sostengono.[68] Il tedesco Stangl riafferma la tesi di Congar – vent'anni dopo Auschwitz non si può tacere – e Bea legge qualche tesi che forse è quella stesa da Congar nei giorni precedenti: ma si ferma perché nessuno, in tanto marasma, vuol rischiare di partire da un testo che non sia passato dall'aula.

Inizia così una fase di discussione operativa. Votazioni e formulazioni si inseguono: cassare la menzione diretta del deicidio passa per 15 a 9 e in una votazione di controllo per 17 a 6; ridurre *damnat* a un *reprobat*, passa 15 a 8; l'inciso "antipolitico" di De Smedt è approvato. Il dibattito però dice qualcosa di gravissimo sulla situazione: se il Segretariato procede così cosa accadrà in aula? De Smedt propone di preparare due proposizioni (messaggi?) da portare in concilio se lo schema fosse franato, ma non venne sostenuto da Bea, ormai deciso ad andare in concilio con uno schema.

Il risultato delle travagliate discussioni fu un testo F che accoglieva le proposte di (o veicolate da) Paolo VI: niente deicidio, niente condanna. Una débacle? Forse no, ma certo una causa di discontento. Suenens lo confessa a Dell'Acqua e gli dice il timore che sia il prestigio del papa a restare ferito: "*Il s'agit en effet d'un texte déjà voté par une immense majorité qui a expressément voulu réintroduire certaines formules que l'on envisage en ce moment de supprimer. Ces modifications, venant du Secrétariat comme tel, sont formellement opposées au règlement du Concile qui n'admet pas des retouches substantielles post suffragationem. Le Secrétariat pour l'unité ne peut donc les proposer de sa propre autorité. [...] on ne voit donc pas la possibilité de ne pas découvrir la couronne*".

---

[68] Cfr. *Fondo De Smedt*, n. 1441; altro materiale ai nn. 1467-1472.

Felici, che riceve copia della lettera di Suenens, è dell'avviso opposto: si faccia conoscere che è volontà del papa e tutto s'appianerà – o meglio ancora, si metta un rinvio nello schema XIII....

È un passaggio nel quale la stampa cattolica gioca un ruolo speciale: se i gesuiti di *America* chiedono parole chiare, mons. Carli sulla *Palestra del clero* chiede di "discutere serenamente della questione giudaica", mentre a giugno molta stampa autorevole dà la dichiarazione per morta...[69] Quando il 15 settembre il Segretariato riprende in mano per l'ultima volta l'antico *De Judaeis* ormai cresciuto, nulla è certo, né per la dichiarazione, né per l'intera fase finale dei lavori, nella quale ogni segmento di ciò che pare pronto per la promulgazione sembra vulnerabile ad attacchi fatali.[70]

Passa o non passa?

Il 30 settembre 1965 i padri ricevono così un testo ultimo, il testo G, articolato in nove tematiche da sottoporre a votazione[71] – davanti al quale c'è uno schieramento di forze ben chiaro.

Contro ci sono i membri del *Coetus internationalis patrum*, che l'11 ottobre fanno volantinaggio dentro l'aula per il *non placet*, distribuendo le loro *Suggestiones circa suffragationes mox faciendas de Schemate: "De Ecclesiae habitudine ad religiones non christianas"*, che sono una accusa al Segretariato e una proposta politicamente raffinata: la destra conciliare propone qualche attenuazione su 3 delle 4 parti destinate al voto e una sola bocciatura secca – per quella parte che revoca la "dottrina" del deicidio. Sulla prima parte – l'impianto del dialogo con le religioni non cristiane – si avanzano riserve teologi-

---

[69] Oesterreicher, *The New Encounter*, cit., pp. 253-260. Sugli ambienti reazionari, cfr. N. Buonasorte, *Fra Roma e Lefebvre. Il tradizionalismo cattolico italiano e il concilio Vaticano II*, Roma, Studium, 2003.
[70] La sinossi del testo che va ai padri il 30 settembre 1965 in sinossi col precedente si trova in AS, IV/4, pp. 690-696.
[71] Oesterreicher, *The New Encounter*, cit., p. 272.

che che Mauro Velati, giustamente, considera "maliziose" contro la ostinata ricerca di un *"denominator communis"*.

L'opposizione araba, invece, è stata limata da alcune scelte: nominato il p. Cocq, già responsabile della commissione per l'Islam all'interno del Segretariato per i non cristiani, nel Segretariato per l'Unità, si appronta una traduzione dello schema che viene consegnata a tutte le ambasciate arabe: queste, con la sola eccezione dell'Irak, abbozzano, con ripercussioni parimenti distensive fra i vescovi arabi, che pensano a una dichiarazione comune di voto (fallita a causa dei maroniti) e considerano come il viaggio papale all'Onu abbia stemperato certe punte polemiche del nazionalismo panarabo.

Un'area variegata di opposizione è quella delle associazioni informali dell'Ebraismo che considerano una scelta fatale la mancanza del termine "deicidio" e la riduzione del *"damnat"* dell'antisemitismo al *"deplorat"*: Joseph Lichten, per *B'nai B'rith*, telegrafa la "costernazione" della comunità ebraica statunitense e il vescovo del Texas, Leven, sarebbe disposto a votare contro il n. 4 per motivi opposti a quelli del *Coetus*, ma alla fine, nell'atto del suffragio, confusi.

C'è chi nota – sui giornali, nelle ambasciate – che l'*expensio modorum* consegnata ai padri non spiega le ragioni delle attenuazioni, che però potrebbero far cortocircuitare antisemiti tradizionalisti e innovatori scontenti: ancora una volta non è un episodio del concilio, ma un clima della fase conciliare, non a caso ben rappresentata da *Nostra Aetate*.[72]

Le considerazioni di Laurentin a questo proposito sono esemplari della incoscienza del momento: egli pensa che la bocciatura avrebbe migliorato i rapporti con il mondo ebraico e l'approvazione del paragrafo sul deicidio e l'antisemitismo avrebbe calmato le opposizioni da parte del mondo islamico – il che non è. Perfino i difensori delle soluzioni più aperte e schiette non riescono a visualizzare la differenza fra organizzazioni importanti, ma

---

[72] Le reazioni delle ambasciate nel mio *L'altra Roma*, cit., *ad indicem*.

nazionali, e l'Ebraismo europeo, oppure fra l'Ebraismo in Israele e Israele in quanto tale (uno stato che aveva in effetti le sue radici in qualcosa di diverso dall'esplosione dell'antisemitismo genocida nazista e fascista).

La sequenza delle votazioni per capitoli (14-15 ottobre), tuttavia, non dà scosse violente: i primi paragrafi ricevono 110, 184 e 189; dei paragrafi sull'Ebraismo salgono fino a 245 *non placet* che non hanno esito sul n. 6; e l'ultimo paragrafo vede scendere i contrari a soli 58 padri. L'insieme del testo viene "punito" con 243 contrari per un'ultima impennata di settori – i vescovi del mondo arabo o di quello africano alle cui religioni non si dà voce.[73]

Forse per il timore di irritare l'aula prima della fine, Lercaro non aveva inserito *Nostra Aetate* negli schemi da portare alla sessione pubblica del 28. E se era vero che Paolo VI aveva messo una soglia a 300 no per poter procedere alla promulgazione il "silenzio" dell'arcivescovo di Bologna era stato saggio. Passato lo scoglio del suffragio, infatti, il Segretariato inizia a chiedere con forza l'iscrizione al calendario del 28, esibendo al Papa anche le congratulazioni del WCC e del AJC. Perché premere? Perché c'erano code polemiche pericolosissime: può non sorprendere la lettera di Ruffini che lamenta la mancata citazione di Pio X, ma era davvero destinata a cadere nel vuoto? Come giudicare la lettera di mons. Gori al papa che accusava il concilio d'aver manomesso *Rm*. 11,28? Si entrava in un procedimento analogo a quello che aveva turbato gli ultimi momenti del *De Oecumenismo*? Non sarebbe stato così: il papa accetta la proposta di ampliare l'agenda del 28 ottobre, e sulle rimostranze di Gori dà il consiglio di tranquillizzarlo senza toccare nulla. Alla votazione finale passano con voti contrari compresi fra 2 e 4 gli schemi sui vescovi, i preti e i religiosi, mentre l'educazione cristiana registra 35 voti contrari e *Nostra Aetate* 88 irriducibili.

Erano passati 7 anni dall'elezione di Giovanni XXIII.

---

[73] Oesterreicher, *The New Encounter*, cit., pp. 274-276.

Il sacramento dell'alterità

Come ho detto all'inizio, molto va ancora fatto per capire più a fondo cosa si nasconde e cosa si palesa nei dibattiti pubblici, negli scontri privati, nelle tante ipotesi con le quali si cerca di sfuggire all'idea che, 750 anni dopo il Lateranense IV, un concilio approvi un *De Judaeis* di segno diverso rispetto a quello di Innocenzo III.[74] Moltissimo deve ancora essere semplicemente pensato per capire come il portato della dichiarazione venga ricevuto ai tanti livelli che fanno la vita della comunità cristiana: dai commentari al mondo ecumenico, dalla diplomazia pontificia all'opuscolame divulgativo, dalle tante "iniziative" che trasferiscono il concilio alla base della chiesa, dall'Europa al mondo arabo, dall'America a Israele. Con la dovuta cautela, dunque, mi limito ad avanzare, in via d'ipotesi, una chiave di lettura che, se confermata, penso possa renda conto storicamente (ma anche con qualche implicazione che eccede il piano della ricostruzione dei fatti) del percorso sommariamente evocato in queste pagine.

La storia redazionale di *Nostra Aetate* è infatti segnata dal continuo interferire di "opportunismi", termine nel quale non solo non vedo nessuna sfumatura negativa, ma anzi una capacità di aderire al tempo nella sua realtà: nel chiedere di Isaac c'è il sacrosanto desiderio di una zona dell'Ebraismo europeo di mostrarsi capace di ottenere qualcosa che chi aveva toccato con mano la *Shoah* e le aporie vecchie di secoli,[75] rimaste aperte anche dopo la liberazione, era in grado di intuire con un grado diverso di urgenza; nella prospettiva di Cicognani c'è il tentativo di far valere una cultura della mediazione diplomatica che però pare incapace di riconoscere nella novità politica qualcosa che potrebbe non segnare per sempre l'Ebraismo e il Medio Oriente solo a prezzo di una

---

[74] Cfr. S. Simonsohn, *The Apostolic See and the Jews: History*, Toronto, Pontifical Institute of Mediaeval Studies, 1991.
[75] J. Neusner – E.S. Frerichs (a cura di), *To See Ourselves as Others See Us. Christians, Jews, 'Others' in Late Antiquity*, Chicago, Scholars Press, 1985.

nuova catastrofe; nell'intuizione di Bea c'è qualcosa di cui un gesuita tedesco sapeva cogliere le implicazioni teologicamente più profonde ma anche le ricadute più vicine (se esistono crimini collettivi e imperituri come pretende la catechesi sul deicidio, cosa sarà del passato nazista della Germania?); nella diffidenza israeliana c'è il bisogno di capire la redditività politica di un atto che poteva ridursi ad un penoso fervorino, forse meritevole di qualche apprezzamento di cortesia da parte di un rabbino, ma non certo degno dell'impegno di un popolo alla ricerca della sua rinascita; nella reazione araba c'è il tentativo di raccorciare il guinzaglio delle chiese e al loro interno l'intuizione che l'occasione era propizia per affermare un protagonismo dentro società in bilico fra una re-islamizzazione e una rifondazione di tipo socialista. Ma alla fine cosa ne è venuto? Il *De judaeis* è stato annacquato o svenduto alle opportunità?

Redazionalmente potrebbe apparire così:[76] ma nella sostanza è vero il contrario. Nel testo e nella vita, nell'esperienza e nella storia, l'Ebraismo è diventato il paradigma non solo del dialogo interreligioso, ma il paradigma di ogni differenza, il sacramento di tutte le alterità, il *locus theologicus* nel quale i cristiani possono mostrare che ogni "altro" allude proprio nella sua alterità a Colui che è totalmente Altro e totalmente Prossimo ad ogni donna e uomo.[77] È questo mistero di libertà che segna la "nostra età" ed al quale il Vaticano II dice che questa età non è necessariamente impari.

---

[76] Era questa la tesi di M. Ruokanen, *The Catholic Doctrine of Non-Christian Religions According to the Second Vatican Council*, Leiden, Brill, 1992, convinto che *Nostra Aetate* si connoti per una negazione sostanziale della capacità salvifica delle religioni.

[77] In riferimento a questa intuizione di Barth, una panoramica della recente discussione teologica in J.T. Palikowski, "*Nostra Aetate*: its impact on Catholic-Jewish Relations", in *Thought* 67 (1992), n. 267, pp. 372-384.

Card. Jorge Maria Mejía

La fondazione della Commissione per i rapporti religiosi con l'Ebraismo, e il suo lavoro

La Commissione per i rapporti religiosi con l'Ebraismo venne creata da Paolo VI il 22 ottobre 1974, esattamente trent'anni fa.[1] Da qui l'attuale commemorazione. È opportuno ricordare che l'istituzione della Commissione fu in un certo senso un punto di arrivo, oltre che un punto di partenza. Mi pare quindi che la presente lezione potrebbe essere divisa in tre parti, non soltanto per ragioni didattiche. Queste tre parti riguardano: 1) i precedenti della Commissione e il suo inizio; 2) la sua configurazione nella struttura della Curia Romana; 3) i momenti salienti del suo lavoro tra l'anno della creazione e la fine del periodo in cui io stesso svolsi la funzione di Segretario (cioè, tra il 1974 e il 1986).

1. La Commissione non fu un inizio assoluto. Già prima del 1974, durante il Concilio Vaticano II, il tema assai difficile e non poco discusso dei rapporti con l'Ebraismo era venuto fuori durante la preparazione del documento oggi conosciuto con le sue prime parole: *Nostra Aetate*. In realtà, questo documento tratta dei rapporti con l'Ebraismo solo nel penultimo paragrafo (articolo 4), dopo aver affrontato la questione di tutte le religioni non cristiane. Qui, dunque, la religione ebraica non è distinta dalle altre religioni, se non per il contenuto di questo paragrafo, a partire dalla famosa frase intro-

---

[1] Cfr. la comunicazione ufficiale nell'*Information Service* del Segretariato (oggi Pontificio Consiglio) per l'Unità dei Cristiani, 1974/3, p. 22: "*Taking into account the development of closer relations concerning matters of religion between the Catholic Church and Judaism and the Catholic Church and Islam, the Holy Father has decided to create two Commissions for relations with these religions*". Per il riferimento all'Islam, cfr. *infra*, n. 12.

duttiva: "Scrutando accuratamente il mistero della Chiesa, il sacro Concilio ricorda il vincolo con cui il popolo del Nuovo Testamento è spiritualmente legato con la stirpe di Abramo".

Tuttavia nel dibattito precedente, soprattutto nei vari interventi del Cardinale Agostino Bea e di altri Padri conciliari, il carattere speciale dell'Ebraismo e dei suoi rapporti con la Chiesa cattolica era già stato ben sottolineato. Per questo motivo, quando il Papa (oggi Beato) Giovanni XXIII decise la creazione del Segretariato per l'Unità dei Cristiani come organo di preparazione del Concilio,[2] la questione dell'Ebraismo e dei suoi rapporti con la Chiesa venne affidata al suo Presidente,[3] il Cardinale Bea.

Questo passo fu di grande significato per gli sviluppi successivi. Da quel momento in poi, infatti, nonostante la struttura e il tenore della Dichiarazione *Nostra Aetate*, i rapporti con l'Ebraismo sono stati ben distinti e separati dai rapporti della Chiesa cattolica con le altre religioni.[4] Quando poi il Segretariato per l'Unità dei Cristiani è diventato un organismo della Curia Romana, cioè un Dicastero, i rapporti con l'Ebraismo sono rimasti nell'ambito delle sue competenze,[5] benché nel frattempo fosse già stato creato un

---

[2] Cfr. *Acta Apostolicae Sedis* 52, 1960, p. 436.
[3] Cfr. Card. A. Bea, *La Chiesa e il popolo ebraico*, Brescia, Morcelliana, 1966, p. 21: "[...] nell'udienza concessami il 18 settembre 1960 il Papa Giovanni XXIII dava al Segretariato per l'Unione dei Cristiani l'incarico di preparare una Dichiarazione riguardante il popolo ebraico [...]" (in vista ovviamente del futuro Concilio). Si veda anche S. Schmidt, *Agostino Bea, Il Cardinale dell'Unità*, Roma, Città Nuova, 1987, pp. 351-357, in part. p. 355.
[4] Non è il caso di entrare qui nel difficile *iter* della Dichiarazione nei dibattiti pre-conciliari e conciliari: cfr. su questo, Card. A. Bea, *La Chiesa e il popolo ebraico*, cit., pp. 22-25. La futura Dichiarazione, prima soppressa dal programma conciliare, divenne il quarto capitolo dello schema del futuro Decreto sull'Ecumenismo, e fu poi elaborata durante la seconda e la terza sessione del Concilio, grazie soprattutto al lavoro paziente del medesimo Cardinale Bea. Cfr. anche S. Schmidt, *Agostino Bea*, cit., pp. 564-613, la cui relazione è molto affidabile, sia per le sue capacità di storico fedele, sia per la sua vicinanza costante al protagonista di tutta la vicenda, il medesimo Cardinale Bea, di cui era il segretario.
[5] Cfr. la Costituzione Apostolica *Pastor Bonus* (28/6/1988), par. 138: "Presso il

Dicastero apposito per i rapporti con le religioni non cristiane, oggi chiamato Consiglio per il Dialogo interreligioso.[6] Alla competenza di questo Dicastero spettano i rapporti con tutte le religioni non cristiane, fuorché con l'Ebraismo.

Anche questo fatto deve essere tenuto ben presente. Non a caso, all'interno del Segretariato per l'Unità dei Cristiani, venne creato fin quasi dall'inizio un apposito Ufficio per i rapporti con l'Ebraismo, affidato dal cardinale Bea, Presidente del Segretariato, al Professor P. Cornelius A. Rijk. Egli fu così il primo responsabile della Santa Sede per i rapporti con l'Ebraismo, quando questi rapporti erano una assoluta novità e dovevano ancora trovare la loro strada.[7] Quello di Don Rijk fu un lavoro pionieristico, quali che ne possano essere stati i limiti, e sono lieto di ricordare qui il suo nome e i suoi meriti. Tutti noi venuti dopo siamo, in un modo o nell'altro, indebitati verso di lui.

Il compito di Don Rijk era duplice. Da una parte doveva in qualche modo istituzionalizzare nella Santa Sede, sotto la conduzione del Cardinale Bea, i rapporti assolutamente nuovi con l'Ebraismo. D'altra parte, doveva fornire alla Chiesa cattolica e ai suoi organismi direttivi, in primo luogo alle Conferenze episcopali, gli orientamenti necessari per instaurare questi rapporti, altrettanto nuovi per non dire completamente estranei per la stragrande maggioranza degli episcopati del mondo.[8]

Consiglio (per l'Unità dei Cristiani) è costituita una Commissione per studiare e trattare le materie che riguardano dal punto di vista religioso gli Ebrei: essa è diretta dal Presidente del medesimo Consiglio": già in *Regimini Ecclesiae Universae* (15/8/1967), par. 94.

[6] Creato *motu proprio* il 19 maggio 1964, poi costituito organismo della Santa Sede in *Pastor Bonus*, artt. 159-162.

[7] Don Rijk iniziò i contatti con l'*International Consultative Committee of Organisations for Christian-Jewish Cooperation* a Vienna (6-8 dicembre 1967). Cfr. *Information Service*, 1968/4, p. 13, con un breve rapporto sull'incontro.

[8] Benché esistessero già allora, in vari paesi, gruppi della cosiddetta *Amicizia/Amitié/Amistad/Freundschaft Ebraico-Cristiana*, di vere e proprie Commissioni episcopali in seno alle Conferenze si parla soltanto verso il 1974.

Si comprende facilmente la difficoltà di ambedue gli impegni. E c'era ancora un altro problema: quello di individuare gli interlocutori giusti nel mondo ebraico, così variegato e non certo unitario. Una volta individuati questi interlocutori, grazie alla creazione nel 1970[9] dell'organismo ebraico chiamato IJCIC (acrostico dell'*International Jewish Committee for Interreligious Consultations* che mette insieme rappresentanti delle principali Organizzazioni Ebraiche)[10] e del suo organo di contatto con l'Ufficio del Segretariato (l'*International Liaison Committee*), per far fronte alle altre due esigenze si pensò fin dall'inizio alla redazione di un documento ufficiale che potesse giovare all'applicazione del contenuto, nonché delle aperture, della *Nostra Aetate*.

In vista di questo documento si tenne una prima riunione di esperti a Roma tra il 9 e il 12 aprile 1969, poco dopo la creazione dell'Ufficio per i rapporti con l'Ebraismo. Su questo progetto di documento si lavorò negli anni seguenti, con la dovuta partecipazione dei vescovi membri del Segretariato per l'Unità. Nel frattempo, nell'ottobre del 1974, fu istituita la Commissione per i rapporti religiosi con l'Ebraismo: ad essa andò il merito di promulgare il documento in questione, dal titolo *Orientamenti e suggerimenti per l'applicazione della Dichiarazione conciliare Nostra Aetate n. 4* (1

---

[9] La prima riunione ufficiale di questo organismo col Segretariato per l'Unità dei Cristiani ebbe luogo tra il 20 e il 23 dicembre 1970, quando fu redatto il cosiddetto *Memorandum of Understanding*, per ben precisare il contenuto e i limiti degli incontri da ambo le parti. Si inaugurava così l'*International Liaison Committee* tra la Chiesa cattolica e l'IJCIC, i cui incontri sono poi continuati più o meno regolarmente fino all'ultimo, il diciottesimo, svoltosi a Buenos Aires nel luglio di quest'anno. Cfr. *Information Service*, 1971/2, p. 11.
[10] Le Organizzazioni rappresentate in seno all'IJCIC hanno una certa continuità senza però che siano state sempre le stesse. Se qualcuna predomina tra di esse è senza dubbio il *World Jewish Congress*, col cui presidente storico, il Dott. Nahum Goldman, il Cardinale Bea si era già incontrato privatamente il 26 ottobre 1960, cioè subito dopo aver ricevuto da Papa Giovanni XXIII l'incarico di occuparsi dei rapporti con l'Ebraismo (cfr. S. Schmidt, *Agostino Bea*, cit., pp. 355-356, n. 2, con riferimento all'autobiografia dello stesso Dott. Goldman).

dicembre 1974). Quel documento è diventato il biglietto di presentazione della nuova Commissione.

2. La creazione di una siffatta Commissione era una novità per la Curia Romana ed è uno dei meriti del grande pontificato di Paolo VI aver preso questa misura in ambito istituzionale, in piena coerenza e continuità con la teoria del dialogo proposta nella sua enciclica inaugurale *Ecclesiam suam*[11] (contemporaneamente, il Papa creò una Commissione simmetrica per i rapporti religiosi con l'Islam, nell'ambito del Segretariato per i Non Cristiani).[12] In questo modo l'Ufficio preesistente diventava una Commissione con un'identità e una struttura proprie.

A questo proposito, è importante notare tre cose.

a) La Commissione, come l'Ufficio precedente, è rimasta nell'ambito del Segretariato per l'Unità dei Cristiani (oggi Pontificio Consiglio per la Promozione dell'Unità dei Cristiani). Infatti, se l'Ebraismo può essere definito anch'esso "religione non cristiana", non lo è però nel senso delle altre religioni. Il suo rapporto con la Chiesa cattolica e con la realtà cristiana in genere è di un altro ordine e di tutt'altra natura.[13] Proprio questo si volle affermare ponendo la Commissione non in seno al Dicastero che si occupa delle altre religioni, ma in quello che si occupa degli altri cristiani. La soluzione forse non è ottimale, perché potrebbe creare l'equivoco che tali rapporti mirino anch'essi a una "unione", come con gli altri cristiani; e, come si sa, non è affatto questo l'obiettivo. Da

---

[11] Cfr. il testo citato *supra*, n. 1, con il relativo commento dell'*Information Service*, pp. 22-23.
[12] Cfr. *Pastor Bonus*, par. 162, e il testo citato *supra*, n. 1.
[13] Cfr. a questo proposito *Information Service*, 1967/3, p. 24, con tutte le necessarie precisazioni, delle quali la più importante è quella teologica: "3) *theologically, since the Church still considers the Old Testament as a sacred work inspired by God and forming part of the basis of her faith, this forms an essential link between her and Judaism which recognises the Old Testament as the ground for its existence*". Si potrebbe dire che, dal punto di vista teologico, le due religioni sono vincolate essenzialmente al livello della stessa identità religiosa.

un altro punto di vista, però, vi è un vero rapporto tra l'impegno ecumenico propriamente tale verso l'unità dei cristiani e la relazione con l'Ebraismo, almeno nel senso che tale relazione è una vocazione comune a tutti i cristiani e può davvero giovare alla riconciliazione tra loro.

b) La Commissione, a differenza del precedente Ufficio, è "distinta" dal Segretariato, oggi Pontificio Consiglio, sebbene ad esso "collegata" (sono i termini utilizzati in occasione della sua creazione).[14] Possiede quindi una propria struttura, che in parte coincide con quella del Pontificio Consiglio: lo stesso Presidente, il Cardinale Walter Kasper, dopo i Cardinali Bea, Willebrands e Cassidy. Il segretario del Pontificio Consiglio è invece il vice presidente della Commissione: oggi Mons. Brian Farrell dopo Mons. Charles Moeller, Mons. Ramón Torrella (recentemente deceduto, arcivescovo emerito di Tarragona in Spagna), Mons. Pierre Duprey e, per un breve tempo, Mons. Marc Ouellet, oggi cardinale arcivescovo del Québec. La Commissione ha un suo proprio segretario, oggi P. Norbert Hofmann, dopo (in ordine cronologico) P. Pierre Marie Stanislas de Contenson OP, il sottoscritto, Mons. Pierfrancesco Fumagalli e P. Remi Hoeckman OP, adesso in pensione in Belgio.

c) Il mandato della Commissione riguardava fin dall'inizio la competenza per i "rapporti religiosi con l'Ebraismo". Ci si può chiedere cosa signifchi la qualifica "religiosi" e come la si deve interpretare. Vorrei dire prima di tutto che essa non è necessariamente una limitazione, e forse al contrario costituisce una liberazione. L'Ebraismo è una religione e una religione mondiale, nel senso che è presente nei cinque continenti e si può ben dire che ha una vocazione universale, se non precisamente missionaria. D'altra parte, si presenta come avente un rapporto unico con uno Stato, lo

---

[14] I termini sono ripresi dall'*Annuario Pontificio* per l'anno 2004, p. 1718, dove si presenta la Commissione. Il testo citato *supra*, n. 1, affermava: "*The two Commissions* [per l'Ebraismo e per l'Islam] *come under, respectively, the Secretariat for promoting Christian Unity and the Secretariat for Non-Christians*".

Stato d'Israele. Uno Stato che, al tempo in cui in Concilio si preparava la Dichiarazione *Nostra Aetate*, esisteva già da vari anni (1948). Uno Stato la cui vita non è stata certo pacifica né purtroppo pacificamente accettata da altri stati, in particolare dai suoi vicini nel Medio Oriente. Uno Stato, poi, che non ha avuto rapporti diplomatici con la Santa Sede fino al 1993, benché fosse riconosciuto anche prima come tale. Vi erano quindi dei risvolti politici ed era opportuno e necessario distinguere tra essi, di competenza semmai della Segreteria di Stato, e la grande tradizione religiosa dell'Ebraismo, così vicina alla nostra. Fu questo il senso dell'aggiunta dell'aggettivo "religiosi" nel titolo della Commissione.

3. Don Cornelius Rijk, nonostante fosse rimasto ancora per un certo tempo nell'allora Segretariato per l'Unità dei Cristiani, non venne nominato primo segretario della Commissione. L'incarico fu affidato a un altro officiale del medesimo Segretariato, quel P. de Contenson OP prima menzionato. A lui spettò l'onere e l'onore di mettere in moto il nuovo organismo, nella sua triplice dimensione relazionale: con la Curia Romana, con la Chiesa universale, con i rappresentanti dell'Ebraismo. Nel primo compito venne orientato e assistito dai suoi superiori nel Segretariato, il Card. Willebrands e Mons. Moeller. Nel secondo poté contare sul lavoro già svolto da Don Cornelius: trovò infatti pronti gli organismo di dialogo a cui ho fatto prima riferimento, e un gruppo di consultori ufficialmente designati tra esperti più o meno conosciuti dei rapporti con l'Ebraismo. Per il terzo compito, l'animazione dei medesimi rapporti nella Chiesa universale, poté avvalersi di numerosi sacerdoti e laici di diversa origine, già impegnati in questo lavoro in varie parti del mondo.

P. de Contenson OP ha avuto la gioia di veder pubblicato il testo degli *Orientamenti e suggerimenti*, preparato da Don Cornelius con il valido e alle volte decisivo aiuto degli esperti, e poi approvato dai vari Uffici della Curia che sono preposti alla pubblicazione di documenti come quello della Commissione, cioè emanati dalla

Santa Sede. In sostanza, P. de Contenson, dopo Don Cornelius Rijk, ha posto le basi sulle quali fino ad oggi abbiamo continuato a costruire. Se lo nomino qui in modo speciale è perché egli si prodigò a tal punto nella sua missione, mentre nel contempo si occupava dell'edizione leonina delle opere di San Tommaso d'Aquino e di altro ancora, che le sue forze fisiche non ressero. Dopo due anni venne meno santamente, vittima di due infarti. Si racconta che, a un suo confratello che sul letto di morte gli aveva chiesto se era stato assistito nel suo lavoro dalla fede di ebrei e cristiani nello stesso Dio e Signore, egli rispose: *"oui, le même, mais avec une petite différence"*. Noi crediamo infatti nel Dio-Trinità.

Conclusione. Non è il caso che io mi dilunghi sulla cronaca di quanto i successori di P. de Contenson sono stati in grado di fare. Questa è già storia contemporanea. Per quello che riguarda il tempo del mio mandato mi limiterò ad alcuni brevissimi cenni.

La mia nomina fu dovuta soprattutto all'emergenza creatasi per la scomparsa improvvisa di P. de Contenson. Mi trovai dalla mattina alla sera davanti a una simile responsabilità, avendo come unica preparazione il mio precedente lavoro di segretario del Dipartimento del CELAM (Consiglio Episcopale Latino-americano) per i rapporti ecumenici e interreligiosi, e i miei anni di professore di Sacra Scrittura e di lingua ebraica alla Facoltà di Teologia dell'Università Cattolica Argentina. Mi resi subito conto della portata del lavoro svolto da quanti mi avevano preceduto, e di quanto si poteva ancora fare in questo nuovissimo campo di lavoro pastorale che erano (e tuttora sono) i rapporti della Chiesa cattolica, e in modo particolare della Santa Sede, con l'Ebraismo. Tra i predecessori nell'incarico e gli esperti che mi aiutarono, ricordo il Prof. Tommaso Federici, P. Roger Le Déaut e il futuro Cardinale Carlo Maria Martini, allora Rettore della Pontificia Università Gregoriana.

Con il loro aiuto, la comprensione e il paziente accompagnamento dei miei superiori di quel tempo (in particolare di Mons. Ramón Torrella, vicepresidente), si è arrivati alla pubblicazione di un secondo documento, che è più complesso e anche più completo del primo, ma necessariamente lo presuppone: le *Note per la corretta presentazione di Ebrei ed Ebraismo nella catechesi e nella predicazione della Chiesa cattolica* (promulgato il 24 giugno 1985). Penso che questo documento – dove per la prima volta si cerca fra l'altro di spiegare il senso che per noi può avere il nesso tra la religione, la terra e lo Stato, sul quale gli ebrei facevano e fanno costantemente leva – sia tuttora valido e opportuno.[15] I due o tre brani a cui mi riferisco sono frutto di una feconda collaborazione, sempre auspicabile per il lavoro della Commissione, fra la Commissione stessa e la Segreteria di Stato, una volta affidata al Cardinale Casaroli e ora al Cardinale Silvestrini, ai quali va qui il mio ricordo riconoscente.

La visita del Santo Padre alla Sinagoga o Tempio Maggiore di Roma, il 13 aprile 1986, rappresenta uno dei tre momenti storici che fino ad ora, nel suo pontificato, hanno caratterizzato i rapporti tra Chiesa cattolica ed Ebraismo. Gli altri due, come è noto, sono il viaggio apostolico in Israele durante l'anno del Grande giubileo, con la preghiera al Muro Occidentale, e nello stesso anno la domanda di perdono per i torti che gli ebrei soffrirono a causa nostra nel corso della storia (ad essi si potrebbe aggiungere lo stabilimento di rapporti diplomatici con Israele nel dicembre del 1993).

La visita del Santo Padre alla Sinagoga di Roma è stata una sua iniziativa, che a me è toccato di organizzare. E con questa visita, nella quale ho avuto il privilegio di accompagnare il Santo Padre, è finito anche il mio mandato: ero stato ordinato vescovo il giorno precedente, e trasferito al Pontificio Consiglio della Giustizia e della Pace come vice presidente.

La fiaccola è così passata ad altre mani che già hanno potuto, e potranno certamente in futuro, continuare e ampliare il lavoro della Commissione per i rapporti religiosi con l'Ebraismo fin quando il Signore vorrà. O forse, meglio, fin quando Egli finalmente verrà. E allora il lavoro della Commissione non avrà più alcun senso.

---

[15] Cfr. *Note*, n. 25.

Pier Francesco Fumagalli

La Commissione per i rapporti religiosi con l'Ebraismo e il Comitato internazionale di collegamento cattolico-ebraico

Quando Paolo VI il 22 ottobre 1974 istituì la Commissione della Santa Sede per i rapporti religiosi con l'Ebraismo (CRRE), già da alcuni anni, precisamente il 23 novembre 1970, era stato creato a Roma un Comitato internazionale di collegamento cattolico-ebraico o ILC (*International Catholic-Jewish Liaison Committee*).[1] Composto inizialmente di cinque delegati per ciascuna delle due parti, ha continuato a svolgere la sua attività ininterrottamente nei 35 anni seguenti, fino ad oggi, tenendo 18 sessioni plenarie ordinarie e 2 straordinarie; le iniziative sono state normalmente coordinate da un comitato esecutivo congiunto, e il numero dei suoi membri è progressivamente cresciuto, arrivando a circa 25 tra delegati ed esperti cattolici ed altrettanti ebraici. I cinque delegati ebraici vennero inizialmente designati dai cinque organismi fondatori dell'*International Jewish Committee on Interreligious Consultations* (IJCIC),

---

[1] Cfr. *International Catholic-Jewish Liaison Committee, Fifteen Years of Catholic-Jewish Dialogue, 1970-1985, Selected Papers*, Città del Vaticano, Libreria Editrice Vaticana, 1988; J.L. Lichten, *Origine del Comitato internazionale di collegamento cattolico-ebraico (1970-1982)*, in *Le chiese cristiane e l'ebraismo (1947-1982). Raccolta di documenti*, a cura di G. Cereti – L. Sestieri, Casale Monferrato, Marietti, 1983, pp. 376-383. Per tutti i resoconti e le informazioni generali sull'attività dell'ILC si può consultare la rivista bilingue, in inglese e in francese, *Information Service/Service d'information* del Segretariato (oggi Pontificio Consiglio) per l'Unità dei Cristiani. Informazioni e documentazione generale su questo argomento si trovano pure nell'opera *Fratelli prediletti. Chiesa e popolo ebraico, Documenti e fatti, 1965-2005*, Prefazione di W. Kasper, a cura di P.F. Fumagalli, Milano, Mondadori, 2005 [in stampa].

la cui istituzione risale egualmente al 1970;[2] i membri di parte cattolica vennero nominati con l'approvazione di Papa Paolo VI.

L'opera dell'ILC si regola secondo i principi e le norme concordate in un Memorandum di intesa che venne sottoscritto a Roma all'atto dell'istituzione, al termine di un fondamentale incontro di quattro giorni, al quale parteciparono rappresentanti dell'allora Segretariato (oggi Pontificio Consiglio) per l'Unità dei Cristiani, dell'Ufficio vaticano per le relazioni cattolico-ebraiche, delle Congregazioni della Dottrina della fede, delle Chiese orientali e dell'Educazione cattolica, della Commissione (oggi Pontificio Consiglio) Giustizia e Pace, e della Segreteria di Stato. Il Memorandum esordisce così: "il carattere dei rapporti fra cattolici ed ebrei ha un fondamento di tipo religioso, ma le loro relazioni si estendono all'intero complesso dell'attività umana ovunque si svolga. Un modello di sviluppo concreto per queste relazioni deve, di conseguenza, basarsi su una struttura avente quale premessa la fede religiosa".[3]

Secondo una valutazione datane nel 1985 dal cardinale Johannes Willebrands, che ne fu tra i principali sostenitori ed animatori per due decenni, il Comitato è "l'unico organo ufficiale che unisce la Santa Sede e la comunità ebraica.[4] Pur entro i suoi limiti, è un simbolo ed uno strumento efficace delle nostre relazioni. Credo che noi dobbiamo ulteriormente valutare molto attentamente in qual modo possiamo farne uso per approfondire, favorire, applicare nelle diverse sfere della vita, questa nostra relazione, entro i termini di riferimento concordati nel Memorandum di intesa nel dicembre 1970. [...] Esso è, in realtà, il solo luogo dove ci è possibile incontrarci come rappresentanti cattolici ed ebrei ufficialmente

---

[2] Le cinque organizzazioni ebraiche che istituirono l'IJCIC furono: l'*American Jewish Committee*, *B'nai B'rith International*, la sezione ebraica dell'*Israel Interfaith Association*, il *Synagogue Council of America* e il *World Jewish Congress*.
[3] La traduzione completa del documento è nell'*Appendice*. Il testo originale si trova pubblicato in *Fifteen Years of Catholic-Jewish Dialogue*, cit., pp. XV-XVI.
[4] All'epoca, infatti, non era ancora stato istituita la più recente Commissione mista per il dialogo ebraico-cattolico in Israele, sorta nel 2002 a Gerusalemme.

delegati (con quell'asimmetria così caratteristica del nostro rapporto), faccia a faccia, [...] pienamente consapevoli della responsabilità che l'attuale stato delle nostre relazioni pone sulle nostre spalle, su ciascuna delle due parti e su noi congiuntamente".[5]

L'opera dell'ILC si può finora riassumere distinguendola in tre fasi, la prima delle quali, dal 1971 al 1973, fu di carattere sperimentale, e si concluse in coincidenza con l'istituzione della Commissione per i rapporti religiosi con l'Ebraismo, l'anno seguente. Durante questo triennio, nel corso delle riunioni di Parigi, Marsiglia e Anversa, venne principalmente trattato l'argomento "Popolo, terra e nazione", caro alla tradizione biblica e ricco di concrete implicazioni riguardo al modo di considerare la problematica mediorientale e la rinascita dello Stato d'Israele.

Dopo la creazione della CRRE seguì un ventennio di intenso e fruttuoso dialogo, dal 1974 al 1993, nel quale si tennero 13 sessioni, due delle quali straordinarie in Vaticano; in questo lungo periodo l'attenzione fu concentrata soprattutto su tematiche educative, diritti umani, missione e testimonianza, antisemitismo e *Shoah*.[6] Le due sessioni straordinarie ebbero luogo rispettivamente il 31 agosto-1 settembre 1987 e il 5-6 dicembre 1990, quest'ultima in occasione del venticinquesimo anniversario della dichiarazione conciliare *Nostra Aetate*.

La terza fase, il cui inizio coincide con il perfezionamento dei rapporti diplomatici tra la Santa Sede e lo Stato d'Israele, il 30-31 dicembre 1993, comprende le sessioni XV-XVIII, la prima delle quali tenutasi a Gerusalemme nel maggio 1994, fino alla più recente di Buenos Aires nel 2004.[7] Questo terzo periodo, che tuttora

---

[5] J. Willebrands, *Nostra Aetate: The Fundamental Starting Point for Jewish-Christian Relations*, in *Fifteen Years of Catholic-Jewish Dialogue*, cit., p. 274.
[6] A quest'ultimo argomento venne dedicata l'intera XIII sessione plenaria di Praga (Praga, 3-6 settembre 1990), di cui per iniziativa dell'ILC furono pubblicati gli Atti nel fascicolo XXXVI/3 della rivista *Istina: Après la shoa. Juifs et chrétiens s'interrogent*.
[7] A proposito di quest'ultima, cfr. N.J. Hofmann, *Dialogo su giustizia e carità*, in *Il regno – attualità* 14/2004, p. 449.

continua, appare caratterizzato da due fattori tra loro interdipendenti: la pubblicazione periodica, dal 1994, di documenti congiunti su vari temi, e un più deciso orientamento verso la collaborazione pratica e diretta in aree di comune interesse nel campo dell'azione sociale e dell'antisemitismo.

Come si può vedere dall'esame dei cinque documenti comuni dell'ILC, tradotti in italiano nell'Appendice, questi brevi testi rappresentano di fatto una tappa nuova nell'evoluzione dei rapporti ufficiali cattolico-ebraici, tanto nella forma quanto nella sostanza. La riunione di Gerusalemme (1994) si era conclusa con una dichiarazione sulla famiglia; il successivo incontro dell'ILC in Vaticano (1998) aveva avuto come frutto un testo congiunto sull'ecologia, mentre a New York (2001) vennero pubblicati un documento particolarmente dettagliato sui luoghi santi di tutte le religioni e la libertà religiosa, e una dichiarazione sull'educazione. La XVIII sesione, a Buenos Aires, ha portato all'elaborazione di un testo comune sui temi della carità e della giustizia, unito ad un impegno a favore dei centri cattolici ed ebraici che nella capitale argentina svolgono attività sociali, culturali e caritative specialmente verso i più poveri.

Il primo documento congiunto trattò, nel 1994, un tema di rilevanza centrale sia per l'Ebraismo che per il Cristianesimo, quello della famiglia, sul quale esiste un'ampia convergenza di vedute nelle due tradizioni religiose. È perciò utile prendere in considerazione almeno l'esordio del testo: "Le concezioni ebraica e cristiana riguardo alla famiglia sono fondate sulla descrizione biblica della creazione duale dell'essere umano – uomo e donna – a immagine di Dio, e sulla natura duale dell'alleanza di Dio con i patriarchi e le matriarche – come nel caso congiunto di Abramo e Sara. Noi affermiamo il valore sacro e intrinsecamente buono del matrimonio stabile e della famiglia. Sottolineiamo anche il suo valore nel trasmettere l'eredità religiosa e morale dal passato al presente e per il futuro. Il popolo ebraico e la chiesa cattolica rappresentano due antiche tradizioni che lungo i secoli hanno offerto e ricevuto il sostegno della famiglia. Oggi, durante quest'anno internazionale dedicato alla famiglia, possiamo insieme dare un solido contributo al dibattito generale su questi temi".

In questo paragrafo va notato il rimando sostanziale al dato della Bibbia ebraica, in particolare alla Torah, che nel primo libro – *Bereshit* o *Genesi* – appare quale fonte principale di riferimento comune su questo argomento, per ebrei e cristiani. Tale orientamento di fondo riappare anche in altri testi, come ad esempio nel documento del XVI incontro dell'ILC in Vaticano (1998); in questa seconda dichiarazione, a proposito dell'ecologia, si afferma: "La preoccupazione per l'ambiente ha condotto sia cattolici che ebrei a riflettere sulle implicazioni concrete della loro fede in Dio, creatore di tutte le cose. Rivolgendosi alle loro scritture sacre, entrambi hanno scoperto le fondamenta religiose e morali del loro dovere di prendersi cura dell'ambiente". Anche in questo caso, il riferimento biblico esplicito è a *Genesi* 1-2, ma sono citati anche altri tre libri della Torah: *Esodo*, *Levitico* e *Deuteronomio*.

Un simile riferimento biblico al passo di *Gen.* 1,26 ritorna pure nella dichiarazione di New York sulla libertà religiosa e la tutela dei luoghi santi (2001), là dove si ricorda che "la libertà di religione e di coscienza, che include i diritti delle comunità religiose all'interno della società, è radicata e ha origine dalla libertà delle persone dinanzi a Dio. Come ebrei e come cristiani, scopriamo le radici di questo concetto nella dignità di tutte le persone create 'a immagine e somiglianza di Dio' (*Gen.* 1,26). La libertà religiosa si realizza mediante l'esercizio di specifici diritti. Tra questi sono inclusi: la libertà di culto, la libertà nella manifestazione pubblica della propria fede e nella pratica della propria religione, la libertà delle comunità religiose di organizzarsi autonomamente e di dirigere le proprie attività senza interferenze, il diritto ad esprimere le implicazioni sociali del proprio credo, a tenere riunioni, ad istituire organizzazioni educative, assistenziali, culturali e sociali in conformità alle finalità spirituali della propria tradizione religiosa".

Nell'ultimo testo congiunto di Buenos Aires (2004) si introduce, per la prima volta, un riferimento esplicito anche alle parallele fonti evangeliche e a fonti successive di entrambe le tradizioni, inclusi documenti pontifici recenti: "Il nostro comune impegno per la giustizia è profondamente radicato in entrambe le nostre fedi. Richiamiamo la tradizione di aiutare le vedove, gli orfani, i poveri e gli stranieri in mezzo a noi, in accordo con il comando divino (*Es.* 22,20-22; *Mt.* 25,31-46). I saggi d'Israele svilupparono un'ampia dottrina di giustizia e carità verso tutti, fondata su un'elevata comprensione del concetto di *tzedeq*. Sulla base della tradizione della chiesa, papa Giovanni Paolo II nella sua prima enciclica *Redemptor hominis* (1979) ha ricordato ai cristiani che una genuina relazione con Dio richiede un forte impegno di servizio al proprio prossimo".

L'attività svolta dalla CRRE nel promuovere direttamente il dialogo attraverso le riunioni plenarie dell'ILC non copre, evidentemente, tutta l'opera svolta né dalla Commissione né dal Comitato misto. L'azione dell'ILC è stata estremamente preziosa quale supporto nel lavoro della Commissione al fine di elaborare i suoi tre documenti: *Orientamenti e suggerimenti* (1974), *Note* (1985) e *Noi ricordiamo* (1998).

Oltre a tutti quegli ambiti che il cardinale Jorge Mejía ha ricordato con grande competenza nella sua relazione,[8] possiamo almeno menzionare alcuni dei principali documenti ecclesiali emanati tra il 1988 e il 2004, nei quali in un modo o nell'altro si fa tesoro o si cita esplicitamente qualche testo della CRRE, il che implicitamente significa fare anche riferimento al lavoro dell'ILC che è sempre stato di supporto, preparazione e interpretazione a volte critica di tali documenti. Nel documento del Pontificio Consiglio Giustizia e Pace su *La Chiesa di fronte al razzismo* (1988), ad esempio, un ampio paragrafo è dedicato all'antisemitismo e all'antisionismo. Il nuovo *Catechismo della chiesa cattolica* (1992) tratta in più luoghi dei rapporti con gli ebrei, recependo le conclusioni del

---

[8] [Cfr. il contributo precedente in questo volume, *n.d.r.*]

dialogo cattolico-ebraico, e il *Direttorio ecumenico* pubblicato nel 1993 dal Pontificio Consiglio per l'Unità dei Cristiani invita tutti i cristiani delle varie confessioni a unirsi per combattere l'antisemitismo. Di particolare importanza sono stati, nel 1997, il simposio intraecclesiale sul tema dell'antigiudaismo di matrice cristiana,[9] e i successivi documenti in qualche modo ad esso collegabili, l'uno della Commissione teologica internazionale,[10] l'altro della Pontificia commissione biblica.[11] Infine, il *Compendio della dottrina sociale della Chiesa* pubblicato dal Pontificio Consiglio Giustizia e Pace nel 2004, al n. 506 tra i "delitti contro Dio e l'umanità" cita l'orrendo crimine della *Shoah*.

I protagonisti di questi laboriosi trentacinque anni di attività sono stati molto numerosi, perché alle riunioni dell'ILC sono sempre stati invitati degli esperti, a livello nazionale ed internazionale, coinvolgendo localmente le chiese e le comunità ebraiche, anche in una prospettiva ecumenica ed interreligiosa. Il comitato esecutivo dell'ILC si riuniva generalmente a Roma o Ginevra, alternativamente, e tra gli animatori di parte ebraica un ruolo principale era svolto dal dottor Gerhart M. Riegner (1911-2001),[12] al quale idealmente sono dedicate queste pagine, nel terzo anniversario della sua scomparsa in Ginevra.

L'attività dell'ILC richiedeva un affiatamento che si è affinato negli anni, coinvolgendo da parte cattolica tutti i principali responsabili della CRRE; da parte ebraica furono particolarmente attivi, tra gli altri, a Roma Fritz Becker e Joseph Lichten, a Ginevra Jean

---

[9] Cfr. AA. VV., *Radici dell'antigiudaismo in ambiente cristiano. Colloquio Intra-Ecclesiale, Atti del simposio teologico-storico* (Città del Vaticano, 30 ottobre – 1 novembre 1997), Città del Vaticano, Libreria Editrice Vaticana, 2000.
[10] Commissione teologica internazionale, *Memoria e riconciliazione: la Chiesa e le colpe del passato* (2000).
[11] Pontificia Commissione Biblica, *Il popolo ebraico e le sue Sacre Scritture nella Bibbia cristiana*, Città del Vaticano, Libreria Editrice Vaticana, 2001.
[12] Cfr. G.M. Riegner, *Ne jamais désespérer. Soixant années au service du peuple juif et des droits de l'homme*, Paris, Cerf, 1998 (trad. ted.: *Niemals verzweifeln: Sechzig Jahre für das jüdische Volk und die Menschenrechte*, Gerlingen, Bleicher Verlag, 2001).

Halpérin. Dal 1987 ad oggi, inoltre, l'IJCIC ha provveduto a incaricare il professor rabbi Leon A. Feldman di New York, segretario esecutivo dell'IJCIC, per seguire più da vicino l'attività dell'ILC.

Per offrire un esempio particolarmente significativo del clima nel quale si svolgevano gli incontri, si può qui rievocare brevemente il dialogo avvenuto in vista della riunione straordinaria dell'ILC, convocata a Roma tra la fine di agosto e l'inizio di settembre del 1987.[13]

A Roma e in Vaticano si sta lavorando per preparare l'imminente viaggio apostolico che il Papa inizierà pochi giorni dopo negli Stati Uniti. Una preoccupazione in più viene dalle recenti tensioni – non è una novità – che agitano le acque dei rapporti con le organizzazioni ebraiche mondiali: stavolta, le inquietudini principali durante l'estate sono state causate dall'udienza papale concessa al presidente austriaco Kurt Waldheim, sospettato di collaborazione con i nazisti, e più in generale da una certa impressione che si voglia 'banalizzare' o 'cristianizzare' la *Shoah*. Non solo l'annosa questione del convento carmelitano nel "Vecchio Teatro" di Auschwitz, ma anche la beatificazione di Edith Stein a Colonia, alcuni mesi prima, il 1 marzo 1987, hanno suscitato accese critiche a motivo delle origini ebraiche della suora carmelitana, deportata e uccisa ad Auschwitz come milioni di altri ebrei, e ora proposta come modello di martire della fede cattolica.

Per questi motivi, il rabbino Mordechai Waxman, presidente del Consiglio delle Sinagoghe d'America e moderatore dell'*International Jewish Committee on Interreligious Consultations*, e il cardinale Willebrands, presidente della Commissione per i rapporti religiosi con l'Ebraismo, si sono accordati per convocare una riunione straordinaria di delegati ed esperti – una ventina in tutto – che ha assunto la forma di una sessione speciale del Comitato internazionale di collegamento cattolico-ebraico.

---

[13] L'episodio sarà più ampiamente commentato nel libro *Eredi*, che lo scrivente sta preparando per l'editore Mondadori.

Il pomeriggio di domenica 30 agosto, il dottor Riegner, il rabbino Waxman, p. Pierre Duprey, vicepresidente della commissione vaticana, ed il segretario p. Pier Francesco Fumagalli, si riuniscono per preparare i dettagli delle sessioni, nella casa romana del cardinale Willebrands. Riegner, dopo aver sottolineato l'importanza di compiere un passo nuovo sulla strada del dialogo, con tono pacato ma insieme vibrante e pieno di sofferta memoria, viene al punto sostanziale: per dissipare le inquietudini e la sfiducia che agitano le comunità ebraiche riguardo alla sincerità del dialogo, e confermare l'autorevole orientamento che il Papa continuamente dà con il suo magistero, come ha fatto di recente a Varsavia, il tempo è maturo per un documento della Chiesa – forse anche un'enciclica – che affronti in modo complessivo i gravi temi della *Shoah* e dell'antisemitismo, nelle sue radici storiche e religiose, aspetti che sono in qualche modo collegati con la storia e con il futuro dei rapporti ebraico-cristiani. Tuttavia – conclude – non si tratta di un progetto che noi ebrei possiamo suggerirvi o chiedervi di considerare; solo voi potete prendere autonomamente una simile iniziativa, che però avrebbe certamente anche un effetto straordinariamente positivo sull'Ebraismo mondiale; in particolare, se annunciata ora, alla vigilia del viaggio papale negli Stati Uniti, la decisione impressionerebbe profondamente e positivamente le grandi e vivaci comunità ebraiche americane, oggi agitate da dubbi e critiche su ciò che la Chiesa pensa della *Shoah*.

Riegner si interrompe... C'è solo un breve silenzio pieno di qualcosa d'intenso, di un'attesa gravida, di un peso di memorie, come prima di riconoscersi dopo una lunga assenza. Ma è poco più di un attimo: le parole di deciso assenso di Willebrands risuonano brevi e meditate, quasi come a colmare un'attesa antica, a rispondere a un gesto di fraterna fiducia e di verità, forte come un grido. Da questo incontro scaturirà il processo di *teshuvah* e riconciliazione, tuttora in corso, nel quale si inserirà anche il documento *Noi ricordiamo: una riflessione sulla Shoah*.

Oggi, tra le sfide che l'ILC si trova a dover accogliere, si pone quella che lo Sheikh Abdullah Bin Khalifa al-Thani, primo ministro del Qatar, ha espresso come un voto alla seconda Conferenza internazionale sul dialogo tra Islam e Cristianesimo, tenutasi a Doha dal 27 al 30 maggio 2004: "Il dialogo interreligioso sarà più completo quando anche la comunità ebraica parteciperà a questo forum".

Norbert J. Hofmann

Un segno di grande speranza.
L'avvio del dialogo fra Santa Sede
e Gran Rabbinato d'Israele

Il dialogo tra la Commissione della Santa Sede per i rapporti religiosi con l'Ebraismo e il Gran Rabbinato d'Israele, istituito di recente, fa parte degli ultimi sviluppi delle relazioni tra ebrei e cristiani.[1] Qui di seguito si tratterà della sua creazione, della sua organizzazione, della sua implementazione e del suo significato. I singoli incontri saranno considerati in base alle risultanti dichiarazioni comuni, di cui verrà commentato il processo di elaborazione, al fine di illustrare le linee fondamentali delle discussioni tenutesi. Questo articolo, redatto in forma di rapporto nei suoi punti successivi, vuole fornire una visione d'insieme del dialogo in corso.

La genesi e la storia del dialogo

Per la prima volta nella storia, i due Gran Rabbini di Israele[2] sono stati ricevuti in udienza privata dal Santo Padre il 16 gennaio 2004. I massimi rappresentanti dell'Ebraismo ortodosso di Israele si sono incontrati con il capo della Chiesa cattolica di Roma, in occasione della loro visita per il Concerto di Riconciliazione tra

---
[1] Cfr. N.J. Hofmann, "Vatikan und Oberrabbinat im Dialog", *Freiburger Rundbrief, Neue Folge* 11, 2004, pp. 186-193.
[2] Il Gran Rabbinato, come massima autorità religiosa, risale all'Impero Ottomano. Il Gran Rabbino (sefardita) fungeva da portavoce della comunità ebraica davanti al sultano. La struttura del Gran Rabbinato, costituito da un Consiglio e da due Rabbini capo (uno per i sefarditi e uno per gli ashkenaziti), è stata istituita sotto le autorità inglesi prima della fondazione dello Stato d'Israele. Cfr. J.H. Schoeps, *Neues Lexikon des Judentums*, Gütersloh, Bertelsmann, 2000, pp. 621s.

cristiani, ebrei e musulmani organizzato in Vaticano il 17 gennaio 2004. Avendo accolto con gratitudine l'invito a partecipare a tale evento, i due Gran Rabbini Shlomo Amar e Jona Metzger, rispettivamente sefardita e ashkenazita, hanno approfittato della circostanza per esporre a Giovanni Paolo II le loro preoccupazioni sulla situazione in cui vivono gli ebrei in Israele. Già nel marzo del 2000, durante la sua storica visita in Terra Santa, il Pontefice aveva preso contatto con i due Gran Rabbini di allora, Israel Meir Lau e Elijahu Bakshi-Doron. Ed è precisamente a questo viaggio in Israele che il Santo Padre ha fatto riferimento durante l'udienza di gennaio, ricordando la sua visita e la sua preghiera al Muro del Pianto di Gerusalemme ed al museo e monumento di *Yad Wa-Shem* eretto in memoria della *Shoah*. Un gesto, questo, che ha avuto non solo uno straordinario carattere simbolico, ma anche un impatto significativo e sicuramente duraturo sul dialogo tra ebrei e cristiani.

 L'incontro tra i due Gran Rabbini ed il Papa deve essere comunque iscritto in un contesto molto più ampio. Dal 5 giugno 2002, infatti, sono stati avviati contatti tra la Commissione della Santa Sede per i rapporti religiosi con l'Ebraismo e il Gran Rabbinato d'Israele. Un primo impulso decisivo per lo sviluppo di tali contatti è stato dato dal Santo Padre, il quale, durante la sua visita in Israele, ha espresso la volontà di allacciare un dialogo con le istituzioni ebraiche. Nel novembre del 2001, anche il Cardinale Walter Kasper, Presidente della sopracitata Commissione, si è recato in Terra Santa ed ha ribadito la disponibilità da parte del Vaticano di intavolare con gli ebrei in Israele un dialogo fruttuoso. Naturalmente, singole iniziative esistevano già (ed esistono tuttora) in Israele, ma nessuna coinvolgeva rappresentanti ufficiali di alto rango.

 È comprensibile che, a causa della complessa situazione politica del paese, tale dialogo comporti difficoltà del tutto specifiche. Va ricordato, ad esempio, che Israele è l'unico paese in cui una minoranza cristiana si trova a vivere insieme ad una maggioranza ebraica; molti problemi sono pertanto legati alla rispettiva appartenenza etnica. In tal senso, Giovanni Paolo II ha sicuramente ragione nel dire che questo dialogo è un segno di grande speranza.[3] Potremmo addirittura vedere come un "piccolo miracolo" il fatto che, in circostanze esterne così sfavorevoli, il dialogo con l'Ebraismo in Israele abbia potuto mettersi in moto ad alto livello ed abbia già prodotto risultati incoraggianti. Entrambe le parti hanno espresso la volontà di proseguire il dialogo, con incontri che si terranno alternativamente a Gerusalemme e a Roma. Tutto ciò rivela una nuova tendenza, una tendenza che si manifesta in modo sempre più marcato: l'Ebraismo ortodosso mostra nell'insieme una maggiore apertura e disponibilità al dialogo e sembra accettare sempre più la discussione su questioni religiose. Questo è emerso chiaramente anche in un incontro tenutosi di recente a New York (19-20 gennaio 2004) tra rabbini e cardinali cattolici. La visita ufficiale di un piccolo gruppo di cardinali cattolici alla *Yeshiva University* è stato certamente un evento fuori dal comune nel quadro delle relazioni con gli ebrei.

Ma vediamo adesso più da vicino come è nato e come si è sviluppato il dialogo con il Gran Rabbinato d'Israele. Il 5 giugno 2002 le due delegazioni si sono incontrate per la prima volta a Gerusalemme, per stabilire le modalità di organizzazione del dialogo e per definire i temi delle discussioni. Si era deciso di non rendere pubblica questa riunione preparatoria per evitare eventuali speculazioni da parte dei mass media sull'iniziativa, ancora nel suo stadio embrionale. Capo della delegazione cattolica era il Cardinale Jorge Mejía; capo di quella ebraica il Gran Rabbino di Haifa Shear Yashuv Cohen. La delegazione ebraica comprendeva anche altri tre rabbini di Israele ed il Direttore Generale del Gran Rabbinato. In quella cattolica sono stati coinvolti anche membri residenti in Israele (il vescovo ausiliare del Patriarcato di Gerusalemme, Mons. Giacinto-Boulos Marcuzzo, italiano, residente a Nazaret, e P. Elias Chacour, palestinese). Per entrambe le parti vi erano inoltre "os-

---

[3] Cfr. l'*Osservatore Romano*, 17-1-2004, p. 5.

servatori diplomatici": il primo ambasciatore d'Israele presso la Santa Sede, il Sig. Shmuel Hadas, ed il Nunzio Apostolico in Israele, Mons. Pietro Sambi.

Ad ogni *round* di discussioni prendono parte delegazioni costituite da un numero ristretto di membri (sei o sette membri di ogni delegazione). La piccola consistenza del gruppo permette di avere un dialogo realmente fruttuoso, assicurando la partecipazione attiva di ognuno.[4] Col primo incontro di Gerusalemme è stata messa a punto una lista di temi da affrontare e sono state suggerite date concrete per le riunioni successive.

Il secondo incontro a Roma/Grottaferrata (24-26 febbraio 2003)

Il secondo incontro, previsto a Roma nel mese di novembre 2002, venne spostato, dietro richiesta della parte ebraica, al febbraio del 2003.[5] La prima riunione tematica tra le due delegazioni ebbe dunque luogo dal 24 al 26 febbraio a Grottaferrata, nei pressi di Roma. All'ordine del giorno figuravano due temi concordati in precedenza: "La santità della vita umana" e "I valori della famiglia". Coscienti dell'importanza storica di questo passo, i partecipanti diedero prova di sensibilità e di prudenza e seppero creare un'atmosfera di cordialità e di fiducia reciproca. Il 26 febbraio 2003 venne rilasciato un comunicato stampa comune, di cui riproduciamo il testo:

1. Dopo un incontro preliminare a Gerusalemme il 5 giugno 2002, delegazioni di alto livello della Commissione della Santa

---

[4] La lingua in cui si svolge il dialogo è normalmente l'inglese, però due membri fanno i loro interventi in francese, un rabbino parla solo l'ebraico (si traduce sempre spontaneamente).

[5] Della delegazione ebraica facevano parte: Rabbino Shear Yashuv Cohen, Rabbino Rasson Arussi, Rabbino David Brodman, Sig. Oded Wiener, Sig. Shmuel Hadas; della delegazione cattolica: Card. Jorge Mejía, Card. Georges Cottier O.P., S.E. Mons. Giacinto-Boulos Marcuzzo, S.E. Mons. Pietro Sambi, Mons. Pier Francesco Fumagalli, P. Elia Chacour, P. Norbert Hofmann S.D.B.

Sede per i Rapporti Religiosi con l'Ebraismo e del Gran Rabbinato d'Israele si sono incontrate a Grottaferrata/Roma dal 23 al 27 febbraio 2003. Argomento centrale delle discussioni, svoltesi in un'atmosfera di cordiale amicizia, è stato la ricerca di mezzi per promuovere la pace, l'armonia e i valori religiosi nelle società contemporanee.

2. Abbiamo riconosciuto che il fondamento del nostro dialogo in corso deve consistere nella verità e nell'onestà, nel rispetto delle nostre diverse identità religiose. Noi dialoghiamo in quanto credenti che hanno radici e patrimonio spirituale comuni. Il dialogo è un valore in sé, ed esclude qualsiasi intenzione di convertire l'altro. Sulla base dell'insegnamento del Concilio Vaticano II e di Papa Giovanni Paolo II, la Chiesa cattolica riconosce che "Dio considera gli ebrei prediletti, in grazia dei loro padri, perché non si pente dei Suoi doni e della Sua chiamata" (*Nostra Aetate*, n. 4; cfr. *Romani* 11,28-29). Noi custodiamo le nostre rispettive tradizioni, e ci rispettiamo reciprocamente nella nostra alterità. Ci sentiamo chiamati a proclamare nel mondo la testimonianza dell'Unico Dio, e desideriamo collaborare per rafforzare i comuni valori religiosi, la pace nella giustizia, la verità e l'amore.

3. Abbiamo concordato di discutere i seguenti argomenti, in vista di una nostra collaborazione: a) La santità della vita umana; b) I valori della famiglia.

4. La santità della vita umana

4.1. La vita umana nel nostro mondo ha un valore unico e d'eccezione. Qualsiasi tentativo di distruggere la vita umana deve essere rifiutato. Occorrerebbe inoltre sforzarsi di promuovere insieme i diritti umani, la solidarietà fra tutti gli essere umani, il rispetto per la libertà di coscienza.

4.2. La nostra comune motivazione religiosa per questa affermazione centrale è fondata sull'affermazione biblica, che l'essere umano è creato a immagine del Dio vivente, a Sua somiglianza (cfr. *Genesi* 1,26). Dio è l'Unico Santo e il Creatore della vita umana, e l'essere umano è benedetto e chiamato a corrispondere alla Sua santità. Di conseguenza ogni vita umana è santa, sacrosanta e inviolabile. Secondo il libro del *Levitico* (19,2), la santità di Dio fonda l'imperativo essenziale del comportamento umano: "Voi dovete essere santi perché Io, il Signore Dio vostro, sono Santo!".

4.3. La difesa della vita umana è una evidente conseguenza etica di questa convinzione. Tutti i credenti, e in particolare le autorità religiose, dovrebbero collaborare per la protezione della vita umana. Ogni attentato alla vita di un essere umano è contrario alla volontà di Dio, è una profanazione del Nome di Dio, contrasta l'insegnamento dei profeti. Sopprimere la vita umana, compreso il togliersi la vita, anche se in nome di Dio, è atto sacrilego.

Come è stato sottolineato ripetutamente da Papa Giovanni Paolo II nel suo messaggio per la Giornata Mondiale per la Pace nell'anno 2002, nessuna autorità religiosa può giustificare il terrorismo, ovunque esso sia perpetrato nel mondo. Dichiararsi terrorista in nome di Dio, fare violenza agli altri nel Suo nome, è una profanazione della religione. La violenza terroristica, in qualunque parte del mondo, contraddice la fede in Dio, creatore dell'essere umano, che ha cura degli uomini e li ama.

4.4. In quanto capi religiosi di comunità di fedeli, noi abbiamo una responsabilità tutta particolare nell'educare le nostre comunità e particolarmente le generazioni più giovani, al rispetto della santità della vita umana. Nel Nome di Dio che ordina "Tu non ucciderai" (*Esodo* 20,13; *Deuteronomio* 5,17), noi non dovremmo commettere nessuna uccisione nel suo nome, ed evitare l'abuso fanatico o violento della religione, come è affermato dalle autorità religiose ebraiche, cristiane e musulmane nella *Dichiarazione comune di Alessandria* (gennaio 2002).[6] Noi tutti dovremmo unire

---

[6] Cfr. H.H. Henrix, "Wider die Indienstnahme der Religionen durch Hass und Gewalt", *Freiburger Rundbrief, Neue Folge* 9, 2002, pp. 166-176.

le nostre energie per l'edificazione di un mondo migliore dove la vita, la fraternità, la giustizia, la pace e l'amore fioriscano fra tutti.

4.5. Esistono implicazioni culturali ed educative che toccano la collaborazione fra noi in questo campo. Tutti gli educatori dovrebbero intensificare gli sforzi per predisporre programmi educativi per i giovani, per formare al rispetto dell'altissimo valore della vita umana. Contro la tendenza attuale di violenza e di morte nelle nostre società, dovremmo promuovere la nostra collaborazione con i credenti di tutte le religioni e con tutte le persone di buona volontà, per l'avvento di una 'cultura della vita'.

5. I valori della famiglia

5.1. L'istituzione della famiglia procede dalla volontà dell'Onnipotente, che ha creato l'essere umano a immagine di Dio, "maschio e femmina Egli lo creò" (*Genesi* 1,27). Il matrimonio nella prospettiva religiosa ha grande valore perché Dio ha benedetto questa unione e l'ha santificata.

5.2. La famiglia e l'unità domestica offrono un ambiente d'affetto e protezione attorno ai figli, provvedendo alla loro crescita e garantendo la loro appropriata educazione, secondo le loro tradizioni e credenze. L'unità familiare è il fondamento per una società sana.

5.3. La rivoluzione tecnologica e nei mezzi di comunicazione ha prodotto senza dubbio positivi cambiamenti nella società. Contemporaneamente, tuttavia, troppo spesso si è sviluppato un influsso negativo nel comportamento sociale. Tanto gli adulti quanto i giovani sono esposti a immagini distorte e pervertite di comportamenti, come la violenza e la pornografia. In quanto autorità religiose, siamo chiamati a reagire a tali sviluppi distruttivi.

5.4. Più che mai, abbiamo il dovere di educare, nelle case e nelle scuole, ai valori familiari, sulla base delle nostre ricche tradizioni religiose. I genitori dovrebbero dedicare molto più tempo a mostrare amore ai loro figli e ad orientarli verso atteggiamenti positivi. Tra gli altri importanti valori familiari dovremmo sottolineare l'amore, l'altruismo, il rispetto per la vita e la responsabilità dei figli e dei genitori, gli uni verso gli altri (cfr. *Esodo* 20,12; *Deuteronomio* 5,16). In tale prospettiva, non possiamo essere d'accordo con 'modelli alternativi' di unione di coppia e di famiglia.

6. Vorremmo concludere con la Parola di Dio: "Io ho scelto Abramo, perché egli guidi i suoi figli e la sua discendenza dopo di lui, nel custodire le vie del Signore, nell'agire con giustizia e diritto, così che il Signore conceda ad Abramo quanto gli ha promesso" (*Genesi* 18,19).

Mentre il primo paragrafo di questa dichiarazione comune illustra brevemente la situazione delle discussioni, si può dire che il secondo funge da preambolo sia per il documento che per il dialogo stesso. Gli interlocutori ebraici hanno voluto sottolineare in particolar modo il profilo e gli obiettivi del dialogo nascente. Essi hanno insistito sull'importanza di affermare chiaramente che il dialogo ha un valore in sé ed esclude qualsiasi intenzione di convertire l'altro. Il testo originale in inglese riporta: *"Dialogue is a value in itself and excludes any intention of converting"*. Il termine *"converting"* è stato al centro della discussione; sono state avanzate varie alternative, come *"proselytism"*, *"conversion"* e *"mission"*. Per la parte cattolica, l'uso del termine *"mission"* era del tutto inaccettabile, poiché la Chiesa comprende se stessa come Chiesa a cui è affidato un compito missionario, come Chiesa che per sua natura ha una struttura missionaria. Per i cattolici, il dialogo interreligioso accompagna la *missio ad gentes*, non la sostituisce.[7] Il compito di evangelizzazione della Chiesa e il dialogo interreligioso non sono contraddittori, non si sostituiscono, né si ostacolano.[8] L'annuncio di Gesù Cristo e del suo Vangelo in ogni luogo e a tutti gli uomini non deve esse-

---

[7] Cfr. J. Dupuis, "Der interreligiöse Dialog als Herausforderung für die christliche Identität", *Zeitschrift für Missionswissenschaft und Religionswissenschaft*, 88, 2004, pp. 3-19, in part. 3-8.
[8] Cfr. *Dominus Iesus*, n. 2, *AAS* 92, 2000, pp. 742-765.

re confuso con l'esplicita volontà di convertire gli ebrei al Cristianesimo, in modo attivo e consapevole. Proprio a questo proposito, è apparso chiaramente che le ferite lasciate tra cristiani ed ebrei dalla dolorosa storia di conversioni forzate del Medioevo non si sono ancora rimarginate. Questa breve frase della dichiarazione comune ha suscitato una certa irritazione in alcuni rappresentanti della Chiesa. Essa deve essere tuttavia compresa nel suo contesto, ovvero nel contesto storico delle relazioni tra cristiani ed ebrei, nel contesto concreto del preambolo in questione.

Nel considerare il processo redazionale della dichiarazione ne va ricordata l'ampiezza e la complessità: dopo la stesura di una prima versione da parte dei segretari delle due delegazioni, il testo è stato discusso a lungo in sessione plenaria e modificato più volte in base ai vari contributi. Alla versione finale ha dunque contribuito il contenuto di queste discussioni comuni, introdotte, a livello tematico, da due brevi "*statements*" di circa 15-20 minuti, presentati rispettivamente da un membro cattolico e da un membro ebreo.

Per ciò che riguarda il punto 4.3 va fatto notare che il secondo paragrafo è stato aggiunto solo in un secondo momento, nel corso della discussione. Fondamentalmente, è stato ripreso ed ampliato in modo significativo il messaggio di Giovanni Paolo II per la Giornata Mondiale per la Pace del 2002. Si tratta di una condanna generale del terrorismo, di cui viene sottolineata l'inconciliabilità con la religione.[9] È importante ricordare il contesto storico in cui si situa tale messaggio: gli eventi dell'11 settembre 2001 hanno lasciato un'impronta anche in questo documento. La parte cattolica ha insistito sull'aggiunta dell'espressione "ovunque esso sia perpetrato nel mondo" e "in qualunque parte del mondo" al

---

[9] Cfr. Messaggio di Sua Santità Giovanni Paolo II per la Celebrazione della Giornata Mondiale della Pace, 1 Gennaio 2002, n. 7: "Nessun responsabile delle religioni, pertanto, può avere indulgenza verso il terrorismo e, ancor meno, lo può predicare. È profanazione della religione proclamarsi terroristi in nome di Dio, far violenza all'uomo in nome di Dio. La violenza terrorista è contraria alla fede in Dio Creatore dell'uomo, in Dio che si prende cura dell'uomo e lo ama".

fine di escludere la possibilità di un'interpretazione univoca centrata esclusivamente sulla situazione politica in Israele. Purtroppo, i mass media non hanno prestato sufficiente attenzione a questa aggiunta voluta nella formulazione della dichiarazione.

Al secondo tema del documento, quello relativo ai "valori della famiglia", venne dedicato uno spazio minore all'interno della discussione comune. Ciò fu dovuto esclusivamente a motivi di tempo e non al fatto che si attribuisse meno importanza alla questione. Per evitare il ripetersi di situazioni simili, nelle sedute più recenti si è preferito adottare una modalità di procedere differente, quella di concentrarsi su un unico tema.

Il terzo incontro a Gerusalemme (1-3 dicembre 2003)

Questo incontro ha avuto luogo a Gerusalemme dall' 1 al 3 dicembre 2003; i temi e la data erano stati decisi soltanto un mese prima. Rispetto alla riunione precedente, la delegazione ebraica contava due rabbini in più, mentre quella cattolica un membro in meno.[10] I partecipanti, che si conoscevano già, decisero di seguire lo stesso modo di procedere del passato. Gerusalemme come luogo d'incontro contribuì a creare un'atmosfera del tutto particolare. Come sottolinea il secondo paragrafo della dichiarazione, tra le due delegazioni si era già instaurato un clima di mutuo rispetto ed amicizia. Originariamente, l'intenzione era quella di trattare due temi: "L'educazione delle generazioni future nello spirito delle Sacre Scritture" e "Gli insegnamenti centrali delle Sacre Scritture ed il loro significato per la società contemporanea". Molto presto nella discussione si arrivò alla conclusione di dover affrontare i due temi in maniera congiunta.

---

[10] Esponenti della delegazione ebraica: Rabbino Shear Yashuv Cohen, Rabbino Rasson Arussi, Rabbino Yossef Azran, Rabbino David Brodman, Rabbino David Rosen, Sig. Oded Wiener, Sig. Shmuel Hadas; della delegazione cattolica: Card. Jorge Mejía, S.E. Mons. Giacinto-Boulos Marcuzzo, S.E. Mons. Pietro Sambi, Mons. Pier Francesco Fumagalli, P. Elia Chacour, P. Norbert Hofmann S.D.B.

Di seguito presentiamo il testo della dichiarazione comune, che porta la data del 3 dicembre 2003:

1. Dopo due incontri, in Gerusalemme (giugno 2002) e in Grottaferrata/Roma (febbraio 2003), le rispettive delegazioni di alto livello si sono riunite a Gerusalemme per trattare il tema dell'importanza che l'insegnamento fondamentale delle comuni Scritture Sacre ha, in rapporto alla società contemporanea e all'educazione delle future generazioni.

2. Le riunioni si sono svolte in un'atmosfera di mutuo rispetto ed amicizia, ed è stata espressa soddisfazione per le salde basi che sono ormai state consolidate fra le due delegazioni, quale solida premessa di continuità e di collaborazione pratica.

3. I partecipanti hanno manifestato il loro profondo apprezzamento per le esplicite dichiarazioni, da parte della Santa Sede, di condanna della violenza contro innocenti e di denuncia delle ricorrenti manifestazioni di rinnovato antisemitismo, espresse nelle asserzioni dei cardinali che partecipano ai lavori della Commissione mista – i cardinali Walter Kasper, Jorge Mejía e Georges Cottier. In questo spirito, Sua Eminenza il cardinale Jorge Mejía ha scritto ai Rabbini Capo d'Israele: "È certamente non solo crudele ma anche vile e del tutto incompatibile con qualsiasi comportamento riconosciuto come umano, attaccare persone nei loro luoghi di preghiera". Proprio durante l'incontro della Commissione mista, Sua Santità papa Giovanni Paolo II ha rivolto un forte appello "a tutti gli uomini e le donne di buona volontà, ad unire le vostre voci con la mia, nel ripetere che il santo Nome di Dio non dev'essere mai usato per incitare a violenze e terrorismo, per suscitare odio o esclusione".[11]

---

[11] Cfr. *L'Attività della Santa Sede nel 2003*, Città del Vaticano, Libreria Editrice Vaticana, 2004, p. 553 (si tratta di un'udienza papale per il colloquio *Truth,*

4. I temi presentati sono stati principalmente quelli dell'insegnamento fondamentale delle Sacre Scritture che noi condividiamo, le quali dichiarano la fede in un unico Dio, creatore e guida dell'universo, che ha formato tutti gli uomini secondo la sua divina immagine dotati di libera volontà. Il genere umano, quindi, è una sola famiglia con responsabilità morale reciproca tra i membri. La consapevolezza di questo fatto comporta come conseguenza i doveri religiosi ed etici, che possono servire come vero documento costitutivo per i diritti e la dignità umana nel nostro mondo moderno, e la proposta di una genuina visione per una società giusta, per una pace e un benessere universali.

5. Viviamo in un villaggio globale dotato di straordinari progressi tecnologici e scientifici, che ci offrono la possibilità di renderli un beneficio e una benedizione e non – Dio non voglia – un male e una rovina. In questa prospettiva, il sistema globale di comunicazioni di massa costituisce uno strumento educativo di base. Ciò ci obbliga ad utilizzare costruttivamente questa opportunità di formazione globale, in relazione con le nostre aspirazioni religiose e morali sopra menzionate.

6. È stato sottolineato che la risposta alla sfida di promuovere la fede religiosa nella società contemporanea esige, da parte nostra, che presentiamo esempi viventi di giustizia, amorevole umanità, tolleranza e umiltà, in accordo con le parole del profeta Michea: "Uomo, ti è stato insegnato ciò che è buono e ciò che richiede il Signore da te: praticare la giustizia, amare la pietà, camminare umilmente con il tuo Dio" (*Mic.* 6,8).

7. L'educazione religiosa può e deve offrire speranza e orientamento per realizzare in modo positivo la solidarietà umana e l'armonia nella nostra complessa età contemporanea. Soprattutto,

---

Justice, Love, Freedom: Pillars of Peace, promosso dal Pontificio Consiglio per il Dialogo Inter-Religioso il 2 dicembre 2003).

è la fede in Dio che ci dona vera sicurezza e gioia, come dice il *Salmo* 16: "Io pongo sempre innanzi a me il Signore... Di questo gioisce il mio cuore..." (*Sal.* 16,8-9).

8. In particolare, le autorità religiose e gli educatori hanno il dovere peculiare di istruire le loro comunità nel perseguire le vie della pace e del benessere della società nel suo insieme. Rivolgiamo questo appello specialmente ai figli della famiglia di Abramo, e ci appelliamo a tutti i credenti perché mettano da parte le armi di guerra e di distruzione: "Cerca la pace e perseguila" (*Sal.* 34,15).

9. Come autorità religiose noi condividiamo le pene e i dolori di tutti coloro che soffrono oggi in Terra Santa – individui, famiglie e comunità – ed esprimiamo la nostra fervida speranza e preghiera per la fine delle prove e delle tribolazioni nella Terra che è santa per noi tutti.

10. Infine, esortiamo le nostre comunità, scuole e famiglie, a vivere in reciproco rispetto e comprensione, e a immergersi nello studio e nell'insegnamento delle nostre comuni Scritture Sacre, per l'elevazione dell'umanità, per la pace e la giustizia. Così si adempiranno le parole del profeta: "Forgeranno le loro spade in vomeri, le loro lance in falci, un popolo non alzerà più la spada contro un altro popolo, non si eserciteranno più nell'arte della guerra" (*Is.* 2,4).

Il terzo paragrafo della dichiarazione non è legato al tema principale, ma a quello dell'antisemitismo. La delegazione ebraica ha insistito sull'introduzione nel testo di questa questione di crescente attualità, che è stata situata in un quadro storico concreto: il messaggio del Cardinale Jorge Mejía, citato nel documento, alludeva all'attentato a due sinagoghe di Istanbul il 16 novembre 2003, perpetrato poco prima dell'incontro.

Per quanto riguarda il tema vero e proprio del documento, era necessario innanzitutto chiarire che ci si riferiva all'insegnamento di ciò che sia ebrei che cristiani considerano come Sacre Scritture: per questo, è stata utilizzata l'espressione diplomatica "delle Sacre Scritture che noi condividiamo". Il quinto paragrafo è stato completamente riscritto nel corso della discussione, poiché si sono voluti sottolineare anche gli aspetti positivi del progresso tecnologico e scientifico. I paragrafi sei, sette e otto ripropongono citazioni di significativi passi biblici che mettono in rilievo l'imporanza dell'educazione religiosa per la promozione di valori fondamentali nella società e l'esempio che i responsabili religiosi devono dare in tal campo. Il nono paragrafo, che si riferisce concretamente alla situazione in Terra Santa, è stato introdotto relativamente tardi. Il fatto che l'incontro si sia tenuto a Gerusalemme ha avuto pertanto un influsso considerevole sul testo della dichiarazione.

Il quarto incontro a Roma/Grottaferrata (17-19 ottobre 2004)

La data per il quarto incontro[12] era stata fissata già alla fine del terzo a Gerusalemme nel dicembre 2003, quando si erano proposti anche quattro possibili temi di discussione: di questi venne selezionato uno nell'estate del 2004. Più precisamente, l'argomento scelto, relativo alla giustizia e alla condotta morale (*"A Shared Vision of Social Justice and Ehical Conduct"*), fu concordato insieme al rabbino Shear Yashuv Cohen in occasione della conferenza dell'*International Catholic-Jewish Liaison Committee* (ILC) dell'8 luglio 2004, tenuta a Buenos Aires su un tema simile: *"Justice and Charity"*. Come di consueto, l'argomento venne introdotto da brevi interventi, due da parte ebraica ed uno da parte cattolica.

---

[12] Esponenti della delegazione ebraica: Rabbino Shear Yashuv Cohen, Rabbino Rasson Arussi, Rabbino Yossef Azran, Rabbino David Brodman, Rabbino David Rosen, Sig. Oded Wiener; della delegazione cattolica: Card. Jorge Mejía, Card. Georges Cottier O.P., S.E. Mons. Giacinto-Boulos Marcuzzo, S.E. Mons. Pietro Sambi, Mons. Pier Francesco Fumagalli, Mons. Ambrogio Spreafico, P. Norbert Hofmann S.D.B.

La dichiarazione comune, di cui si presenta di seguito il testo, porta la data del 19 ottobre 2004:

1. Il quarto incontro delle rispettive delegazioni di alto livello, sul tema "Una comune visione su giustizia sociale e condotta morale", si è tenuto in un'atmosfera di amicizia e cordialità a Grottaferrata (Roma). Questo incontro faceva seguito ai tre precedenti, tenutisi a Gerusalemme ed a Roma, che avevano trattato della santità della vita umana e dei valori familiari, e dell'importanza dell'insegnamento fondamentale delle Sacre Scritture comuni, in rapporto alla società contemporanea e per il suo futuro.

2. I presidenti delle delegazioni, Cardinale Jorge Mejía e Gran Rabbino Shear Yashuv Cohen, nelle loro introduzioni ai lavori hanno espresso soddisfazione e gioia, per il fatto che gli incontri continuano in spirito di preghiera, sviluppando relazioni di amicizia e collaborazione tra i membri delle delegazioni, ciò che costituisce un segno molto promettente per l'avvenire.

3. La commissione bilaterale ha reiterato il suo impegno nei confronti delle dichiarazioni fondamentali emesse nei precedenti incontri, che includevano un appello al reciproco rispetto per le differenti identità religiose, ed ha affermato il comune rifiuto di ogni tentativo che si prefigga di persuadere qualcuno a ripudiare la propria tradizione religiosa. La commissione ha egualmente ripetuto le precedenti dichiarazioni contro la violenza ed il terrore commessi in nome della religione, condannati come dissacrazione della religione stessa; ed ha pure condannato le nuove manifestazioni dell'antisemitismo, descritto da papa Giovanni Paolo II come "un peccato contro Dio e contro l'umanità".

4. Le deliberazioni dell'incontro attuale hanno principalmente riguardato l'inseparabile relazione tra fede e giustizia sociale, fondata sulla convinzione che tutti i valori morali hanno la loro sor-

gente in Dio e la loro radice nell'insegnamento biblico, secondo il quale ogni singola persona umana è creata ad immagine di Dio (*Genesi* 1,26). Di conseguenza, le nostre rispettive tradizioni religiose rigettano categoricamente il relativismo morale.

5. L'insegnamento biblico richiede, inoltre, che il fine della giustizia (*tzedeq u-mishpat*) sia perseguito per mezzo dell'umana benevolenza e compassione (*hesed we-rahamim*). Ciò esige da noi lo sforzo di andare oltre la lettera della legge (*lifnim mi-shurat ha-din*), per il benessere della società nel suo complesso.

6. Secondo questi principi, la commissione mista fa appello affinché si presti attenzione speciale alle sfide della povertà, della malattia e dell'emarginazione, perché si contrasti la diseguaglianza nella distribuzione delle risorse ed il rischio di una globalizzazione priva di umana solidarietà, perché si cerchino soluzioni pacifiche ai conflitti e si prenda coscienza delle nostre responsabilità dinanzi alla minaccia del terrorismo in tutte le sue manifestazioni.

In quanto credenti che hanno un patrimonio di valori morali, siamo chiamati a rispondere alle conseguenze e alle implicazioni che ne derivano, così come ad opporci alla crisi sociale provocata dall'eccesso di individualismo e materialismo. A questo proposito, sono stati ricordati l'abuso della sessualità e lo sfruttamento economico, che conducono a nuove forme di moderna schiavitù, come ad esempio il traffico di donne e bambini, che dissacra la dignità della persona umana.

7. In quanto credenti nell'Unico Dio, il cui nome è Pace, l'abbiamo pregato perché arresti le guerre, gli spargimenti di sangue, la violenza e la sofferenza nel mondo, ed in particolare in Terra Santa. I membri della commissione mista di conseguenza fanno appello alle loro comunità ed autorità nel mondo, perché nello stesso modo più intensamente preghino ed operino per la promozione della pace e dell'armonia dappertutto.

8. La commissione mista ha colto l'occasione, tenendosi la presente riunione alla vigilia del XXX anniversario dell'istituzione della Commissione della Santa Sede per i rapporti religiosi con l'Ebraismo (22 ottobre 1974), per esprimere apprezzamento per il ruolo da essa svolto nell'applicazione di *Nostra Aetate* (n. 4) e nell'emanazione delle successive dichiarazioni e documenti che hanno fatto avanzare la riconciliazione, la cooperazione e la comprensione fra cattolici ed ebrei.

Nei primi tre paragrafi si è voluto chiaramente sottolineare la continuità delle discussioni ed i risultati già raggiunti. Allo stesso tempo, si è ritenuto importante ricordare l'atmosfera amichevole e cordiale che ha caratterizzato l'incontro. Questa rinnovata possibilità di scambio ha realmente suscitato sentimenti di letizia e gratitudine nei partecipanti. Soprattutto la parte ebraica ha tenuto a ribadire il contenuto dei punti salienti delle precedenti dichiarazioni: il rispetto dell'identità religiosa altrui, la condanna della violenza e del terrorismo perpetrati in nome della religione, il chiaro rifiuto dell'antisemitismo. La formulazione presente nella dichiarazione del secondo incontro, "il dialogo è un valore in sé, ed esclude qualsiasi intenzione di convertire l'altro", aveva sollevato qualche problema; questa volta si è optato pertanto per una formulazione più diplomatica: "il comune rifiuto di ogni tentativo che si prefigga di persuadere qualcuno a ripudiare la propria tradizione religiosa".

Il tema vero e proprio viene trattato nei paragrafi successivi. Il quarto si ispira maggiormente all'interpretazione cattolica; il quinto e il sesto si riferiscono piuttosto agli interventi da parte ebraica. Nel complesso, questi tre paragrafi riflettono la posizione comune ebraico-cattolica nel suo orientamento di base. Si è riflettuto sull'opportunità di aggiungere, nel paragrafo sei, anche riferimenti agli abusi sessuali e allo sfruttamento economico, ma poi si è deciso altrimenti. Nel settimo paragrafo, così come si era fatto nella seconda dichiarazione comune, viene menzionata la difficile situazione della Terra Santa. Si è comunque scelta una formulazione generica, poiché la parola "pace" in alcuni circoli in Israele ha anche una connotazione politica e può essere intesa in modo sbagliato. Per questo, si è preferito iscrivere tutto il paragrafo nel conesto della preghiera per la pace. L'ultimo punto menziona il XXX anniversario della creazione della Commissione della Santa Sede per i rapporti religiosi con l'Ebraismo, che è stato celebrato subito dopo l'incontro. Questa ricorrenza è stata festeggiata dalla Commissione insieme alla comunità ebraica di Roma in un circolo ristretto. Il riferimento a questo anniversario nel testo della dichiarazione è stato naturalmente suggerito dai partecipanti cattolici, ma anche la delegazione ebraica si è espressa immediatamente a favore di tale menzione.

Alla fine di questo quarto incontro, lo stesso giorno in cui si è resa pubblica la dichiarazione comune, è stato rilasciato anche un comunicato stampa nella Sala Stampa della Santa Sede. Ciò è stato motivato dal fatto che, secondo quanto riferiva un membro della delegazione ebraica, a Gerusalemme correvano voci relative a una manifestazione di omosessuali che si intendeva realizzare nella città. Per contrastare questi eventuali sforzi, si è voluto riaffermare la caratteristica essenziale di Gerusalemme come città santa per le tre religioni monoteistiche del Libro. Un altro avvenimento di cronaca è stato tenuto presente nel corso dell'incontro a Grottaferrata: un tafferuglio provocato pochi giorni prima dal gesto irriverente di uno studente ebraico di una *Yeshivah*, il quale aveva sputato addosso al Patriarca armeno e gli aveva preso la croce pettorale. Su questo episodio, che la stampa israeliana aveva ampiamente ripreso, si è voluto prendere posizione durante le discussioni, lanciando un appello al rispetto di persone religiose, simboli religiosi e luoghi santi. Originariamente l'intenzione era quella di tenere una conferenza stampa nella Sala Stampa della Santa Sede, ma poiché questo non è stato possibile, si è pubblicato il seguente comunicato:

1. Non siamo nemici, ma, inequivocabilmente, *partners* nell'esprimere i valori morali essenziali per la sopravvivenza e il benessere della società umana.

2. Gerusalemme ha un carattere sacro per tutti i figli di Abramo. Esortiamo tutte le autorità competenti al rispetto di questo carattere e alla prevenzione di esplicite azioni che offendano la sensibilità delle comunità religiose che risiedono a Gerusalemme e che hanno a cuore questa città.

3. Esortiamo le autorità religiose a protestare pubblicamente quando si compiono azioni mancanti di rispetto verso persone religiose, simboli religiosi e luoghi santi, quali la profanazione di cimiteri e la recente aggressione al Patriarca armeno di Gerusalemme. Esortiamo tali autorità ad educare le proprie comunità a un comportamento rispettoso e dignitoso verso persone e beni di altre fedi.

Sia questo comunicato stampa che la dichiarazione comune sono stati presentati al pubblico la sera del 19 ottobre 2004 presso la Pontificia Università Gregoriana, dove la delegazione cattolica e la delegazione ebraica erano state invitate in occasione dell'inaugurazione del seminario *La Chiesa cattolica e l'Ebraismo dal Vaticano II ad oggi*. I relatori della serata sono stati il Card. Walter Kasper ed il Dott. Riccardo di Segni, Rabbino Capo di Roma.

L'importanza del dialogo

Nel chiedersi quale sia l'importanza del dialogo tra la Commissione della Santa Sede per i rapporti religiosi con l'Ebraismo e il Gran Rabbinato d'Israele, va innanzitutto notato che, dal punto di vista storico, si tratta di qualcosa di totalmente nuovo. Mai prima si erano tenuti colloqui a così alto livello tra rappresentanti della Santa Sede e rappresentanti della principale autorità dell'Eraimo ortodosso in Israele. Si può presupporre che una simile apertura da parte dell'Ebraismo ortodosso in Israele avrà un impatto positivo sul dialogo anche in altri paesi. Tradizionalmente, l'Ebraismo ortodosso ha sempre avuto difficoltà ad entrare in un dialogo aperto su questioni religiose o teologiche. Con l'avvio di questo dialogo, nel quale è impossibile separare nettamente gli argomenti puramente teologici dalle tematiche sociali o culturali, si aprono nuove possibilità per i rapporti tra la Chiesa cattolica e l'Ebraismo ortodosso.

Per quanto riguarda la difficile situazione in Palestina, è decisamente positivo il fatto che la maggior parte degli ebrei ricerchi un dialogo con il mondo cattolico. Un membro della delegazione cattolica è palestinese di nascita; due altri vivono in Israele; pertanto, la loro conoscenza della concreta situazione locale assume un certo ruolo all'interno delle discussioni. Durante un incontro con un collaboratore del Ministero degli Affari Esteri israeliano nel corso del terzo incontro a Gerusalemme, si è parlato apertamente dei problemi politici tra la Santa Sede e lo Stato d'Israele. Questo dialogo potrebbe creare una nuova apertura e quindi contribuire, in parte, a una migliore comprensione della situazione dell'altro.

La comunità cristiana rappresenta una piccola minoranza nello Stato d'Israele e spesso si trova a vivere in una situazione difficile, soprattutto quando si tratta di cristiani di origine palestinese. Spesso, da parte ebraica, persistono cliché negativi sui cristiani che sembrano essere diffusi anche nell'ambito dell'istruzione e della formazione. Alla luce di ciò, il dialogo tra la Chiesa cattolica e il Gran Rabbinato d'Israele può sicuramente favorire una lettura più corretta della cristianità nel contesto ebraico. Va ricordato a questo proposito anche la visita del Card. Walter Kasper al Grande Rabbinato nel maggio del 2004. In seguito all'aggressione al Patriarca armeno, i Gran Rabbini israeliani hanno invitato i vescovi cristiani della Terra Santa a proclamare insieme pubblicamente la necessità di un mutuo rispetto nei confronti delle persone e dei simboli di altre religioni. Un simile gesto non sarebbe stato probabilmente possibile prima che i colloqui tra ebrei e cattolici prendessero avvio con la partecipazione del Gran Rabbinato.

Per quanto riguarda le dichiarazioni comuni dei diversi incontri, in esse è manifestata la volontà di approfondire sempre più il ricco patrimonio spirituale comune di ebrei e cristiani, così come era stato indicato già dalla Dichiarazione conciliare *Nostra Aetate* (n. 4). Ognuno si arricchisce e impara dall'altro. La propria identità, grazie al contatto con l'altro, può rafforzarsi ed approfondirsi. Naturalmente, queste dichiarazioni rispecchiano anche la spinosa storia delle relazioni tra ebrei e cristiani; si tenta comunque di porre l'accento su ciò che abbiamo in comune e di guardare al futuro pieni di speranza. Senza dubbio, il dialogo tra la Commissione della Santa Sede per i rapporti religiosi con l'Ebraismo e il Gran Rabbinato d'Israele può essere considerato come una pietra miliare nel colloquio tra ebrei e cristiani.

V. La nuova relazione fra il Vaticano e Israele

Card. Achille Silvestrini

Il Vaticano e Israele

Non è facile affrontare il tema del rapporto fra Israele e il Vaticano. Da un lato, infatti, si tratta di un rapporto internazionale, diplomatico. Dall'altro, i due soggetti sono particolari: il rapporto fra essi non si può paragonare a quello, ad esempio, fra la Francia e la Spagna. Si tratta della Santa Sede, cioè dell'espressione della più alta autorità della Chiesa cattolica (un soggetto religioso). E si tratta dello Stato d'Israele: uno stato che è come tutti gli altri a livello internazionale, che però ha un carattere particolare nella misura in cui la sua nascita fu connessa al ritorno del popolo ebraico alla propria terra d'origine (un soggetto religioso). Già da questa singolarità dei due soggetti si intuisce la complessità dei loro rapporti, di cui la relazione diplomatica è l'atto formale, conclusivo, che è stato però preceduto da una storia.

In questa storia sono decisivi tre aspetti.

Il primo è il rapporto fra la Chiesa e gli ebrei. Questo rapporto antico e tormentato che ha visto netti cambiamenti e sviluppi negli ultimi cinquant'anni, a partire da Papa Giovanni XXIII e dal Concilio Vaticano II. La dichiarazione *Nostra Aetate* esprime pienamente questa novità all'inizio del par. 4: "Scrutando accuratamente il mistero della Chiesa, il sacro Concilio ricorda il vincolo con cui il popolo del Nuovo Testamento è spiritualmente legato con la stirpe di Abramo".

Si capisce qui come il rapporto con l'Ebraismo sia entrato nelle viscere della vita ecclesiale. Ricordo ancora l'emozione di quel Venerdì santo del 1959 quando Giovanni XXIII improvvisamente chiamò il maestro delle cerimonie e disse: "Per favore, tolga quel *'perfidi'* dalla preghiera che facciamo il Venerdì santo". Tutto cominciò da lì: la visita di Jules Isaac, l'opera del Cardinale

Bea, la visita di Paolo VI in Terra Santa nel gennaio del 1964, fino alla visita di Giovanni Paolo II in Israele...

Quest'ultimo fu uno degli avvenimenti più belli del mio servizio. Ricordo quando il Papa arrivò la sera a Tel Aviv, accolto in modo solennissimo dal Presidente, dal governo, dai parlamentari, dalle Forze armate, in uno splendore di luci; uno splendore ancora freddo. Dopo quattro giorni, quando il Pontefice ripartì, c'era lo stesso splendore ma, insieme, una commozione generale. Fu un'esperienza grandiosa: la preghiera al Muro del Pianto, la visita a *Yad wa-Shem* (il Museo della *Shoah*). I rapporti diplomatici esistevano già (dal 1994), ma quel viaggio di Giovanni Paolo II nel 2000 ne fu il compimento.

L'altro fattore da tener presente è l'attenzione, la sollecitudine della Santa Sede a riguardo dei luoghi santi a Gerusalemme. Questa attenzione, quasi gelosa, c'è sempre stata. Quando si delinea la nascita di Israele nel 1947-8 e si tiene il dibattito all'ONU, emerge quella proposta dell'Assemblea generale che pone Gerusalemme come un corpus separato. Con Paolo VI e con Giovanni Paolo II si guarda a Gerusalemme come "città santa" delle tre religioni: si auspica una speciale concezione d'insieme della città storica e religiosa, in modo che non solo vi sia libero accesso ai vari luoghi di culto (cosa che Israele ha sempre concesso), ma esista anche uno statuto che garantisca che le tre comunità religiose possano vivere e svilupparsi assieme.

Il terzo elemento cruciale è quello storico-politico: le guerre e le prospettive di pace nella regione. Non è un caso che la decisione di avviare rapporti diplomatici fra Vaticano e Israele sia maturata quando è cominciato il processo di Madrid (1991).

Si poneva allora spesso la domanda: "Perché la Santa Sede non riconosce Israele?". In realtà io ricordo che, nella Segreteria di Stato, abbiamo sempre dato per pacifica l'esistenza di Israele: anche se non vi erano formali rapporti diplomatici, vi erano contatti significativi. Ricordo delegazioni israeliane che più volte sono venute: per la morte di Giovanni XXIII e di Paolo VI, per la conclusione del Concilio ecumenico, per l'intronizzazione di Giovanni Paolo I e di Giovanni Paolo II. Restava il problema dei rapporti diplomatici. È stato un cammino lento, che alla fine ha portato grandi risultati.

Nell'ottobre del '91, una riunione di cardinali espresse un voto favorevole a una moderata, cauta e progressiva normalizzazione delle relazioni bilaterali fra la Santa Sede e lo Stato d'Israele. Poco dopo, fra il gennaio e il luglio del 1992, il delegato apostolico in Palestina ebbe una serie di incontri con alti funzionari del Ministero degli esteri israeliano, concordando due cose: una Commissione permanente bilaterale di lavoro, e la stesura di un'agenda di argomenti. Questa comprendeva tutta una serie di temi che sarebbero stati poi definiti dall'*Accordo fondamentale*: la libertà religiosa e di coscienza, le relazioni legali e amministrative, il culto cattolico in relazione ai luoghi santi, la rete educativa cattolica in Israele, i mezzi di comunicazione sociale, i cattolici e il welfare sociale, i beni ecclesiastici e le questioni fiscali. L'agenda prevedeva, inoltre, un processo di normalizzazione delle relazioni, che è ancora in corso; una cooperazione nel combattere l'antisemitismo; la promozione di pellegrinaggi in Terra Santa e scambi culturali, ecc.

La Commissione entrò in attività. Aveva due livelli: uno di funzionari ed esperti, e uno composto dai vice ministri degli esteri. Finalmente, il progetto del *Fundamental Agreement* fu siglato il 31 ottobre 1992.

Un obiettivo della Santa Sede era di garantire la sicurezza giuridica della Chiesa e delle istituzioni cattoliche, instaurando una normalizzazione dei rapporti fra le due parti (naturalmente la Santa Sede informava le altre chiese e comunità cristiane e ne riceveva suggerimenti, anche se non le rappresentava). Si trattava anche di definire le entità cattoliche sotto la giurisdizione dello Stato d'Israele. E si trattava di stimolare gli sviluppi politici del processo di pace (la Santa Sede aveva anche proposto di partecipare al negoziato di pacificazione, ma la proposta fu messa da parte, così come non c'è ancora stato un negoziato sullo statuto di Gerusalemme). In quel periodo, si ebbero molti contatti anche con i paesi arabi, che in genere frenavano questo processo; ma a un certo punto i più moderati (come la Giordania) lo videro con maggior favore (non a caso, il 25 ottobre 1994, la Giordania firma la pace con Israele). Il 30 dicembre 1993 venne firmato il *Fundamental Agreeement*, che entrò in vigore il 10 maggio 1994.

Vale la pena di soffermarsi su alcuni punti di questo *Accordo fondamentale*. Il preambolo è molto significativo in tutte le sue parti, e sottolinea lo sviluppo storico dei rapporti fra ebrei e cristiani. L'articolo 1 si sofferma sul riconoscimento della libertà di religione e di coscienza da parte dello Stato d'Israele e della Santa Sede. L'articolo 2 afferma la netta condanna di razzismo e antisemitismo. L'articolo 3 è fondamentale dal punto di vista politico: nel primo paragrafo i due contraenti riconoscono in modo reciproco la loro rispettiva sovranità; nel secondo, che stava particolarmente a cuore alla Chiesa, lo Stato d'Israele riconosce nella loro pienezza le attività religiose, caritative ed educative della Chiesa cattolica (lo stesso fa la Santa Sede verso lo Stato d'Israele); infine vi è il riconoscimento degli enti ecclesiastici nella loro personalità giuridica e si accenna al negoziato che porterà poi all'accordo del 1997. Nell'articolo 4 si fa riferimento al mantenimento dello status quo per ciò che riguarda i luoghi santi: come è noto, questo status quo risale all'Impero Ottomano, quando i luoghi santi del Cristianesimo cominciarono ad essere regolati da tre autorità: armena, ortodossa e della custodia cattolica di Terra Santa.

L'accordo del 10 dicembre 1997 portò poi al riconoscimento della personalità giuridica dei Patriarcati cattolici orientali (siro-cattolico, maronita, ecc.), del Patriarcato latino di Gerusalemme, e delle loro rispettive diocesi sul territorio di Israele. Quello che ancora manca è invece un accordo sulle questioni fiscali (che era previsto come imminente nell'articolo 10 del *Fundamental Agreement*): sono in corso trattative che speriamo possano presto concludersi. Un'altra questione da risolvere è quella che riguarda il rilascio dei permessi di residenza al personale ecclesiastico. E ancora, si tratta di trovare un accordo sulla questione dell'asistenza spirituale alle persone che sono impedite: carceri, ospedali, ecc.

L'importanza del *Fundamental Agreement*, in ogni caso, è indiscutibile ed è il segno dell'avvicinamento verificatosi negli ultimi anni fra la Santa Sede e Israele.

Per concludere, vorrei menzionare alcuni discorsi che segnarono l'incontro fra Papa Giovanni Paolo II e le massime autorità religiose e politiche dello Stato d'Israele, durante il viaggio del Papa in Terra Santa nel marzo del 2000. Sono stato testimone di quegli incontri e devo dire che furono momenti veramente straordinari.

All'aeroporto, nel saluto al Presidente Weizmann, il Pontefice pronunciò alcune parole memorabili: "Oggi, con profonda emozione, calpesto il suolo della terra sul quale Dio scelse di impiantare la sua tenda. Sono cambiate molte cose nella relazione fra la Santa Sede e Israele, da quando il mio predecessore Paolo VI venne qui nel 1964. L'instaurarsi di relazioni diplomatiche fra noi nel 1994 ha suggellato gli sforzi volti ad aprire una nuova era di dialogo su questioni di interesse comune, come la libertà religiosa, i rapporti fra chiesa e stato e più in generale i rapporti fra cristiani ed ebrei [...]. A un altro livello, l'opinione mondiale segue con grande attenzione il processo di pace che coinvolge tutti i popoli della regione per un pace duratura con giustizia per tutti [...]. E ancora dobbiamo lottare per presentare sempre e dappertutto il vero volto degli ebrei e dell'Ebraismo, come anche dei cristiani e del Cristianesimo".

Anche il Presidente Weizmann disse cose molto significative: "Molte generazioni si sono avvicendate dall'inizio della storia del mio popolo, ma ai miei occhi è come se fossero trascorsi pochi giorni. Sono duecento generazioni da quando un uomo di nome Abramo si presentò sul palcoscenico della storia e centocinquanta generazioni separano la colonna di fuoco che segnò la redenzione dell'Esodo dall'Egitto dalle colonne del fumo che segnò l'anientaento della *Shoah*. Duemila anni fa il popolo di Israele fu esiliato dal suo paese, dalla sua terra, si disperse in mezzo alle nazioni, in paesi di continenti diversi. Oggi io e i miei fratelli e sorelle siamo nati nell'epoca del ritorno degli ebrei alla loro terra, della rifondazione della loro patria. Apprezziamo il contributo di Vostra Santità alla condanna dell'antisemitismo definito 'un peccato contro Dio e contro l'umanità' [...]. Lo Stato d'Israele si trova oggi in un processo di pace che ci emoziona e ci incoraggia [...]. Questa sera, Santità, Lei giunge a Gerusalemme, città della pace, città dell'eternità".

Queste furono alcune delle parole rivolte al Papa dai rabbini capi, quando li andò a visitare: "Diamo il benvenuto a colui che ha ritenuto opportuno esprimere rimorso a nome della Chiesa cattolica per le terribili azioni commesse contro il popolo ebraico lungo il corso degli ultimi duemila anni [...]. Noi apprezziamo il suo riconoscimento del nostro diritto a tornare e a vivere nella Terra Santa in pace e fraternità, in confini sicuri, riconosciuti dalle nazioni del mondo".

Quando il papa andò a *Yad wa-Shem*, Barak, allora capo del governo israeliano, sottolineò come il Papa fosse stato testimone di quello che era accaduto in Polonia e in Germania: "Lei era là, e quindi ricorda. Penso di poter dire che la sua venuta qui, oggi, alla terra del ricordo, a *Yad wa-Shem*, è l'apice di questo storico viaggio. Qui, proprio adesso, il tempo stesso si è fermato: questo solenne momento racchiude duemila anni di storia [...]. Noi non possiamo fare a meno di questo, perché senza memoria non possono esistere né cultura né coscienza".

E queste furono alcune delle frasi pronunciate dal Papa: "In questo luogo, la mente, il cuore e l'anima provano un estremo bisogno di silenzio. Io ho ricordi personali di tutto ciò che avvenne quando i nazisti occuparono la Polonia durante la guerra: ricordo i miei amici vicini ebrei, alcuni dei quali sono morti, mentre altri sono sopravvissuti [...]. Qui, come ad Auschwitz e in molti altri luoghi d'Europa, uomini donne e bambini gridano a noi dagli abissi dell'orrore che hanno conosciuto. [...] Ricordiamo alcuni gentili giusti che avevano agito eroicamente per salvare ebrei a volte fino all'offerta della propria vita. [...] Noi ricordiamo, ma senza alcun desiderio di vendetta, né come incentivo all'odio. Per noi ricordare significa pregare per la pace e la giustizia. [...] Come vescovo di Roma e successore dell'apostolo Pietro assicuro il popolo ebraico che la Chiesa cattolica, motivata dalla legge evangelica della verità e dell'amore e non da considerazioni politiche, è profondamente rattristata per l'odio, gli atti di persecuzione e le manifestazioni di antisemitismo dirette contro gli ebrei da cristiani in ogni tempo e in ogni luogo. Il mondo deve prestare attenzione al monito che proviene dalle vittime dell'Olocausto e dalla testimonianza dei superstiti. Qui a *Yad wa-Shem*, la memoria è viva e alta nel nostro animo. Essa ci fa gridare con le parole del *Sal.* 31: "Se odo la calunnia di molti, il terrore mi circonda; io confido in te Signore; dico 'tu sei il mio Dio' ".

Oded Ben-Hur

Lo Stato d'Israele e la Santa Sede

È impossibile cercare di spiegare in poco tempo un tema così complesso come quello dei rapporti tra Israele e la Santa Sede. Vorrei raccontare in proposito un aneddoto. Un israeliano incontra un suo amico americano a Gerusalemme e con un modo di fare all'israeliana, forse un po' troppo diretto, chiede all'americano quando sia arrivato, quando ripartirà e il motivo del suo viaggio. L'americano risponde di essere arrivato il giorno prima, di ripartire l'indomani e di essere venuto per scrivere un libro su Israele. L'israeliano si chiede come sia possibile scrivere un libro su Israele in tre giorni e quando cerca di sapere il titolo gli viene risposto: "Israele: ieri, oggi e domani".

I rapporti tra Santa Sede e Israele si svolgono su tre dimensioni:

1) i rapporti tra la Santa Sede quale centro del cattolicesimo mondiale e Israele come centro del mondo ebraico;

2) i rapporti tra il Vaticano come centro del cattolicesimo e Israele come entità politica;

3) i rapporti tra i due stati.

Io mi muovo con molta cautela su questi tre piani. Vorrei dire che stiamo facendo dei passi avanti, nonostante si tratti di rapporti che non hanno precedenti. Le relazioni tra Santa Sede e Stato d'Israele costituiscono un modello unico e speciale nel mondo della diplomazia e delle scienze politiche.

Tra il mondo ebraico, Israele incluso, e quello cristiano è esistita fino ad oggi una profonda mancanza di conoscenza reciproca. In buona parte, ciò è dovuto al distacco creato da persecuzioni, crociate, inquisizioni, che hanno lasciato nel mondo ebraico sospetto e paura. Inoltre, fin dalla sua nascita nel 1948, ogni governo israeliano ha dovuto sostenere il compito di pompiere, combattendo costantemente con il fuoco del conflitto arabo-israeliano. Sessant'anni dopo Auschwitz, Israele non ha ancora confini riconosciuti e deve lottare per la sua legittimazione. Con il mondo musulmano, con i circa 200 milioni di arabi che ci circondano, non si è ancora trovato il modo di arrivare a una strategia comune. Non essendoci un momento di tregua, è stato quasi impossibile fermarsi un attimo per pianificare i rapporti con il mondo cristiano e cattolico.

Da parte della Santa Sede, c'erano stati precedentemente dei tentativi, ma solo grazie alla lungimiranza e al coraggio di Papa Giovanni Paolo II, si è avuto il riconoscimento formale, con l'allacciamento di rapporti diplomatici fra la Santa Sede e lo Stato d'Israele.

Quando presentai le mie lettere credenziali, scrissi al Papa che egli era stato il fautore di quattro tappe importantissime sulla strada dell'avvicinamento nei rapporti tra gli ebrei, lo Stato d'Israele e il Vaticano:

1) il viaggio ad Auschwitz qualche mese dopo la sua elevazione al Papato nel 1978, considerato un gesto straordinario da parte sua verso il mondo ebraico e verso Israele;

2) la visita, nel 1986, alla grande sinagoga di Roma e al Rabbino Capo Toaff. Percorrendo questa breve distanza, il Papa ha chiuso un ciclo storico, portando simbolicamente con sé tutta la Chiesa cattolica alla sinagoga di Cafarnao del primo secolo, dove pregava Gesù;

3) la firma dell'Accordo Fondamentale tra Israele e la Santa Sede nel 1993 e il riconoscimento dello Stato d'Israele da parte del Vaticano;

4) il pellegrinaggio in Terra Santa nell'Anno Santo 2000.

L'Accordo Fondamentale stabilisce i rapporti tra Israele e Santa Sede per quanto riguarda gli scambi culturali, l'istruzione, la lotta contro l'antisemitismo, la libertà di religione, i pellegrinaggi. Parte di esso si riferisce ai diritti legali, finanziari ed economici delle comunità cattoliche in Israele, da stabilire in trattative separate. La firma dell'accordo su questi punti doveva avvenire entro la fine del 1995, ma, per le ragioni che ho menzionato prima, la questione si è trascinata fino ad oggi. I rapporti fra noi forse non sono decollati come nelle intenzioni, ma ora stanno per farlo e si spera di arrivare a buoni risultati in breve tempo.

Non vado ad elencare tutti i problemi esistenti dietro a questi negoziati. Basti dire che essi si possono dividere in tre categorie:

1) questioni di tassazione delle comunità cattoliche in Israele;

2) questioni di proprietà, di possesso di luoghi santi e proprietà ecclesiastiche;

3) questioni legali, di accessibilità nei confronti della legge israeliana (ossia, la possibilità di ricorrere ad un tribunale israeliano).

Ci troviamo di fronte a difficoltà enormi, ma sono contento dei progressi che stiamo facendo, anche perché la mancanza di veri rapporti potrebbe creare molti più danni. I nostri rapporti con il Vaticano si trovano in una fase di accelerazione e assistiamo ad un miglioramento costante. I grandi rabbini d'Israele e importanti cardinali si ritrovano spesso in occasioni di dialogo tra esponenti della religione cattolica e di quella ebraica: incontri che servono da infrastruttura umana per lo sviluppo dei nostri rapporti, così come previsto dall'Accordo Fondamentale.

Quest'anno si festeggia il 30° anniversario della fondazione della Commissione per i rapporti religiosi con l'Ebraismo. A questo proposito sto cercando di creare una rete di associazioni di cattolici amici d'Israele. Inoltre, girando per le diocesi italiane, incontro i vescovi per portare avanti l'idea di incentivare sempre di più i pellegrinaggi nei nostri territori. Abbiamo grandi disegni, grandi programmi. Il nostro obiettivo è quello di stringere i rapporti con il mondo cattolico, una delle più vaste comunità religiose della terra, con più di un miliardo di fedeli presenti in 47 paesi, che rappresentano 1/5 della popolazione mondiale.

Oltre al fatto che Israele non può ignorare il potenziale del grande numero dei cattolici, ritengo che ci siano molti altri buoni motivi per la nostra collaborazione, come le nostre radici comuni, e interessi convergenti in campo accademico, scientifico, economico e politico.

In Medio Oriente, come in tutto il resto del mondo, in questo periodo si sta affrontando il problema della crescita dell'Islam estremista e del terrore musulmano, che purtroppo, in Israele, conosciamo da tempo. Questa tragica realtà ostacola la realizzazione della *Road map*. Sfortunatamente ci troviamo di fronte ad un folto gruppo di estremisti palestinesi, che tengono in pugno sia il popolo palestinese che quello israeliano, seminano terrore e rendono difficile il progresso del processo di pace. Dal modo con il quale i media presentano la realtà, non si può capire del tutto la sofferenza che si vive da entrambe le parti. Fuori da Israele non si può nemmeno immaginare che una mamma israeliana non mandi mai due figli sullo stesso autobus, pensando che, se accade qualcosa, almeno uno dei due tornerà sano e salvo.

Questa situazione crea disagio anche alle comunità cattoliche in Terra Santa, le quali, spesso minacciate e terrorizzate dai loro fratelli palestinesi, sono costrette a fuggire da città come Betlemme. In Israele, invece, le comunità cattoliche sono sempre in crescita. Il governo israeliano cerca di far capire loro che, se il paese potesse vivere in pace con i suoi vicini, prospererebbe economicamente, e ciò rappresenterebbe per loro una garanzia, forse l'unica garanzia in Medio Oriente.

Per quanto riguarda la Chiesa cattolica, ritengo che essa abbia nella zona un ruolo fondamentale. Una delle sue grandi funzioni sarebbe quella di incentivare un flusso sempre crescente di pellegrini in Israele, allo scopo di inviare un messaggio rassicurante e di aiutare economicamente sia i palestinesi, sia le comunità cattoliche, sia Israele. Questo flusso darebbe inoltre un motivo in più ai palestinesi nella lotta agli estremisti che sono fra loro, facendo in modo che non siano più compiuti atti di terrorismo in Israele.

Insomma, l'arrivo di masse di pellegrini avrebbe il doppio potere di rivitalizzare il processo di pace e di risanare l'economia.

La Chiesa cattolica è stata sempre promotrice di pace nel mondo e può davvero contribuire alla soluzione del problema del terrorismo. È nostro interesse, come credo sia interesse di tutto il mondo, far seccare la palude del terrorismo e lo si può fare solo attraverso mosse concordate tra paesi.

Il Papa ha più volte sottolineato il fatto che i popoli del Medio Oriente, i paesi arabi, Israele e i palestinesi sono condannati a vivere insieme ed io ritengo che questa sia la realtà. Uno dei più bravi e famosi autori israeliani, Amos Oz, ha paragonato i rapporti tra israeliani e palestinesi alle relazioni esistenti all'interno di una coppia, affermando: "Forse non pretendiamo di arrivare ad una luna di miele, ma almeno cerchiamo di arrivare a un divorzio consensuale". Questo divorzio consensuale appare però problematico, perché di solito, in caso di divorzio, o il marito o la moglie lasciano la casa. Nel nostro caso, invece, saremmo divorziati in casa, perché siamo condannati a vivere insieme, nella medesima dimora, a condividere lo stesso terreno, la stessa acqua, la stessa economia.

Il dialogo tra i popoli di questa regione non ha potuto avere luogo, anche perché Israele fino ad ora non ha avuto una controparte con cui dialogare. Sappiamo però che la maggior parte dei palestinesi vuole la pace o vogliono essere lasciati in pace (concetti che per noi si equivalgono). Forse è arrivato il momento, con l'aiuto della Chiesa cattolica, dell'Europa e degli Stati Uniti, di arrivare a una soluzione. Come ha sottolineato il nostro Primo Ministro già un anno fa, è interesse di Israele ritirarsi dai territori, smantellare la maggior parte degli insediamenti, allo scopo di favorire la creazione di uno stato palestinese.

Abbiamo provato tutte le strade, in Medio Oriente, salvo quella della pace. Una speranza, però, può venire, stranamente e forse anche cinicamente, dalla stanchezza, dal fatto che entrambe le parti, dopo tanti sacrifici, tanti morti, tanto sangue versato e tante sciagure, desiderano mettere fine a questa lunga crisi.

Nonostante tutto, noi israeliani siamo ottimisti, non ci possiamo permettere il lusso di essere pessimisti. Vorrei citare, in proposito, le parole di colui che fu il primo capo del governo di Israele, David Ben Gurion: "A Gerusalemme chi non crede nei miracoli, non è realista".

Appendici

- Documenti del Comitato internazionale di collegamento cattolico-ebraico (ILC: *International Catholic-Jewish Liaison Committee*)

- Accordo fondamentale fra la Santa Sede e lo Stato d'Israele

Memorandum di intesa
(Città del Vaticano, 23 dicembre 1970)[1]

Il carattere dei rapporti fra cattolici ed ebrei ha un fondamento di tipo religioso, ma le loro relazioni si estendono all'intero complesso dell'attività umana ovunque si svolga. Un modello di sviluppo concreto per queste relazioni deve, di conseguenza, basarsi su una struttura avente quale premessa la fede religiosa. Essa deve essere costituita in modo tale da rispettare in modo assoluto l'integrità di entrambe le nostre fedi e trova la sua giustificazione nella comune responsabilità – basata sulla fede biblica – degli uni verso degli altri e di entrambi verso il mondo.

Possono essere distinte due principali aree di interesse:

1. Questioni riguardanti il nostro rapporto reciproco

   a) Manifestazioni di antisemitismo nelle diverse parti del mondo. Ostacoli nelle relazioni ebraico-cristiane. Origini e cause della mancanza di fiducia reciproca.

   b) Eliminazione dell'antisemitismo in tutte le sue forme, come richiesto dalla Dichiarazione vaticana *Nostra Aetate*, in particolare nei manuali di religione e di storia, al fine di presentare l'Ebraismo in modo rispettoso, secondo la sua propria autocomprensione, a tutti i livelli di insegnamento e di educazione. Occorre riesaminare testi ed elementi liturgici o para-liturgici, con l'obiettivo di rimuovere riferimenti o rappresentazioni dell'Ebraismo che possano essere offensivi, senza compromettere per questo le legittime differenze fra la Chiesa e l'Ebraismo.

---

[1] Il testo originale del documento è pubblicato in *International Catholic-Jewish Liaison Committee, Fifteen Years of Catholic-Jewish Dialogue, 1970-1985, Selected Papers*, Città del Vaticano, Libreria Editrice Vaticana, 1988, pp. XV-XVI.

c) Promozione della reciproca comprensione con ogni strumento educativo, mediante una presentazione corretta e adeguata delle nostre rispettive fedi nella loro specifica identità. In un secondo momento, possono essere intrapresi studi riguardanti la comune eredità di ebrei e cristiani allo scopo di approfondire la comprensione degli uni verso gli altri e il senso della comune responsabilità verso l'umanità e verso il mondo.

d) Tra i problemi riguardanti la reciproca comprensione, un'attenzione speciale dovrebbe essere posta sui modi in cui viene inteso il rapporto fra comunità, popolo e terra rispettivamente nella tradizione ebraica e in quella cristiana.

2. Questioni di interesse comune

a) I seguenti ambiti dovrebbero essere oggetto di una speciale collaborazione fra cristiani ed ebrei: la promozione della giustizia e della pace nel mondo, della libertà e della dignità dell'uomo; la lotta contro la povertà, il razzismo e ogni forma di discriminazione; il rispetto dei diritti umani, sia degli individui che dei gruppi. Difendere la libertà religiosa, ovunque essa venga minacciata o negata, dovrebbe essere un compito comune.

b) Si dovrebbero studiare i modi in cui Ebraismo e Cristianesimo, in quanto comunità che provengono dalla fede biblica nell'unico Dio Creatore e sono interessate al destino di questo mondo, possono affrontare insieme i problemi posti di fronte alla religione nell'età moderna.

c) Un importante oggetto di studio devono essere considerate le relazioni di Ebraismo e Cristianesimo con le altre religioni del mondo. Da questo punto di vista, un'attenzione speciale dovrebbe essere data all'Islam, che costituisce l'altra grande religione monoteistica.

Dichiarazione congiunta sulla famiglia (Gerusalemme, 26 maggio 1994)[1]

Le concezioni ebraica e cristiana riguardo alla famiglia sono fondate sulla descrizione biblica della creazione duale dell'essere umano – uomo e donna – a immagine di Dio, e sulla natura duale dell'alleanza di Dio con i patriarchi e le matriarche – come nel caso congiunto di Abramo e Sara. Noi affermiamo il valore sacro e intrinsecamente buono del matrimonio stabile e della famiglia. Sottolineiamo anche il suo valore nel trasmettere l'eredità religiosa e morale dal passato al presente e per il futuro.

Il popolo ebraico e la chiesa cattolica rappresentano due antiche tradizioni che lungo i secoli hanno offerto e ricevuto il sostegno della famiglia. Oggi, durante quest'anno internazionale dedicato alla famiglia, possiamo insieme dare un solido contributo al dibattito generale su questi temi.

La famiglia è la risorsa più preziosa dell'umanità. Essa deve affrontare attualmente molteplici fattori di crisi in tutto il mondo. Affinché le famiglie possano venire incontro alle esigenze poste innanzi ad esse e rispondere alle sfide che si presentano loro, esse devono avere il sostegno della società.

La famiglia è molto più di un'unità giuridica, sociale o economica. Sia per gli ebrei che per i cristiani essa è una comunità stabile di amore e solidarietà, fondata sull'alleanza di Dio. Essa si presta in modo unico all'insegnamento e alla trasmissione dei valori culturali, etici, sociali e spirituali che sono essenziali per lo sviluppo e il benessere dei suoi membri e della società. I diritti e i doveri della famiglia in questi campi non provengono dallo stato ma sono pre-esistenti allo stato: essi hanno la loro origine ultima in

---

[1] Il testo originale del documento è pubblicato in *Information Service*, n. 87, 1994/IV, pp. 234-235.

Dio, il Creatore. Tra famiglia e società vi è una relazione viva, organica. Il loro ruolo ideale sarebbe quello di funzionare in modo complementare, così da promuovere il bene dell'umanità e di ogni persona.

I genitori, che hanno dato alla luce o hanno adottato i loro figli, hanno il dovere primario di allevarli. Devono essere i principali educatori dei loro bambini. Le famiglie hanno il diritto essenziale di esercitare la loro responsabilità nella trasmissione della vita e nella formazione dei loro figli, compreso il diritto a crescere i figli in conformità alle tradizioni e ai valori della comunità religiosa a cui la famiglia appartiene, con i suoi necessari strumenti e istituzioni.

Una preparazione idonea al matrimonio e un programma di formazione dei genitori possono e debbono essere sviluppati da ciascuna delle nostre comunità religiose a livello nazionale e locale. Esse possono aiutare i genitori ad assumersi le responsabilità che essi hanno l'uno verso l'altro e verso i propri figli, e possono guidare i figli a compiere il loro dovere verso i propri genitori. È necessario che le comunità religiose creino una serie di sistemi di sostegno alle famiglie, ciò che i nostri rispettivi rituali religiosi hanno fatto con tanta efficacia nel corso dei secoli.

La famiglia dovrebbe rappresentare lo spazio in cui differenti generazioni si incontrano per aiutarsi l'un l'altra a crescere nella sapienza umana. Essa dovrebbe far sì che i membri della famiglia imparino ad integrare i diritti individuali con le altre esigenze della vita sociale all'interno del contesto collettivo più ampio. Da parte sua, la società, e in particolare lo stato e le organizzazioni internazionali, hanno l'obbligo di proteggere la famiglia per mezzo di misure politiche, sociali, economiche e legali che rafforzino l'unità e la stabilità della famiglia, cosicché essa possa svolgere le sue specifiche funzioni.

La società è chiamata a difendere i diritti della famiglia e dei membri della famiglia – soprattutto donne e bambini, poveri e malati, i giovanissimi e gli anziani – dal punto di vista della sicurezza fisica, sociale, politica ed economica. Devono essere rispettati e accresciuti i diritti, i doveri e le opportunità delle donne, sia nella casa sia nel contesto sociale più ampio. Nel sostenere la famiglia, noi tendiamo una mano nello stesso tempo ad altre persone – come i non sposati, i genitori single, le vedove, i vedovi e coloro che non hanno figli – nelle nostre società e nelle nostre chiese e sinagoghe.

Alla luce della attuale dimensione mondiale delle questioni sociali, il ruolo della famiglia risulta fondamentale per creare quella cooperazione che significa una nuova solidarietà internazionale.

Se è vero che tra ebrei e cattolici vi sono differenze significative, esiste tra noi un fondamento solido di valori condivisi sui quali costruire la nostra comune affermazione del ruolo essenziale della famiglia all'interno della società. D'altra parte, questi valori saranno realizzati pienamente solo mediante la loro concreta applicazione nelle differenti culture e società. Noi offriamo questa dichiarazione alle nostre comunità e alle altre comunità religiose nella speranza che essa possa essere utile ad esse nei loro sforzi per rispondere alle sfide che si presentano oggi alla famiglia.

Dichiarazione congiunta sull'ambiente
(Città del Vaticano, 25 marzo 1998)[1]

In tutto il mondo, gli uomini sono sempre più coscienti del fatto che certe forme di attività umana stanno causando danni all'ambiente e mettendo seriamente in questione la possibilità di uno sviluppo sostenibile per tutti. Il cambiamento del clima, l'inquinamento dell'aria e dell'acqua, la desertificazione, il deperimento delle risorse, la scomparsa della bio-diversità, sono alcune delle conseguenze di questi processi. Se molti hanno contribuito a questa crisi, tutti dobbiamo ora imparare a vivere in una maniera che rispetti l'integrità del delicato equilibrio che esiste tra gli ecosistemi terreni. E certo non possiamo ignorare gli effetti sull'ambiente dell'incremento della popolazione in certe aree e dell'aumento delle aspettative economiche da parte delle persone.

I governi, il commercio, l'industria e l'agricoltura devono collaborare affinché gli individui e le comunità possano esercitare il loro diritto a vivere in un ambiente sano e salutare.

La preoccupazione per l'ambiente ha condotto sia cattolici che ebrei a riflettere sulle implicazioni concrete della loro fede in Dio, creatore di tutte le cose. Rivolgendosi alle loro scritture sacre, entrambi hanno scoperto le fondamenta religiose e morali del loro dovere di prendersi cura dell'ambiente. Sebbene possano esserci delle divergenze nell'interpretazione di certi testi o nell'approccio metodologico, ebrei e cattolici hanno trovato su certi valori fondamentali un ampio accordo, cosicché sono in grado di affermare assieme questi valori.

1. Tutta la creazione è buona e forma un universo armonico, ricco nella sua diversità (*Gen.* 1-2)

---

[1] Il testo originale del documento è pubblicato in *Information Service*, n. 98, 1998/III, pp. 168-169.

Dio ha creato ogni cosa che esiste, ciascuna secondo la propria specie. "E Dio vide che era cosa buona". Niente, dunque, è insignificante; niente dovrebbe essere distrutto in modo imprudente, come se fosse privo di scopo. La modificazione delle specie per mezzo dell'ingegneria genetica deve essere esaminata con grande cautela. Ogni cosa deve essere trattata con rispetto, come parte di un tutto che Dio ha voluto fosse in armonia. Fu un atto arbitrario di disobbedienza ciò che ruppe questa armonia per la prima volta (*Gen.* 3,14-19).

2. L'essere umano – maschio e femmina – è parte della creazione e tuttavia distinto da essa, essendo fatto a immagine e somiglianza di Dio (*Gen.* 1,26)

Il rispetto dovuto a ogni persona, dotata di una dignità divinamente assegnata, non permette eccezioni e non esclude nessuno. La vita è preziosa. Noi dobbiamo affermarla, promuoverla, onorarla e prenderci cura di essa. Quando l'ambiente viene danneggiato, le vite degli individui e delle comunità vengono colpite in modo profondo. Ogni attività sociale, economica o politica che distrugga direttamente o indirettamente la vita o riduca la possibilità delle persone di vivere in dignità è contraria al volere di Dio.

3. All'essere umano, sola fra tutte le creature, è stata affidata la cura della creazione (*Gen.* 1,16-30; 2,15-20)

L'essere umano ha una responsabilità immensa, quella di prendersi cura dell'intera creazione. Nessun uomo o gruppo può usare le risorse di questa terra come se fosse il proprietario, ma solo come il rappresentante di Dio che ha destinato quei beni a tutte le creature. Assicurare che individui e comunità abbiano accesso a quanto serve per avere una vita dignitosa è un'espressione di questo mandato, e costituisce il modo rispettoso e moderato di far uso dei beni creati.

4. Terra e umanità dipendono ciascuna dall'altra (*Lev.* 25; *Es.* 23; *Dt.* 15).

Tutti noi dipendiamo dalla terra, la fonte del nostro nutrimento. L'attività dell'uomo può rendere la terra produttiva, ma può anche sfruttarla fino all'esaurimento, lasciando solo desolazione. Nell'anno del giubileo, tempo di Dio, deve essere proclamata la libertà in ogni parte della terra, i debiti devono essere rimessi e gli schiavi liberati. Anche la terra deve rimanere incolta affinché possa recuperare la propria fertilità.

Un riconoscimento della dipendenza reciproca fra la terra e gli uomini ci chiama oggi ad avere un atteggiamento di cura, e perfino d'amore, verso la terra, e a regolamentare il suo utilizzo con quella giustizia che è la radice della pace.

5. Ebrei e cristiani guardano al futuro, tempo della pienezza.

La nostra responsabilità per tutto ciò che popola la terra e per la terra stessa si estende al futuro. La terra non ci appartiene perché noi la distruggiamo (cfr. *Dt.* 20,19), ma affinché la consegniamo con fiducia alle generazioni future. Non possiamo, dunque, consumare senza accortezza le sue risorse per soddisfare bisogni che sono creati artificialmente e favoriti da una società che tende a vivere solo nel presente. Dobbiamo agire insieme, ogni volta che sia possibile, per far sì che siano stabilite nei nostri paesi e nelle nostre comunità locali quelle pratiche sensate, garantite per legge, che portino alla conservazione dell'ambiente nel futuro.

La cura per la creazione è anche un atto religioso. Sia i cattolici che gli ebrei utilizzano acqua, fuoco, olio e sale come segni della presenza di Dio in mezzo a noi. Come parte della creazione divina, noi offriamo i suoi frutti nella preghiera e nel culto, e l'autore dei Salmi non esita a chiamare tutta la creazione a unirsi nella preghiera a Dio (*Sal.* 96, 98, 148).

Il rispetto per la creazione di Dio, di cui siamo parte, deve diventare un modello di vita. Noi, dunque, invitiamo le nostre rispettive famiglie e comunità religiose ad educare i propri figli, sia con l'insegnamento che con l'esempio, a corrispondere alla fiducia che Dio ha riposto in noi.

"Del Signore è la terra e quanto contiene, l'universo e i suoi abitanti" (*Sal.* 24,1).

Dichiarazione congiunta sulla tutela della libertà religiosa e dei luoghi santi (New York, 4 maggio 2001)[1]

Attacchi alla libertà religiosa

In anni recenti è andata crescendo la violenza interreligiosa e antireligiosa. In alcuni luoghi migliaia di persone sono state assassinate, ed altre migliaia sono stata private della casa o persino esiliate. È diventato frequente il caso di assassinio di autorità religiose e di operatori laici. Santuari, monumenti e luoghi di culto sono stati attaccati, danneggiati o distrutti. I diritti di molte centinaia di migliaia di credenti sono stati violati. Autori di questi gesti di offesa sono stati, in alcuni casi, singole persone, più spesso gruppi, sia bande o organizzazioni terroristiche, sia gruppi incaricati da pubbliche autorità: polizia, personale militare o perfino governi.

Noi siamo preoccupati per gli assalti alla libertà religiosa, dovunque si verifichino, ed ancor più turbati quando membri delle nostre stesse comunità religiose siano stati autori di tali offese. Mentre ci troviamo riuniti in questa sessione del Comitato internazionale di collegamento cattolico-ebraico, affermiamo una volta di più dinanzi a Dio e alla comunità mondiale il nostro comune impegno a protezione della libertà religiosa, e per la sicurezza dei luoghi santi delle religioni.

Rispetto dei luoghi santi

Uomini e donne, fin dalle origini della coscienza umana, hanno fatto esperienza della santità in località che hanno designate

---

[1] Il testo originale del documento è pubblicato in *Information Service*, n. 108, 2001/IV, pp. 170-171.

come sacre. La memoria storica ricorda che diversi gruppi umani hanno percepito un vincolo speciale con luoghi che hanno considerato santi. I testi sacri delle grandi religioni storiche includono riferimenti a specifici luoghi, nei quali individui o gruppi sperimentarono incontri significativi con Dio.

Luoghi santi riservati alla memoria di questi incontri con il divino fanno parte delle caratteristiche di tutte le tradizioni religiose. I fedeli vi sono attratti dalla venerazione verso grandi eventi o personalità che questi luoghi commemorano, e in quanto siti dedicati a preghiere particolarmente ferventi. Ciascuna delle grandi tradizioni religiose dell'umanità ha località che ritiene posseggano una santità speciale. I luoghi santi sono un tratto costante delle tradizioni religiose umane, tanto quanto i tempi sacri o la preghiera.

Paradossalmente, una delle conseguenze del fatto che una località viene identificata come sacra, è che questa può divenire il centro delle tensioni tra i membri di diverse comunità religiose. Un luogo, ritenuto santo da un gruppo, può perfino essere reclamato tale da persone appartenenti a un'altra tradizione. Ne risulta che luoghi santi possono diventare non solo espressione di valori spirituali, ma anche sorgente di conflitto.

Tragicamente, quando comunità religiose cadono nell'estraneazione o nell'antagonismo, spesso i luoghi santi di ciascuna di esse divengono obiettivo di violenza o vendetta, invece che di venerazione e reverente rispetto. Le persone esternano il loro disprezzo e odio attraverso varie forme di violazione dei luoghi: occupazioni, dissacrazioni, e persino distruzioni. Al colmo, quando luoghi santi sono utilizzati a scopi militari, il loro carattere sacro è deturpato. Un gruppo può occupare fisicamente il luogo santo di un altro gruppo e cancellare le tracce della sua precedente identità. Oggetti di venerazione possono essere sfregiati. Vari luoghi santi sono stati ridotti in macerie.

Come credenti, sappiamo quanto sono importanti i nostri propri luoghi santi per la vita religiosa nostra e della nostra comunità. Ciascuna delle nostre comunità religiose ha anche sperimentato la dissacrazione di siti per noi sacri. Conosciamo l'intensa sofferenza che scaturisce da simili esperienze. A motivo di questa esperienza storica, noi condanniamo tutte le violenze dirette contro luoghi santi, anche commesse da membri delle nostre proprie comunità.

Tutela della libertà religiosa

La libertà di religione e di coscienza, che include i diritti delle comunità religiose all'interno della società, è radicata e ha origine dalla libertà delle persone dinanzi a Dio. Come ebrei e come cristiani, scopriamo le radici di questo concetto nella dignità di tutte le persone create "a immagine e somiglianza di Dio" (*Gen.* 1,26).
La libertà religiosa si realizza mediante l'esercizio di specifici diritti. Tra questi sono inclusi: la libertà di culto, la libertà nella manifestazione pubblica della propria fede e nella pratica della propria religione, la libertà delle comunità religiose di organizzarsi autonomamente e di dirigere le proprie attività senza interferenze, il diritto ad esprimere le implicazioni sociali del proprio credo, a tenere riunioni, ad istituire organizzazioni educative, assistenziali, culturali e sociali in conformità alle finalità spirituali della propria tradizione religiosa.
La protezione della libertà religiosa esige impegni molteplici. Se consideriamo i compiti che ci concernono, come leader religiosi dobbiamo fare di più per insegnare ai nostri fedeli il rispetto verso persone che appartengono ad altre tradizioni religiose. Esponenti religiosi dovrebbero anche prendere iniziative per favorire un clima di rispetto. Essi debbono essere pronti a pronunciarsi contro violazioni della libertà religiosa, commesse contro membri di altre religioni.
Incoraggiamo gli enti religiosi ad istituire programmi regolari di educazione interreligiosa, di dialogo e scambio reciproco. Quando membri di altre fedi, in particolare di minoranze religiose,

vengono attaccati, sollecitiamo le persone di buona volontà a esprimersi pubblicamente in difesa della libertà religiosa e dei diritti umani della minoranza, ad offrire sostegno e a manifestare gesti pubblici di solidarietà verso di loro. Esponenti religiosi non dovrebbero mai ricorrere a dichiarazioni per incitare all'ostilità, o fare dei santuari e dei luoghi di preghiera la sede di azioni politiche ostili.

Chiediamo a tutti i credenti di lavorare amichevolmente al di là dei confini religiosi per risolvere dispute religiose e per cercare insieme le vie della pace. Denunce di violazioni della libertà religiosa, della libertà di coscienza o della santità di luoghi sacri, dovrebbero essere sottoposte ad attento esame, e non devono mai essere pretesto per recriminazioni o diffamazioni. Anzi, dobbiamo sempre sforzarci di stabilire un'atmosfera di apertura e cordialità, nella quale le dispute possano essere risolte.

Governi e autorità politiche hanno una speciale responsabilità nel tutelare i diritti umani e religiosi. Coloro che sono responsabili della legge, dell'ordine e della sicurezza pubblica, dovrebbero sentirsi obbligati a difendere le minoranze religiose e ad utilizzare metodi legali contro quanti commettono crimini contro la libertà religiosa e contro la santità di luoghi sacri. I governi, allo stesso modo in cui hanno il dovere di non impegnarsi in atti antireligiosi, debbono parimenti anche essere vigili nell'evitare che, a causa della loro inazione, essi in pratica tollerino l'odio religioso e procurino l'impunità ai perpetratori di azioni antireligiose.

Le forze armate dovrebbero essere vigili nell'impedire azioni violente contro minoranze religiose e attacchi contro luoghi di culto e luoghi santi. Al fine di garantire la libertà religiosa, in tempo di conflitto, il personale in armi dovrebbe essere istruito nel rispetto dei diritti delle minoranze religiose e dei luoghi santi, ed essere ritenuto responsabile per le azioni compiute. In caso sorgano conflitti tra le necessità della legittima difesa e l'immunità religiosa, è doveroso trovare le strade per evitare o, almeno, ridurre al minimo le violazioni di diritti religiosi.

Conclusione

Come rappresentanti delle comunità di fede cattolica ed ebraica, ci uniamo nel rivolgere un appello a uomini e donne di tutte le fedi, perché onorino la libertà religiosa e trattino con rispetto gli altrui luoghi santi. A tutti ci rivolgiamo, affinché rifiutino di considerare, quali forme legittime di espressione politica, gli attacchi alla libertà religiosa e la violenza contro luoghi santi.

Attendiamo in spirito di preghiera il momento in cui tutti godranno del diritto di vivere la propria religiosità senza persecuzioni e nella pace. Desideriamo ardentemente un tempo in cui i luoghi santi di tutte le tradizioni religiose saranno sicuri, e tutti tratteranno con rispetto i luoghi santi degli altri.

Raccomandazioni sull'educazione nei seminari e negli istituti di teologia cattolici ed ebraici (New York, 4 maggio 2001)[1]

I rapporti fra la Chiesa cattolica e il popolo ebraico sono migliorati in modo significativo negli ultimi cinquant'anni. Perché le future generazioni portino avanti e approfondiscano questo processo diviene cruciale l'educazione dei leader religiosi e leader laici in entrambe le nostre comunità.

In particolare, gli indirizzi curricolari dei seminari e degli istituti teologici cattolici dovrebbero riflettere la centralità che ha assunto nella Chiesa la sua nuova comprensione della relazione con gli ebrei. A questo scopo, vorremmo dare le seguenti raccomandazioni.

I corsi sulla Bibbia, sulla Patristica, sulla storia e la liturgia della Chiesa primitiva dovrebbero incorporare i risultati della ricerca più recente sulle origini cristiane. Far luce sugli sviluppi complessi attraverso i quali la Chiesa e il Giudaismo rabbinico emersero dall'Ebraismo antico porrebbe delle basi solide per iniziare a colmare la "penosa ignoranza della storia e delle tradizioni dell'Ebraismo, rispetto al quale gli stereotipi diffusi fra molti cristiani mettono in luce soltanto aspetti negativi e spesso caricaturali" (*Note sul corretto modo di presentare gli ebrei e l'Ebraismo nella predicazione e nella catechesi della Chiesa cattolica*, par. 27, 1985). Si dovrebbe dare ai docenti la possibilità di approfondire lo studio sulle relazioni ebraico-cristiane in modo che i loro corsi riflettano la ricchezza della ricerca contemporanea.

---

[1] Il testo originale del documento è pubblicato in *Information Service*, n. 108, 2001/IV, p. 171.

I corsi che trattano degli aspetti biblici, storici e teologici dei rapporti fra ebrei e cristiani dovrebbero essere parte integrante, e non soltanto facoltativa, del curriculum seminariale o teologico. Tutti coloro che ottengono un diploma nei seminari o negli istituti teologici cattolici dovrebbero aver approfondito la rivoluzione avvenuta nell'insegnamento cattolico sugli ebrei e sull'Ebraismo a partire da *Nostra Aetate* fino alla preghiera di Giovanni Paolo II presso il Muro Occidentale a Gerusalemme (26 marzo 2000).

La comunità ebraica deve ancora intraprendere uno sforzo parallelo per promuovere una comprensione basilare del Cristianesimo. Per ragioni storiche, molti ebrei trovano ancora difficile superare l'impaccio dettato dalle memorie di oppressione antisemita trasmesse per generazioni.

Perciò, i leader laici e religiosi dovrebbero sostenere e incoraggiare, nelle nostre scuole e seminari ebraici, un programma educativo rivolto alla storia delle relazioni cattolico-ebraiche e alla conoscenza del Cristianesimo nelle sue relazioni con l'Ebraismo. Tale conoscenza non significa un'accettazione dei principi teologici del Cristianesimo da parte degli ebrei. La promozione del dialogo fra le due fedi implica riconoscimento, comprensione e rispetto per le credenze dell'altro, senza che si debba accettarne i contenuti. È particolarmente importante che nelle scuole ebraiche si prenda in esame il Concilio Vaticano II con i documenti e i cambiamenti di attitudine che ne sono scaturiti, in quanto essi hanno portato nuove prospettive e opportunità per entrambe le fedi.

Le istituzioni educative in entrambe le nostre comunità dovrebbero fare ogni sforzo, in modo adeguato ai loro contesti particolari, per far interagire i propri studenti con l'altra comunità, attraverso conferenze di esperti invitati, visite guidate nei rispettivi ambiti, partecipazione a gruppi e incontri su base locale, nazionale e internazionale. Potrebbero anche essere sfruttate le risorse di Internet, in particolare siti come www.jcrelations.net e i siti di vari centri per la comprensione ebraico-cristiana.

Dichiarazione congiunta su *Tzedeq* e *tzedaqah* – Giustizia e carità (Buenos Aires, 8 luglio 2004)[1]

Le relazioni fra la Chiesa cattolica e il popolo ebraico hanno subito un cambiamento di grandi dimensioni a partire dalla dichiarazione *Nostra Aetate* del Concilio Vaticano II (1965). Questa dichiarazione mise in risalto le radici ebraiche del Cristianesimo e il ricco patrimonio spirituale comune a ebrei e cristiani. Durante l'ultimo quarto di secolo, papa Giovanni Paolo II ha colto tutte le opportunità per promuovere il dialogo fra le nostre due comunità di fede, che egli considera intimamente connesse nel cuore stesso delle nostre rispettive identità. Questo dialogo fraterno ha generato mutua comprensione e rispetto. È nostra speranza che esso continui a ripercuotersi in circoli sempre più larghi e tocchi le menti e i cuori di cattolici ed ebrei e di tutte le nostre comunità.

Il XVIII incontro del Comitato internazionale di collegamento cattolico-ebraico si è tenuto a Buenos Aires dal 5 all'8 luglio 2004. Questo incontro, convocato per la prima volta in America Latina, è stato dedicato al tema "*Tzedeq* e *tzedaqah* – Giustizia e carità", nei loro aspetti teoretici e nelle applicazioni pratiche. Le nostre deliberazioni sono state ispirate dal comando divino "Amerai il tuo prossimo come te stesso" (*Lev.* 19,18; *Mt.* 22,39). Muovendo dalle nostre differenti prospettive, abbiamo rinnovato il nostro comune impegno nella difesa e promozione della dignità umana, in quanto derivata dall'affermazione biblica che ogni essere umano è creato a somiglianza ed immagine di Dio (*Gen.* 1,26). Richiamiamo la difesa dei diritti umani di tutti i figli di Dio, enunciata da papa Giovanni XXIII nella sua principale enciclica *Pacem in terris* (1963), e lo ricordiamo con riconoscenza in modo speciale

---

[1] Il testo originale del documento è pubblicato in *Information Service*, n. 116, 2004/III, pp. 139-141.

per aver dato inizio al fondamentale mutamento nelle relazioni cattolico-ebraiche.

Il nostro comune impegno per la giustizia è profondamente radicato in entrambe le nostre fedi. Richiamiamo la tradizione di aiutare le vedove, gli orfani, i poveri e gli stranieri in mezzo a noi, in accordo con il comando divino (*Es.* 22,20-22; *Mt.* 25,31-46). I saggi d'Israele svilupparono un'ampia dottrina di giustizia e carità verso tutti, fondata su un'elevata comprensione del concetto di *tzedeq*. Sulla base della tradizione della Chiesa, papa Giovanni Paolo II nella sua prima enciclica *Redemptor hominis* (1979) ha ricordato ai cristiani che una genuina relazione con Dio richiede un forte impegno di servizio al proprio prossimo.

Dio, pur creando gli esseri umani nella loro diversità, li ha dotati di eguale dignità. Noi condividiamo la convinzione che ogni persona ha il diritto di essere trattata con giustizia ed equità. Questo diritto include una proporzionata partecipazione alla bontà e alla grazia divina (*hesed*).

A partire dal fatto della dimensione globale della povertà, dell'ingiustizia e della discriminazione, noi abbiamo un chiaro obbligo religioso di preoccuparci dei poveri e di coloro che sono privati dei loro diritti politici, sociali e culturali. Gesù, profondamente radicato nella tradizione ebraica del suo tempo, fece dell'impegno verso i poveri una priorità del suo ministero. Il Talmud afferma che il Santo, sia Egli Benedetto, si prende continuamente cura di chi è nel bisogno. Oggi questa preoccupazione per i poveri deve abbracciare in tutti i continenti le grandi masse di affamati, senza casa, orfani, vittime dell'Aids, privi di adeguate cure mediche, e tutti coloro che attualmente mancano di speranza per un migliore avvenire. Nella tradizione ebraica, la forma più alta di carità consiste nel rimuovere gli ostacoli che impediscono ai poveri di sollevarsi dalla loro povertà. In anni recenti la Chiesa ha posto l'accento sulla sua opzione preferenziale per i poveri.

Ebrei e cristiani hanno eguale obbligo di lavorare per la giustizia con carità (*tzedaqah*), che condurrà infine allo *Shalom* per tutta l'umanità. Nella fedeltà alle nostre distinte tradizioni religiose, noi vediamo in questo comune impegno per la giustizia e la carità una cooperazione da parte dell'uomo nel piano divino per migliorare il mondo. Alla luce di questo impegno comune, riconosciamo la necessità di affrontare le seguenti sfide immediate: la crescente disparità economica tra i popoli, l'incremento della devastazione ecologica, gli aspetti negativi della globalizzazione e l'urgente bisogno di un'azione internazionale per la pace e la riconciliazione.

Salutiamo con soddisfazione, perciò, le iniziative congiunte di organizzazioni cattoliche ed ebraiche, internazionali e nazionali, che hanno già cominciato ad affrontare le necessità degli indigenti, degli affamati, dei malati, dei giovani, dei bisognosi di educazione, degli anziani. Spinti da simili azioni per la giustizia sociale, ci ripromettiamo di raddoppiare i nostri sforzi per rivolgerci alle impellenti necessità di tutti, a motivo del nostro comune impegno per la giustizia e la carità.

Mentre ci avviciniamo al XL anniversario di *Nostra Aetate* – la dichiarazione del Concilio Vaticano II che ha segnato lo spartiacque, ripudiando l'accusa di deicidio contro gli ebrei, riaffermando le radici ebraiche del Cristianesimo e ripudiando l'antisemitismo – prendiamo atto dei molti cambiamenti positivi all'interno della Chiesa cattolica riguardo alle sue relazioni con il popolo ebraico. Questi ultimi quarant'anni di fraterno dialogo stanno in forte contrasto con i quasi due millenni di "insegnamento del disprezzo", e con le sue dolorose conseguenze. Traiamo incoraggiamento dai risultati dei nostri sforzi congiunti, che includono il riconoscimento della relazione di alleanza unica e irrevocata tra Dio e il popolo ebraico, e il rifiuto totale dell'antisemitismo in tutte le sue forme, inclusa quella dell'antisionismo, quando costituisca la più recente manifestazione di antisemitismo.

Da parte sua, la comunità ebraica ha mostrato una crescente volontà di impegnarsi nel dialogo interreligioso e nell'azione comune riguardante i campi religioso, sociale e comunitario, ai livelli locale, nazionale e internazionale, ad esempio nel nuovo dialogo diretto tra il Gran Rabbinato d'Israele e la Santa Sede. Inoltre la comunità ebraica ha compiuto progressi nei programmi educativi riguardanti il Cristianesimo, l'eliminazione di pregiudizi e il dialogo ebraico-cristiano. La comunità ebraica ha anche preso conoscenza, deplorandolo, del fenomeno dell'anticattolicesimo, in tutte le sue forme, quando si manifesta in modo generale a livello sociale.

Nel LX anniversario della liberazione dei campi di sterminio nazisti, noi dichiariamo la nostra determinazione a prevenire il riemergere dell'antisemitismo che ha condotto al genocidio e alla *Shoah*. Continuiamo a rimanere uniti in queste circostanze, partecipando alle principali conferenze internazionali su questo argomento, come recentemente a Berlino e alle Nazioni Unite a New York. Noi ricordiamo le parole di papa Giovanni Paolo II, che l'antisemitismo è un peccato contro Dio e contro l'umanità.

Noi ci impegniamo ad opporci al terrorismo. Viviamo in un nuovo millennio, già sfregiato dagli attacchi dell'11 settembre 2001 e dai successivi oltraggi terroristici nel mondo intero. Ci riuniamo nel X anniversario di due tragiche esperienze di terrorismo qui a Buenos Aires. Il terrore in tutte le sue forme e l'assassinio "in nome di Dio" non possono mai essere giustificati. Il terrore è un peccato contro l'uomo e contro Dio. Facciamo appello agli uomini e alle donne di tutte le fedi, per sostenere gli sforzi internazionali al fine di sradicare questa minaccia alla vita, affinché tutte le nazioni possano vivere insieme in pace e sicurezza sulla base dello *tzedeq* e della *tzedaqah*.

Auspichiamo che le promesse che ci siamo reciprocamente scambiate qui a Buenos Aires trovino applicazione e diffusione nelle nostre comunità, così che il lavoro per la giustizia e la carità conduca veramente al massimo dono di Dio: la pace.

Accordo fondamentale tra la Santa Sede e lo Stato d'Israele (Gerusalemme, 30 dicembre 1993)[1]

Preambolo

La Santa Sede e lo Stato d'Israele,
memori del carattere straordinario e del significato universale della Terra Santa;
consapevoli della natura unica delle relazioni tra la chiesa cattolica e il popolo ebraico, e del processo storico di riconciliazione e di crescita nella comprensione reciproca e nell'amicizia tra cattolici ed ebrei;
avendo deciso il 29 luglio 1992, di istituire una "Commissione bilaterale permanente di lavoro", al fine di studiare e definire insieme i punti di comune interesse, e nella prospettiva di una normalizzazione delle loro relazioni,
riconoscendo che il lavoro della summenzionata commissione ha prodotto materiale sufficiente per un primo Accordo fondamentale;
rendendosi conto che tale Accordo fornirà una base solida e duratura per lo sviluppo progressivo delle loro relazioni presenti e future e per la promozione del compito della commissione,
concordano sui seguenti articoli:

Articolo 1

1. Lo Stato d'Israele, richiamandosi alla propria Dichiarazione d'indipendenza, afferma il proprio permanente impegno a sostenere e osservare il diritto umano alla libertà di religione e di coscienza nei termini in cui è definito nella *Dichiarazione universale dei diritti dell'uomo* e negli altri atti internazionali cui aderisce.
2. La Santa Sede, richiamandosi alla dichiarazione sulla libertà religiosa del concilio ecumenico Vaticano II *Dignitatis humanae*, afferma l'impegno della chiesa cattolica a sostenere il diritto umano alla libertà di religione e di coscienza, nei termini in cui è definito nella *Dichiarazione universale dei*

---

[1] Il testo originale del documento (in inglese e in ebraico) è pubblicato in *Acta Apostolicae Sedis*, 86, 1994, vol. 2, pp. 716-719.

diritti dell'uomo e negli altri atti internazionali cui aderisce. La Santa Sede desidera parimenti affermare il rispetto della chiesa cattolica per le altre religioni e i loro seguaci, secondo quanto solennemente stabilito dal concilio ecumenico Vaticano II nella dichiarazione sulle relazioni della chiesa con le religioni non cristiane *Nostra aetate*.

Articolo 2

1. La Santa Sede e lo Stato d'Israele si impegnano alla necessaria collaborazione nella lotta contro ogni forma di antisemitismo e ogni tipo di razzismo e di intolleranza religiosa, e nella promozione della reciproca comprensione tra le nazioni, della tolleranza fra le comunità e del rispetto per la vita e la dignità umana.
2. La Santa Sede coglie l'occasione per ribadire la condanna dell'odio, della persecuzione e di ogni altra manifestazione di antisemitismo, ovunque, in ogni tempo e da chiunque rivolta contro il popolo ebraico e i singoli ebrei. In particolare, la Santa Sede deplora gli attacchi ad ebrei e la profanazione delle sinagoghe e dei cimiteri ebraici, atti che offendono la memoria delle vittime dell'Olocausto, in particolare quando avvengono negli stessi luoghi che ne sono stati testimoni.

Articolo 3

1. La Santa Sede e lo Stato d'Israele riconoscono che entrambi sono liberi nell'esercizio dei loro rispettivi diritti e autorità, e si impegnano a rispettare questo principio nelle reciproche relazioni e nella loro collaborazione per il bene del popolo.
2. Lo Stato d'Israele riconosce il diritto della chiesa cattolica a svolgere i propri compiti religiosi, morali, educativi e caritativi, e ad avere istituzioni sue proprie, e a formare, nominare e impiegare proprio personale nelle suddette istituzioni o per i suddetti compiti, secondo i loro scopi. La chiesa riconosce il diritto dello stato a svolgere i propri compiti, quali la promozione e la tutela del benessere e della sicurezza del popolo. Stato e chiesa riconoscono entrambi la necessità di dialogo e di collaborazione in quegli ambiti che per la loro natura lo richiedano.
3. Riguardo alla personalità giuridica cattolica secondo il diritto canonico, la Santa Sede e lo Stato d'Israele apriranno un negoziato su come essa possa pienamente esercitarsi nel diritto israeliano, sulla base dei risultati di una sottocommissione mista di esperti.

Articolo 4

1. Lo Stato d'Israele afferma il proprio permanente impegno a mantenere e a rispettare lo *statu quo* nei Luoghi Santi cristiani per i quali è valido, e i relativi diritti delle comunità cristiane che vi sono comprese. La Santa Sede afferma l'impegno permanente della chiesa cattolica a rispettare il summenzionato *statu quo* e i suddetti diritti.
2. Quanto sopra resta valido nonostante qualsiasi interpretazione in contrario di altri articoli del presente Accordo fondamentale.
3. Lo Stato d'Israele concorda con la Santa Sede sull'obbligo del permanente rispetto e della tutela del carattere proprio dei luoghi sacri cattolici, quali le chiese, i monasteri. i conventi, i cimiteri e simili.
4. Lo Stato d'Israele concorda con la Santa Sede sulla permanente garanzia della libertà di culto cattolico.

Articolo 5

1. La Santa Sede e lo Stato d'Israele riconoscono di avere entrambi interesse nel favorire i pellegrinaggi cristiani in Terra Santa. Ogni volta che si renderà necessario un coordinamento, i rispettivi organismi della chiesa e dello stato si consulteranno e collaboreranno a seconda delle esigenze.
2. Lo Stato d'Israele e la Santa Sede esprimono la speranza che tali pellegrinaggi costituiscano un'occasione per una migliore comprensione tra i pellegrini e le persone e le religioni in Israele.

Articolo 6

La Santa Sede e lo Stato d'Israele congiuntamente ribadiscono il diritto della chiesa cattolica a istituire, mantenere e dirigere scuole e istituti a tutti i livelli; l'esercizio di tale diritto sarà in armonia con i diritti dello stato nel campo dell'educazione.

Articolo 7

La Santa Sede e lo Stato d'Israele riconoscono di avere un comune interesse nel promuovere e incoraggiare gli scambi culturali tra gli istituti cattolici in tutto il mondo e gli istituti di formazione, di cultura e di ricerca in Israele, e nell'agevolare l'accesso a manoscritti, documenti storici e altre fonti affini, in conformità con le leggi e i regolamenti competenti.

Articolo 8

Lo Stato d'Israele riconosce che il diritto della chiesa cattolica alla libertà d'espressione nello svolgere i propri compiti viene esercitato anche attraverso strumenti di comunicazione di proprietà della chiesa; l'esercizio di tale diritto sarà in armonia con i diritti dello stato nel campo degli strumenti di comunicazione.

Articolo 9

La Santa Sede e lo Stato d'Israele congiuntamente ribadiscono il diritto della chiesa cattolica a svolgere i suoi compiti in ambito caritativo attraverso le proprie istituzioni sanitarie e di assistenza sociale; l'esercizio di tale diritto sarà in armonia con i diritti dello stato in questo campo.

Articolo 10

1. La Santa Sede e lo Stato d'Israele congiuntamente ribadiscono il diritto della chiesa cattolica alla proprietà.
2. Senza pregiudicare i diritti consolidati delle parti:
a) La Santa Sede e lo Stato d'Israele negozieranno in buona fede un accordo complessivo, che contempli soluzioni accettabili da ambo le parti su punti non chiari, non fissati o discussi a proposito della proprietà e di questioni economiche e fiscali che riguardano in generale la chiesa cattolica o specifiche comunità o istituzioni cattoliche.
b) In vista dei suddetti negoziati, la Commissione bilaterale permanente di lavoro nominerà una o più sottocommissioni bilaterali di esperti per studiare tali punti e formulare proposte.
c) Le parti si prefiggono di iniziare i summenzionati negoziati entro tre mesi dall'entrata in vigore del presente Accordo e mirano a raggiungere un accordo entro due anni dall'inizio dei negoziati.
d) Per tutta la durata di tali negoziati, si dovranno evitare azioni incompatibili con questi impegni.

Articolo 11

1. La Santa Sede e lo Stato d'Israele dichiarano il rispettivo impegno alla promozione della pacifica risoluzione dei conflitti tra gli stati e le nazioni, con l'esclusione della violenza e del terrore dalla vita internazionale.
2. La Santa Sede, fatto salvo in ogni caso il diritto a esercitare il proprio magistero morale e spirituale, ritiene opportuno richiamare che, a motivo del suo stesso carattere, è solennemente impegnata a rimanere estranea a qualsiasi conflitto puramente temporale; tale principio è valido in particolare per i territori disputati e le frontiere non definite.

Articolo 12

La Santa Sede e lo Stato d'Israele continueranno in buona fede il negoziato in conformità con l'Agenda concordata a Gerusalemme il 15 luglio 1992 e confermata in Vaticano il 29 luglio 1992; lo stesso vale per quei punti che emergessero dagli articoli del presente *Accordo*, nonché per altri punti concordati bilateralmente come oggetti di negoziato.

Articolo 13

1. In questo *Accordo*, le parti usano i termini nel senso qui specificato:
a) la chiesa cattolica e la chiesa - comprendendo, *inter alia*, le sue comunità e istituzioni;
b) comunità della chiesa cattolica - intendendo le entità religiose cattoliche considerate dalla Santa Sede come "*chiese sui iuris*" e dallo Stato d'Israele come "comunità religiose riconosciute";
c) lo Stato d'Israele e lo stato - comprendendo, *inter alia*, le sue autorità per legge costituite.
2. Nonostante la validità del presente *Accordo* relativamente alle parti, e senza derogare dalla generalità di ogni valida norma di legge in riferimento ai trattati, le parti concordano che il presente *Accordo* non pregiudichi i diritti e gli obblighi derivanti dai trattati esistenti tra l'una o l'altra delle parti e uno o più stati, che siano conosciuti ed effettivamente a disposizione di ambo le parti all'atto della firma del presente Accordo.

Articolo 14

1. All'atto della firma del presente *Accordo fondamentale* e in preparazione all'istituzione di complete relazioni diplomatiche, la Santa Sede e lo Stato d'Israele si scambiano rappresentanti speciali, di cui un *Protocollo addizionale* specifica il grado e i privilegi.
2. A seguito dell'entrata in vigore e immediatamente dopo l'inizio della realizzazione del presente *Accordo fondamentale*, la Santa Sede e lo Stato d'Israele stabiliranno complete relazioni diplomatiche al livello da parte della Santa Sede, di nunziatura apostolica, e da parte dello Stato d'Israele, di ambasciata.

Articolo 15

Il presente *Accordo* entrerà in vigore alla data della notificazione o ratifica da entrambe le parti.

Fatto in due copie originali in lingua inglese ed ebraica, testi entrambi ugualmente autentici. In caso di divergenza, prevale il testo inglese.

Firmato a Gerusalemme, oggi giorno trenta del mese di dicembre dell'anno 1993, che corrisponde al giorno sedici del mese di Tebeth dell'anno 5754.

Protocollo addizionale

1. In riferimento all'articolo 14, § 1 dell'*Accordo fondamentale*, firmato dalla Santa Sede e dallo Stato d'Israele, i "rappresentanti speciali" avranno rispettivamente, il grado di nunzio apostolico e di ambasciatore.
2. Tali rappresentanti speciali godranno di tutti i diritti, privilegi e immunità garantiti ai capi delle missioni diplomatiche secondo il diritto internazionale e la consuetudine comune, su basi di reciprocità.
3. Il rappresentante speciale dello Stato d'Israele presso la Santa Sede, pur residente in Italia, godrà di tutti i diritti, privilegi e immunità definiti dall'articolo 12 del Trattato del 1929 tra la Santa Sede e l'Italia, concernenti gli inviati di governi stranieri presso la Santa Sede residenti in Italia. Al personale della missione del rappresentante speciale di Israele saranno parimenti garantiti i diritti, privilegi e immunità estesi al

personale di una missione diplomatica. Secondo una consuetudine consolidata, né il rappresentante speciale, né gli ufficiali membri della sua missione, possono allo stesso tempo essere membri della missione diplomatica di Israele in Italia.

4. Il rappresentante speciale della Santa Sede presso lo Stato d'Israele può al tempo stesso esercitare altre funzioni di rappresentanza della Santa Sede ed essere accreditato presso altri stati. Questi e il personale della sua missione godranno di tutti i diritti, privilegi e immunità garantiti da Israele agli agenti e alle missioni diplomatiche.

5. I nomi, il grado e i compiti dei rappresentanti speciali compariranno, nel modo opportuno, nella lista ufficiale delle missioni straniere accreditate presso ciascuna delle parti.

Firmato a Gerusalemme, oggi giorno trenta del mese di dicembre dell'anno 1993, che corrisponde al giorno sedici del mese di Tebeth dell'anno 5754.

STAMPA: Settembre 2005

presso la tipografia
"Giovanni Olivieri" di E. Montefoschi
ROMA • tip.olivieri@libero.it